OEUVRES DE GEORGE SAND

Parues dans la Collection Michel Lévy

	vol.
ANDRÉ	1 —
LA COMTESSE DE RUDOLSTADT	1 —
CONSUELO	1 —
LA DERNIÈRE ALDINI	1 —
FRANÇOIS LE CHAMPI	1 —
HISTOIRE DE MA VIE	1 —
HORACE	1 —
JACQUES	1 —
JEANNE	1 —
LÉLIA — METELLA — MELCHIOR — CORA	2 —
LETTRES D'UN VOYAGEUR	1 —
LUCREZIA FLORIANI — LAVINIA	1 —
LA MARE AU DIABLE	1 —
MAUPRAT	1 —
LE MEUNIER D'ANGIBAULT	1 —
LE PÉCHÉ DE MONSIEUR ANTOINE	2 —
LA PETITE FADETTE	1 —
LE PICCININO	2 —
LE SECRÉTAIRE INTIME	1 —
SIMON	1 —
TEVERINO. — LÉONE LÉONI	1 —

OEUVRES CHOISIES DE GEORGE SAND

Format grand in-18, belle édition

AUTOUR DE LA TABLE	1 —
CONSTANCE VERRIER	1 —
ELLE ET LUI	1 —
INDIANA	1 —
JEAN DE LA ROCHE	1 —
LE MARQUIS DE VILLEMER	1 —
MONT-REVÊCHE	1 —
NOUVELLES	1 —
THÉATRE COMPLET	3 —
LA VILLE NOIRE	1 —

Paris. — Imp. de L. Tinterlin, rue Neuve-des-Bons-Enfants, 3.

LA COMTESSE

DE

RUDOLSTADT

PAR

GEORGE SAND

TOME PREMIER

NOUVELLE ÉDITION

PARIS

MICHEL LÉVY FRÈRES, LIBRAIRES-ÉDITEURS

RUE VIVIENNE, 2 BIS

—

1864

Tous droits réservés

COLLECTION MICHEL LÉVY
— 1 franc le volume —
1 franc 25 centimes à l'étranger

GEORGE SAND
— ŒUVRES —

LA COMTESSE
DE
RUDOLSTADT

— PREMIÈRE SÉRIE —

PARIS
MICHEL LÉVY FRÈRES, LIBRAIRES-ÉDITEURS
RUE VIVIENNE, 2 BIS
—
1856

COLLECTION MICHEL LÉVY

OEUVRES

DE

GEORGE SAND

LA COMTESSE
DE RUDOLSTADT

I.

La salle de l'Opéra italien de Berlin, bâtie durant les premières années du règne de Frédéric le Grand, était alors une des plus belles de l'Europe. L'entrée en était gratuite, le spectacle étant payé par le roi. Il fallait néanmoins des billets pour y être admis, car toutes les loges avaient leur destination fixe : ici les princes et princesses de la famille royale ; là le corps diplomatique, puis les voyageurs illustres, puis l'Académie, ailleurs les généraux ; enfin partout la famille du roi, la maison du roi, les salariés du roi, les protégés du roi ; et sans qu'on eût lieu de s'en plaindre, puisque c'étaient le théâtre du roi et les comédiens du roi. Restait, pour les bons habitants de la bonne ville de Berlin, une petite partie du parterre ; car la majeure partie était occupée par les militaires, chaque régiment ayant le droit d'y envoyer un certain nombre d'hommes par compagnie. Au lieu du peuple joyeux, impressionnable et intelligent de Paris, les artistes avaient donc sous les yeux un parterre de *héros de six pieds*, comme les appelait Voltaire, coiffés de hauts bonnets, et la plupart surmontés de leurs femmes qu'ils prenaient sur leurs épaules, le tout formant une société assez brutale, sentant fort le tabac et l'eau-de-vie, ne comprenant rien de rien, ouvrant de grands yeux, ne se permettant d'applaudir ni de siffler, par respect pour la consigne, et faisant néanmoins beaucoup de bruit par son mouvement perpétuel.

Il y avait infailliblement derrière ces messieurs deux rangs de loges d'où les spectateurs ne voyaient et n'entendaient rien ; mais, par convenance, ils étaient forcés d'assister régulièrement au spectacle que Sa Majesté avait la munificence de leur payer. Sa Majesté elle-même ne manquait aucune représentation. C'était une manière de tenir militairement sous ses yeux les nombreux membres de sa famille et l'inquiète fourmilière de ses courtisans. Son père, le Gros-Guillaume, lui avait donné cet exemple, dans une salle de planches mal jointes, où, en présence de mauvais histrions allemands, la famille royale et la cour se morfondaient douloureusement tous les soirs d'hiver, et recevaient la pluie sans sourciller, tandis que le roi dormait. Frédéric avait souffert de cette tyrannie domestique, il l'avait maudite, il l'avait subie, et il l'avait bientôt remise en vigueur dès qu'il avait été maître à son tour, ainsi que beaucoup d'autres coutumes beaucoup plus despotiques et cruelles, dont il avait reconnu l'excellence depuis qu'il était le seul de son royaume à n'en plus souffrir.

Cependant on n'osait se plaindre. Le local était superbe, l'Opéra monté avec luxe, les artistes remarquables; et le roi, presque toujours debout à l'orchestre près de la rampe, la lorgnette braquée sur le théâtre, donnait l'exemple d'un dilettantisme infatigable.

On sait tous les éloges que Voltaire, dans les premiers temps de son installation à Berlin, donnait aux splendeurs de la cour du *Salomon du Nord*. Dédaigné par Louis XV, négligé par sa protectrice madame de Pompadour, persécuté par la plèbe des jésuites, sifflé au Théâtre-Français, il était venu chercher, dans un jour de dépit, des honneurs, des appointements, un titre de chambellan, un grand cordon et l'intimité d'un roi philosophe, plus flatteuse à ses yeux que le reste. Comme un grand enfant, le grand Voltaire boudait la France, et croyait faire *crever de dépit* ses ingrats compatriotes. Il était donc un peu enivré de sa nouvelle gloire, lorsqu'il écrivait à ses amis que Berlin valait bien Versailles, que l'opéra de *Phaéton* était le plus beau spectacle qu'on pût voir, et que la prima donna avait la plus belle voix de l'Europe.

Cependant, à l'époque où nous reprenons notre récit (et, pour ne pas faire travailler l'esprit de nos lectrices, nous les avertirons qu'un an s'est presque écoulé depuis les dernières aventures de Consuelo), l'hiver se faisant sentir dans toute sa rigueur à Berlin, et le grand roi s'étant un peu montré sous son véritable jour, Voltaire commençait à se désillusionner singulièrement de la Prusse. Il était là dans sa loge entre d'Argens et La Mettrie, ne faisant plus semblant d'aimer la musique, qu'il n'avait jamais sentie plus que la véritable poésie. Il avait des douleurs d'entrailles, et il se rappelait mélancoliquement cet ingrat public des brûlantes banquettes de Paris, dont la résistance lui avait été si amère, dont les applaudissements lui avaient été si doux, dont le contact, en un mot, l'avait si terriblement ému qu'il avait juré de ne plus s'y exposer, quoiqu'il ne pût s'empêcher d'y songer sans cesse et de travailler pour lui sans relâche.

Ce soir-là pourtant le spectacle était excellent. On était en carnaval ; toute la famille royale, même les margraves mariés au fond de l'Allemagne, était réunie à Berlin. On donnait le *Titus* de Métastase et de Hasse, et les deux premiers sujets de la troupe italienne, le Porporino et la Porporina, remplissaient les deux premiers rôles.

Si nos lectrices daignent faire un léger effort de mémoire, elles se rappelleront que ces deux personnages dramatiques n'étaient pas mari et femme comme leur nom de guerre semblerait l'indiquer; mais que le premier était le signor Uberti, excellent contralto, et le second, la Zingarella Consuelo, admirable cantatrice, tous deux élèves du professeur Porpora, qui leur avait permis, suivant la coutume italienne du temps, de porter le glorieux nom de leur maître.

Il faut avouer que la signora Porporina ne chantait pas en Prusse avec tout l'élan dont elle s'était sentie capable dans des jours meilleurs. Tandis que le limpide contralto de son camarade résonnait sans défaillance sous les voûtes de l'Opéra berlinois, à l'abri d'une existence assurée, d'une habitude de succès incontestés, et d'un traitement invariable de quinze mille livres de rente pour deux mois de travail; la pauvre Zingarella, plus romanesque peut-être, plus désintéressée à coup sûr, et moins accoutumée aux glaces du Nord et à celles d'un public de caporaux prussiens, ne se sentait point électrisée, et chantait avec cette méthode consciencieuse et parfaite qui ne laisse pas de prise à la critique, mais qui ne suffit pas pour exciter l'enthousiasme. L'enthousiasme de l'artiste dramatique et celui de l'auditoire ne peuvent se passer l'un de l'autre. Or il n'y avait pas d'enthousiasme à Berlin sous le glorieux règne de Frédéric le Grand. La régularité, l'obéissance, et ce qu'on appelait au dix-huitième siècle et particulièrement chez Frédéric *la raison*, c'étaient là les seules vertus qui pussent éclore dans cette atmosphère pesée et mesurée de la main du roi. Dans toute assemblée présidée par lui, on ne soufflait, on ne respirait qu'autant que le roi voulait bien le permettre. Il n'y avait dans toute cette masse de spectateurs qu'un spectateur libre de s'abandonner à ses impressions, et c'était le roi. Il était à lui seul tout le public, et, quoiqu'il fût bon musicien, quoiqu'il aimât la musique, toutes ses facultés, tous ses goûts étaient subordonnés à une logique si glacée, que le lorgnon royal attaché à tous les gestes et, on eût dit, à toutes les inflexions de voix de la cantatrice, au lieu de la stimuler, la paralysait entièrement.

Bien lui prenait, au reste, de subir cette pénible fascination. La moindre dose d'inspiration, le moindre accès d'entraînement imprévu, eussent probablement scandalisé le roi et la cour; tandis que les traits savants et difficiles, exécutés avec la pureté d'un mécanisme irréprochable, ravissaient le roi, la cour et Voltaire. Voltaire disait, comme chacun sait : « La musique italienne l'emporte de beaucoup sur la musique française, parce qu'elle est plus ornée, *et que la difficulté vaincue est au moins quelque chose.* » Voilà comme Voltaire entendait l'art. Il eût pu dire comme un certain plaisant de nos jours, à qui l'on demandait s'il aimait la musique : Elle ne me gêne pas précisément.

Tout allait fort bien, et l'opéra arrivait sans encombre au dénoûment; le roi était fort satisfait, et se tournait de temps en temps vers son maître de chapelle pour lui exprimer d'un signe de tête son approbation; il s'apprêtait même à applaudir la Porporina à la fin de sa cavatine, ainsi qu'il avait la bonté de le faire en personne et toujours judicieusement, lorsque, par un caprice inexplicable, la Porporina, au milieu d'une roulade brillante qu'elle n'avait jamais manquée, s'arrêta court, fixa des yeux hagards vers un coin de la salle, joignit les mains en s'écriant : *O mon Dieu!* et tomba évanouie tout de son long sur les planches. Porporino s'empressa de la relever, il fallut l'emporter dans la coulisse, et un bourdonnement de questions, de réflexions et de commentaires s'éleva dans la salle. Pendant cette agitation le roi apostropha le ténor resté en scène, et, à la faveur du bruit qui couvrait sa voix :

« Eh bien, qu'est-ce que c'est? dit-il de son ton bref et impérieux ; qu'est-ce que cela veut dire? Conciolini, allez donc voir, dépêchez-vous! »

Conciolini revint au bout de quelques secondes, et se penchant respectueusement au-dessus de la rampe près de laquelle le roi se tenait accoudé et toujours debout :

« Sire, dit-il, la signora Porporina est comme morte. On craint qu'elle ne puisse pas achever l'opéra.

— Allons donc! dit le roi en haussant les épaules ; qu'on lui donne un verre d'eau, qu'on lui fasse respirer quelque chose, et que cela finisse le plus tôt possible. »

Le sopraniste, qui n'avait nulle envie d'impatienter le roi et d'essuyer en public une bordée de mauvaise humeur, rentra dans la coulisse en courant comme un rat, et le roi se mit à causer avec vivacité avec le chef d'orchestre et les musiciens, tandis que la partie du public qui s'intéressait beaucoup plus à l'humeur du roi qu'à la pauvre Porporina, faisait des efforts inouïs, mais inutiles, pour entendre les paroles du monarque.

Le baron de Pœlnitz, grand chambellan du roi et directeur des spectacles, vint bientôt rendre compte à Frédéric de la situation. Chez Frédéric, rien ne se passait avec cette solennité qu'impose un public indépendant et puissant... Le roi était partout chez lui, le spectacle était à lui et pour lui. Personne ne s'étonna de le voir devenir le principal acteur de cet intermède imprévu.

« Eh bien! voyons, baron! disait-il assez haut pour être entendu d'une partie de l'orchestre, cela finira-t-il bientôt ? c'est ridicule ! Est-ce que vous n'avez pas un médecin dans la coulisse ? vous devez toujours avoir un médecin sur le théâtre.

— Sire, le médecin est là. Il n'ose saigner la cantatrice, dans la crainte de l'affaiblir et de l'empêcher de continuer son rôle. Cependant il sera forcé d'en venir là, si elle ne sort pas de cet évanouissement.

— C'est donc sérieux ! ce n'est donc pas une grimace, au moins ?

— Sire, cela me paraît fort sérieux.

— En ce cas, faites baisser la toile, et allons-nous-en ; ou bien que Porporino vienne nous chanter quelque chose pour nous dédommager, et pour que nous ne finissions pas sur une catastrophe. »

Porporino obéit, chanta admirablement deux morceaux. Le roi battit des mains, le public l'imita, et la représentation fut terminée. Une minute après, tandis que la cour et la ville sortaient, le roi était sur le théâtre, et se faisait conduire par Pœlnitz à la loge de la prima donna.

Une actrice qui se trouve mal en scène n'est pas un événement auquel tout public compatisse comme il le devrait ; en général, quelque adorée que soit l'idole, il entre tant d'égoïsme dans les jouissances du *dilettante*, qu'il est beaucoup plus contrarié d'en perdre une partie par l'interruption du spectacle, qu'il n'est affecté des souffrances et de l'angoisse de la victime. Quelques femmes *sensibles*, comme on disait dans ce temps-là, déplorèrent en ces termes la catastrophe de la soirée :

« Pauvre petite ! elle aura eu *un chat* dans le gosier au moment de faire son trille, et, dans la crainte de le manquer, elle aura préféré se trouver mal.

— Moi, je croirais assez qu'elle n'a pas fait semblant, dit une dame encore plus sensible : on ne tombe pas de cette force-là quand on n'est pas véritablement malade.

— Ah! qui sait, ma chère? reprit la première; quand on est grande comédienne, on tombe comme l'on veut, et on ne craint pas de se faire un peu de mal. Cela fait si bien dans le public!

— Que diable a donc eu cette Porporina ce soir, pour nous faire un pareil esclandre! disait, dans un autre endroit du vestibule, où se pressait le beau monde en sortant, La Mettrie au marquis d'Argens! Est-ce que son amant l'aurait battue?

— Ne parlez pas ainsi d'une fille charmante et vertueuse, répondit le marquis; elle n'a pas d'amant, et si elle en a jamais, elle ne méritera pas d'être outragée par lui, à moins qu'il ne soit le dernier des hommes.

— Ah! pardon, marquis! j'oubliais que je parlais au preux chevalier de toutes les filles de théâtre, passées, présentes et futures! A propos, comment se porte mademoiselle Cochois?

— Ma chère enfant, disait au même instant la princesse Amélie de Prusse, sœur du roi, abbesse de Quedlimburg, à sa confidente ordinaire, la belle comtesse de Kleist, en revenant dans sa voiture au palais, as-tu remarqué l'agitation de mon frère pendant l'aventure de ce soir?

— Non, Madame, répondit madame de Maupertuis, grande gouvernante de la princesse, personne excellente, fort simple et fort distraite; je ne l'ai pas remarquée.

— Eh! ce n'est pas à toi que je parle, reprit la princesse avec ce ton brusque et décidé qui lui donnait parfois tant d'analogie avec Frédéric : est-ce que tu remarques quelque chose, toi? Tiens! remarque les étoiles dans ce moment-ci : j'ai quelque chose à dire à de Kleist, que je ne veux pas que tu entendes »

Madame de Maupertuis ferma consciencieusement l'oreille, et la princesse, se penchant vers madame de Kleist, assise vis-à-vis d'elle, continua ainsi :

« Tu diras ce que tu voudras ; il me semble que pour la première fois depuis quinze ans ou vingt ans peut-être, depuis que je suis en âge d'observer et de comprendre, le roi est amoureux.

— Votre Altesse royale en disait autant l'année dernière à propos de mademoiselle Barberini, et cependant Sa Majesté n'y avait jamais songé.

— Jamais songé ! Tu te trompes, mon enfant. Il y avait tellement songé, que lorsque le jeune chancelier Cocceï en a fait sa femme, mon frère a été travaillé, pendant trois jours, de la plus belle colère rentrée qu'il ait eue de sa vie.

— Votre Altesse sait bien que Sa Majesté ne peut pas souffrir les mésalliances.

— Oui, les mariages d'amour, cela s'appelle ainsi. Mésalliance ! ah ! le grand mot ! vide de sens, comme tous les mots qui gouvernent le monde et tyrannisent les individus. »

La princesse fit un grand soupir, et, passant rapidement, selon sa coutume, à une autre disposition d'esprit, elle dit, avec ironie et impatience, à sa grande gouvernante :

« Maupertuis, tu nous écoutes ! tu ne regardes pas les astres, comme je te l'ai ordonné. C'est bien la peine d'être la femme d'un si grand savant, pour écouter les balivernes de deux folles comme de Kleist et moi ! — Oui, je te dis, reprit-elle en s'adressant à sa favorite, que le roi a eu une velléité d'amour pour cette Barberini. Je sais, de bonne source, qu'il a été souvent prendre le thé, avec Jordan et Chazols, dans son appartement, après le spectacle ; et que même elle a été plus d'une fois des soupers de Sans-Souci, ce qui était, avant elle, sans exemple dans la vie de Potsdam. Veux-tu que je te dise davantage ? Elle y a demeuré, elle y a eu un appartement, pendant des semaines et peut-être des mois entiers. Tu vois que je sais assez bien ce qui se passe, et que les airs mystérieux de mon frère ne m'en imposent pas.

— Puisque Votre Altesse royale est si bien informée, elle n'ignore pas que, pour des raisons... d'État, qu'il ne m'appartient pas de deviner, le roi a voulu quelquefois faire accroire aux gens qu'il n'était pas si austère qu'on le présumait, bien qu'au fond...

— Bien qu'au fond mon frère n'ait jamais aimé aucune femme, pas même la sienne, à ce qu'on dit, et à ce qu'il semble? Eh bien, moi, je ne crois pas à cette vertu, encore moins à cette froideur. Frédéric a toujours été hypocrite, vois-tu. Mais il ne me persuadera pas que mademoiselle Barberini ait demeuré dans son palais pour faire seulement semblant d'être sa maîtresse. Elle est jolie comme un ange, elle a de l'esprit comme un diable, elle est instruite, elle parle je ne sais combien de langues.

— Elle est très-vertueuse, elle adore son mari.

— Et son mari l'adore, d'autant plus que c'est une épouvantable mésalliance, n'est-ce pas, de Kleist? Allons, tu ne veux pas me répondre? Je te soupçonne, noble veuve, d'en méditer une avec quelque pauvre page, ou quelque mince bachelier ès sciences.

— Et Votre Altesse voudrait voir aussi une mésalliance de cœur s'établir entre le roi et quelque demoiselle d'Opéra?

— Ah! avec la Porporina la chose serait plus probable et la distance moins effrayante. J'imagine qu'au théâtre, comme à la cour, il y a une hiérarchie, car c'est la fantaisie et la maladie du genre humain que ce préjugé-là. Une chanteuse doit s'estimer beaucoup plus qu'une danseuse; et l'on dit d'ailleurs que cette Porporina a encore plus d'esprit, d'instruction, de grâce, enfin qu'elle sait encore plus de langues que la Barberini. Parler les langues qu'il ne sait pas, c'est la manie de mon frère. Et puis la musique, qu'il fait semblant d'aimer aussi beaucoup, quoiqu'il ne s'en doute pas, vois-tu?... C'est encore un point de contact avec notre prima donna. Enfin elle va aussi à Potsdam l'été, elle a l'appartement que la Barberini occupait au nouveau Sans-Souci, elle chante dans les petits concerts du roi... N'en est-ce pas assez pour que ma conjecture soit vraie?

— Votre Altesse se flatte en vain de surprendre une faiblesse dans la vie de notre grand prince. Tout cela est fait trop ostensiblement et trop gravement pour que l'amour y soit pour rien.

— L'amour, non, Frédéric ne sait ce que c'est que l'amour; mais un certain attrait, une petite intrigue. Tout le monde se dit cela tout bas, tu n'en peux pas disconvenir.

— Personne ne le croit, madame. On se dit que le roi pour se désennuyer, s'efforce de s'amuser du caquet et des jolies roulades d'une actrice; mais qu'au bout d'un quart d'heure de paroles et de roulades, il lui dit, comme il dirait à un de ses secrétaires : « C'est assez pour aujourd'hui; si j'ai envie de vous entendre demain, je vous ferai avertir.

— Ce n'est pas galant. Si c'est ainsi qu'il faisait la cour à madame de Cocceï, je ne m'étonne pas qu'elle n'ait jamais pu le souffrir. Dit-on que cette Porporina ait l'humeur aussi sauvage avec lui?

— On dit qu'elle est parfaitement modeste, convenable, craintive et triste.

— Eh bien, ce serait le meilleur moyen de plaire au roi. Peut-être est-elle fort habile. Si elle pouvait l'être! et si l'on pouvait se fier à elle!

— Ne vous fiez à personne, madame, je vous en supplie, pas même à madame de Maupertuis, qui dort si profondément dans ce moment-ci.

— Laisse-la ronfler. Éveillée ou endormie, c'est toujours la même bête... C'est égal, de Kleist, je voudrais connaître cette Porporina, et savoir si l'on peut tirer d'elle quelque chose. Je regrette beaucoup de n'avoir pas voulu la recevoir chez moi, lorsque le roi m'a proposé de me l'amener le matin pour faire de la musique : tu sais que j'avais une prévention contre elle...

— Mal fondée, certainement. Il était bien impossible...

— Ah! qu'il en soit ce que Dieu voudra! le chagrin et l'épouvante m'ont tellement travaillée depuis un an, que les soucis secondaires se sont effacés. J'ai envie de voir cette fille. Qui sait si elle ne pourrait pas obtenir du roi ce que nous implorons vainement? Je me suis figuré cela depuis quelques jours, et comme je ne pense pas à autre chose qu'à ce que tu sais, en voyant Frédéric s'agiter et s'inquiéter ce soir à propos d'elle, je me suis affermie dans l'idée qu'il y avait là une porte de salut.

— Que Votre Altesse y prenne bien garde... le danger est grand.

— Tu dis toujours cela; j'ai plus de méfiance et de prudence que toi. Allons, il faudra y penser. Réveille ma chère gouvernante, nous arrivons. »

II.

Pendant que la jeune et belle abbesse[1] se livrait à ses commentaires, le roi entrait sans frapper dans la loge de la Porporina, au moment où elle commençait à reprendre ses esprits.

1. On sait que Frédéric donnait des abbayes, des canonicats et des évêchés à ses favoris, à ses officiers, et à ses parents protestants. La prin-

« Eh bien, Mademoiselle, lui dit-il d'un ton peu compatissant et même peu poli, comment vous trouvez-vous? Êtes-vous donc sujette à ces accidents-là? dans votre profession, ce serait un grave inconvénient. Est-ce une contrariété que vous avez eue? Êtes-vous si malade que vous ne puissiez répondre? Répondez, vous, Monsieur, dit-il au médecin qui soignait la cantatrice, est-elle gravement malade?

— Oui, Sire, répondit le médecin, le pouls est à peine sensible. Il y a un désordre très-grand dans la circulation, et toutes les fonctions de la vie sont comme suspendues; la peau est glacée.

— C'est vrai, dit le roi en prenant la main de la jeune fille dans la sienne; l'œil est fixe, la bouche décolorée. Faites-lui prendre des gouttes d'Hoffmann, que diable! Je craignais que ce ne fût une scène de comédie, je me trompais. Cette fille est fort malade. Elle n'est ni méchante, ni capricieuse; n'est-ce pas, monsieur Porporino? Personne ne lui a fait de chagrin ce soir? Personne n'a jamais eu à se plaindre d'elle, n'est-ce pas?

— Sire, ce n'est pas une comédienne, répondit Porporino, c'est un ange.

— Rien que cela! En êtes-vous amoureux?

— Non, Sire, je la respecte infiniment; je la regarde comme ma sœur.

— Grâce à vous deux et à Dieu; qui ne damne plus les comédiens, mon théâtre va devenir une école de vertu! Allons, la voilà qui revient un peu. Porporina, est-ce que vous ne me reconnaissez pas?

— Non, Monsieur, répondit la Porporina en regardant

cesse Amélie, ayant refusé obstinément de se marier, avait été dotée par lui de l'abbaye de Quedlimburg, prébende royale qui rapportait cent mille livres de rente, et dont elle porta le titre à la manière des chanoinesses catholiques.

d'un air effaré le roi qui lui frappait dans les mains.

— C'est peut-être un transport au cerveau, dit le roi ; vous n'avez pas remarqué qu'elle fût épileptique?

— Oh! Sire, jamais! ce serait affreux, répondit le Porporino, blessé de la manière brutale dont le roi s'exprimait sur le compte d'une personne si intéressante.

— Ah! tenez, ne la saignez pas, dit le roi en repoussant le médecin qui voulait s'armer de sa lancette ; je n'aime pas à voir froidement couler le sang innocent hors du champ de bataille. Vous n'êtes pas des guerriers, vous êtes des assassins, vous autres! laissez-la tranquille ; donnez-lui de l'air. Porporino, ne la laissez pas saigner ; cela peut tuer, voyez-vous! Ces messieurs-là ne doutent de rien. Je vous la confie. Ramenez-la dans votre voiture, Pœlnitz! Enfin vous m'en répondez. C'est la plus grande cantatrice que nous ayons encore eue, et nous n'en retrouverions pas une pareille de si tôt. A propos, qu'est-ce que vous me chanterez demain, monsieur Conciolini? »

Le roi descendit l'escalier du théâtre avec le ténor en parlant d'autre chose, et alla se mettre à souper avec Voltaire, La Mettrie, d'Argens, Algarotti et le général Quintus Icilius.

Frédéric était dur, violent et profondément égoïste. Avec cela, il était généreux et bon, même tendre et affectueux à ses heures. Ceci n'est point un paradoxe. Tout le monde connaît le caractère à la fois terrible et séduisant de cet homme à faces multiples, organisation compliquée et remplie de contrastes, comme toutes les natures puissantes, surtout lorsqu'elles sont investies du pouvoir suprême, et qu'une vie agitée les développe dans tous les sens.

Tout en soupant, tout en raillant et devisant avec amertume et avec grâce, avec brutalité et avec finesse, au milieu de ces chers amis qu'il n'aimait pas, et de ces admirables *beaux-esprits* qu'il n'admirait guère, Frédéric devint tout à coup rêveur, et se leva au bout de quelques instants de préoccupation, en disant à ses convives :

« Causez toujours, je vous entends. »

Là-dessus, il passe dans la chambre voisine, prend son chapeau et son épée, fait signe à un page de le suivre, et s'enfonce dans les profondes galeries et les mystérieux escaliers de son vieux palais, tandis que ses convives, le croyant tout près, mesurent leurs paroles et n'osent rien se dire qu'il ne puisse entendre. Au reste, ils se méfiaient tellement (et pour cause) les uns des autres, qu'en quelque lieu qu'ils fussent sur la terre de Prusse, ils sentaient toujours planer sur eux le fantôme redoutable et malicieux de Frédéric.

La Mettrie, médecin peu consulté et lecteur peu écouté du roi, était le seul qui ne connût pas la crainte et qui n'en inspirât à personne. On le regardait comme tout à fait inoffensif, et il avait trouvé le moyen que personne ne pût lui nuire. C'était de faire tant d'impertinences, de folies et de sottises devant le roi, qu'il eût été impossible d'en supposer davantage, et qu'aucun ennemi, aucun délateur n'eût su lui attribuer un tort qu'il ne se fût pas hautement et audacieusement donné de lui-même aux yeux du roi. Il paraissait prendre au pied de la lettre le philosophisme égalitaire que le roi affectait dans sa vie intime avec les sept ou huit personnes qu'il honorait de sa familiarité. A cette époque, après dix ans de règne environ, Frédéric, encore jeune, n'avait pas dépouillé entièrement l'affabilité populaire du prince royal, du philosophe hardi de *Remusberg*. Ceux qui le connaissaient n'avaient garde de s'y fier. Voltaire, le plus gâté de tous et le dernier venu, commençait à s'en inquiéter et à voir le tyran percer sous le bon prince, le Denys sous le Marc-Aurèle. Mais La Mettrie, soit candeur inouïe, soit calcul profond, soit insouciance audacieuse, traitait le roi avec aussi peu de façons que le roi avait prétendu vouloir l'être. Il ôtait sa cravate, sa perruque, voire ses souliers dans ses appartements, s'étendait sur les sofas, avait son franc parler avec lui, le contredisait ouvertement, se prononçait lestement sur le peu de cas à faire des grandeurs de ce monde, de la royauté comme de la religion, et de tous les autres *préjugés* battus en brèche par la *raison* du jour ; en un mot, se comportait en vrai cynique, et donnait tant de motifs à une disgrâce et à un renvoi, que c'était miracle de le voir resté debout, lorsque tant d'autres avaient été renversés et brisés pour de minces peccadilles. C'est que sur les caractères ombrageux et méfiants comme était Frédéric, un mot insidieux rapporté par l'espionnage, une apparence d'hypocrisie, un léger doute, font plus d'impression que mille imprudences. Frédéric tenait son La Mettrie pour insensé, et souvent il s'arrêtait pétrifié de surprise devant lui, en se disant :

« Voilà un animal d'une impudence vraiment scandaleuse. »

Puis il ajoutait à part :

« Mais c'est un esprit sincère, et celui-là n'a pas deux langages, deux opinions sur mon compte. Il ne peut pas me maltraiter en cachette plus qu'il ne fait en face ; au lieu que tous les autres, qui sont à mes pieds, que ne disent-ils pas et que ne pensent-ils pas, quand je tourne le dos et qu'ils se relèvent ? Donc La Mettrie est le plus honnête homme que je possède, et je dois le supporter d'autant plus qu'il est insupportable. »

Le pli était donc pris. La Mettrie ne pouvait plus fâcher le roi, et même il réussissait à lui faire trouver plaisant de sa part ce qui eût été révoltant de celle de tout autre. Tandis que Voltaire s'était embarqué, dès le commencement, dans un système d'adulations impossible à soutenir, et dont il commençait à se fatiguer et à se dégoûter étrangement lui-même, le cynique La Mettrie allait son train, s'amusait pour son compte, était aussi à l'aise avec Frédéric qu'avec le premier venu, et ne se trouvait pas dans la nécessité de maudire et de renverser une idole à laquelle il n'avait jamais rien sacrifié ni rien promis. Il résultait de cet état de son âme que Frédéric, qui commençait à s'ennuyer de Voltaire lui-même, s'amusait toujours cordialement avec La Mettrie et ne pouvait guère s'en passer, parce que, de son côté, c'était le seul homme qui ne fît pas semblant de s'amuser avec lui.

Le marquis d'Argens, chambellan à six mille francs d'appointements (le premier chambellan Voltaire en touchait vingt mille), était ce philosophe léger, cet écrivain facile et superficiel, véritable Français de son temps, bon, étourdi, libertin, sentimental, à la fois brave et efféminé, spirituel, généreux et moqueur; homme entre deux âges, romanesque comme un adolescent, et sceptique comme un vieillard. Ayant passé toute sa jeunesse avec les actrices, tour à tour trompeur et trompé, toujours amoureux fou de la dernière, il avait fini par épouser en secret mademoiselle Cochois, premier sujet de la Comédie-Française à Berlin, personne fort laide, mais fort intelligente, et qu'il s'était plu à instruire. Frédéric ignorait encore cette union mystérieuse, et d'Argens n'avait garde de la révéler à ceux qui pouvaient le trahir. Voltaire cependant était dans la confidence. D'Argens aimait sincèrement le roi; mais il n'en était pas plus aimé que les autres. Frédéric ne croyait à l'affection de personne, et le pauvre d'Argens était tantôt le complice, tantôt le plastron de ses plus cruelles plaisanteries.

On sait que le colonel décoré par Frédéric du surnom emphatique de Quintus Icilius était un Français d'origine, nommé Guichard, militaire énergique et tacticien savant, du reste grand pillard, comme tous les gens de son espèce, et courtisan dans la force du terme.

Nous ne dirons rien d'Algarotti, pour ne pas fatiguer le lecteur d'une galerie de personnages historiques. Il nous suffira d'indiquer les préoccupations des convives de Frédéric pendant son alibi, et nous avons déjà dit qu'au lieu de se sentir soulagés de la secrète gêne qui les opprimait, ils se trouvèrent plus mal à l'aise, et ne purent se dire un mot sans regarder cette porte entr'ouverte par laquelle était sorti le roi, et derrière laquelle il était peut-être occupé à les surveiller.

La Mettrie fit seul exception, et, remarquant que le service de la table était fort négligé en l'absence du roi :

« Parbleu ! s'écria-t-il, je trouve le maître de la maison fort mal appris de nous laisser ainsi manquer de serviteurs et de champagne, et je m'en vais voir s'il est là dedans pour lui porter plainte. »

Il se leva, alla, sans crainte d'être indiscret jusque dans la chambre du roi, et revint en s'écriant :

« Personne ! voilà qui est plaisant. Il est capable d'être monté à cheval et de faire faire une manœuvre aux flambeaux pour activer sa digestion. Le drôle de corps !

— C'est vous qui êtes un drôle de corps ! dit Quintus Icilius, qui ne pouvait pas s'habituer aux manières étranges de La Mettrie.

— Ainsi le roi est sorti ? dit Voltaire en commençant à respirer plus librement.

— Oui, le roi est sorti, dit le baron de Pœlnitz en entrant. Je viens de le rencontrer dans une arrière-cour avec un page pour toute escorte. Il avait revêtu son grand incognito et endossé son habit couleur de muraille : aussi ne l'ai-je pas reconnu du tout. »

Il nous faut bien dire un mot de ce troisième chambellan qui vient d'entrer; autrement le lecteur ne comprendrait pas qu'un autre que La Mettrie osât s'exprimer aussi lestement sur le compte du maître. Pœlnitz, dont l'âge était aussi problématique que le traitement et les fonctions, était ce baron prussien, ce roué de la Régence, qui brilla dans sa jeunesse à la cour de madame Palatine, mère du duc d'Orléans, ce joueur effréné dont le roi de Prusse ne voulait plus payer les dettes, grand aventurier, libertin cynique, très-espion, un peu escroc, courtisan effronté, nourri, enchaîné, méprisé, raillé, et fort mal salarié par son maître, qui pourtant ne pouvait se passer de lui, parce qu'un monarque absolu a toujours besoin d'avoir sous la main un homme capable de faire les plus mauvaises choses, tout en y trouvant le dédommagement de ses humiliations et la nécessité de son existence. Pœlnitz était en outre, à cette époque, le directeur des théâtres de Sa Majesté, une sorte d'intendant suprême de ses menus plaisirs. On l'appelait déjà le vieux Pœlnitz, et on l'appela encore ainsi trente ans plus tard. C'était le courtisan éternel. Il avait été page du dernier roi. Il joignait aux vices raffinés de la régence la grossièreté cynique de la tabagie du Gros-Guillaume et l'impertinente raideur du règne bel esprit et militaire de Frédéric le Grand. Sa faveur auprès de ce dernier étant un état chronique de disgrâce, il se souciait peu de la perdre; et d'ailleurs, faisant toujours le rôle d'agent provocateur, il ne craignait réellement les mauvais offices de personne auprès du maître qui l'employait.

« Pardieu! mon cher baron, s'écria La Mettrie, vous auriez bien dû suivre le roi pour venir nous raconter ensuite son aventure. Nous l'aurions fait damner à son retour en lui disant comme quoi, sans quitter la table, nous avions vu ses faits et gestes.

— Encore mieux! dit Pœlnitz en riant. Nous lui aurions dit cela demain seulement, et nous aurions mis la divination sur le compte du sorcier.

— Quel sorcier? demanda Voltaire.

— Le fameux comte de Saint-Germain qui est ici depuis ce matin.

— En vérité? Je suis fort curieux de savoir si c'est un charlatan ou un fou.

— Et voilà le difficile, dit la Mettrie. Il cache si bien son jeu, que personne ne peut se prononcer à cet égard.

— Et ce n'est pas si fou, cela! dit Algarotti.

— Parlez-moi de Frédéric, dit La Mettrie; je veux piquer sa curiosité par quelque bonne histoire, afin qu'il nous régale un de ces jours à souper du Saint-Germain et de ses aventures d'avant le déluge. Cela m'amusera. Voyons! où peut être notre cher monarque à cette heure? Baron, vous le savez! vous êtes trop curieux pour ne pas l'avoir suivi, ou trop malin pour ne l'avoir pas deviné.

— Voulez-vous que je vous le dise? dit Pœlnitz.

— J'espère, Monsieur, dit Quintus en devenant tout violet d'indignation, que vous n'allez pas répondre aux étranges questions de M. La Mettrie. Si Sa Majesté...

— Oh! mon cher, dit La Mettrie, il n'y a pas de Majesté ici, de dix heures du soir à deux heures du matin. Frédéric l'a posé en statut une fois pour toutes, et je ne connais que la loi : « Il n'y a pas de roi quand on soupe. » Vous ne voyez donc pas que ce pauvre roi s'ennuie, et vous ne voulez pas l'aider, mauvais serviteur et mauvais ami que vous êtes, à oublier pendant les douces heures de la nuit le fardeau de sa grandeur? Allons,

Pœlnitz, cher baron, parlez; où est le roi à cette heure?

« Je ne veux pas le savoir! dit Quintus en se levant et en quittant la table.

—A votre aise, dit Pœlnitz. Que ceux qui ne veulent pas m'entendre se bouchent les oreilles.

—J'ouvre les miennes, dit La Mettrie.

—Ma foi, et moi aussi, dit Algarotti en riant.

Messieurs, dit Pœlnitz, Sa Majesté est chez la signora Porporina.

—Vous nous la baillez belle! s'écria La Mettrie. »

Et il ajouta une phrase en latin, que je ne puis traduire parce que je ne sais pas le latin.

Quintus Icilius devint pâle et sortit. Algarotti récita un sonnet italien que je ne comprends pas beaucoup non plus; et Voltaire improvisa quatre vers pour comparer Frédéric à Jules César; après quoi, ces trois érudits se regardèrent en souriant; et Pœlnitz reprit d'un air sérieux:

« Je vous donne ma parole d'honneur que le roi est chez la Porporina.

—Ne pourriez-vous pas donner quelque autre chose? dit d'Argens, à qui tout cela déplaisait au fond, parce qu'il n'était pas homme à trahir les autres pour augmenter son crédit. »

« Pœlnitz répondit sans se troubler :

« Mille diables, monsieur le marquis, quand le roi nous dit que vous êtes chez mademoiselle Cochois, cela ne nous scandalise point. Pourquoi vous scandalisez-vous de ce qu'il est chez mademoiselle Porporina?

—Cela devrait vous édifier, au contraire, dit Algarotti; et si cela est vrai, je l'irai dire à Rome.

—Et Sa Sainteté, qui est un peu *gausseuse*, ajouta Voltaire, dira de fort jolies choses là-dessus.

—Sur quoi Sa Sainteté *gaussera*-t-elle? demanda le

roi en paraissant brusquement sur le seuil de la salle à manger.

— Sur les amours de Frédéric le Grand avec la Porporina de Venise, répondit effrontément La Mettrie. »

Le roi pâlit, et lança un regard terrible sur ses convives, qui tous pâlirent plus ou moins, excepté La Mettrie.

« Que voulez-vous, dit celui-ci tranquillement ; M. de Saint-Germain avait prédit, ce soir, à l'Opéra, qu'à l'heure où Saturne passerait entre Régulus et la Vierge, Sa Majesté suivie d'un page...

— Décidément, qu'est-ce que ce comte de Saint-Germain ? » dit le roi en s'asseyant avec la plus grande tranquillité, et en tendant son verre à La Mettrie, pour qu'il le lui remplît de champagne.

On parla du comte de Saint-Germain ; et l'orage fut ainsi détourné sans explosion. Au premier choc, l'impertinence de Pœlnitz, qui l'avait trahi, et l'audace de La Mettrie, qui osait le lui dire, avaient transporté le roi de colère ; mais, pendant le temps que La Mettrie disait trois paroles, Frédéric s'était rappelé qu'il avait recommandé à Pœlnitz de bavarder sur certain chapitre, et de faire bavarder les autres, à la première occasion. Il était donc rentré en lui-même avec cette facilité et cette liberté d'esprit qu'il possédait au plus haut degré, et il ne fut pas plus question de sa promenade nocturne que si elle n'eût été remarquée de personne. La Mettrie eût bien osé revenir à la charge s'il y eût songé ; mais la légèreté de son esprit suivit la nouvelle route que Frédéric lui ouvrait ; et c'est ainsi que Frédéric dominait souvent La Mettrie lui-même. Il le traitait comme un enfant que l'on voit prêt à briser une glace ou à sauter par une fenêtre, et à qui l'on montre un jouet pour le distraire et le détourner de sa fantaisie. Chacun fit son commentaire sur le fameux comte de Saint-Germain ; chacun raconta son anecdote. Pœlnitz prétendit l'avoir vu en France, il y avait vingt ans. Et je l'ai revu ce matin, ajouta-t-il, aussi peu vieilli que si je l'avais quitté d'hier. Je me souviens qu'un soir, en France, entendant parler de la passion de Notre-Seigneur Jésus-Christ, il s'écria, de la façon la plus plaisante et avec un sérieux incroyable : « Je lui avais bien dit qu'il finirait par se faire un mau- « vais parti chez ces méchants Juifs. Je lui ai même pré- « dit à peu près tout ce qui lui est arrivé ; mais il ne « m'écoutait pas : son zèle lui faisait mépriser tous les « dangers. Aussi sa fin tragique m'a fait une peine dont « je ne me consolerai jamais, et je n'y puis songer sans « répandre des larmes. » En disant cela, ce diable de comte pleurait tout de bon ; et peu s'en fallait qu'il ne nous fît pleurer aussi.

« Vous êtes un si bon chrétien, dit le roi, que cela ne m'étonne point de vous. »

Pœlnitz avait changé trois ou quatre fois de religion, du matin au soir, pour postuler des bénéfices et des places dont le roi l'avait leurré par forme de plaisanterie.

« Votre anecdote traîne partout, dit d'Argens au baron, et ce n'est qu'une facétie. J'en ai entendu de meilleures ; et ce qui rend, à mes yeux, ce comte de Saint-Germain un personnage intéressant et remarquable, c'est la quantité d'appréciations tout à fait neuves et ingénieuses au moyen desquelles il explique des événements restés à l'état de problèmes fort obscurs dans l'histoire. Sur quelque sujet et sur quelque époque qu'on l'interroge, on est surpris, dit-on, de le voir connaître ou de lui entendre inventer une foule de choses vraisemblables, intéressantes, et propres à jeter un nouveau jour sur les faits les plus mystérieux.

— S'il dit des choses vraisemblables, observa Algarotti, il faut que ce soit un homme prodigieusement érudit et doué d'une mémoire extraordinaire.

— Mieux que cela! dit le roi. L'érudition ne suffit pas pour expliquer l'histoire. Il faut que cet homme ait une puissante intelligence et une profonde connaissance du cœur humain. Reste à savoir si cette belle organisation a été faussée par le travers de vouloir jouer un rôle bizarre, en s'attribuant une existence éternelle et la mémoire des événements antérieurs à sa vie humaine; ou si, à la suite de longues études et de profondes méditations, le cerveau s'est dérangé, et s'est laissé frapper de monomanie.

— Je puis au moins, dit Pœlnitz, garantir à Votre Majesté la bonne foi et la modestie de notre homme. On ne le fait pas parler aisément des choses merveilleuses dont il croit avoir été témoin. Il sait qu'on l'a traité de rêveur et de charlatan, et il en paraît fort affecté; car maintenant il refuse de s'expliquer sur sa puissance surnaturelle.

— Eh bien, Sire, est-ce que vous ne mourez pas d'envie de le voir et de l'entendre? dit La Mettrie. Moi j'en grille.

— Comment pouvez-vous être curieux de cela? reprit le roi. Le spectacle de la folie n'est rien moins que gai.

— Si c'est de la folie, d'accord; mais si ce n'en est pas?

— Entendez-vous, Messieurs, reprit Frédéric; voici l'incrédule, l'athée par excellence, qui se prend au merveilleux, et qui croit déjà à l'existence éternelle de M. de Saint-Germain! Au reste, cela ne doit pas étonner, quand on sait que La Mettrie a peur de la mort, du tonnerre et des revenants.

— Des revenants, je confesse que c'est une faiblesse, dit La Mettrie; mais du tonnerre et de tout ce qui peut donner la mort, je soutiens que c'est raison et sagesse. De quoi diable aura-t-on peur, je vous le demande, si ce n'est de ce qui porte atteinte à la sécurité de l'existence?

— Vive Panurge, dit Voltaire.

— J'en reviens à mon Saint-Germain, reprit La Mettrie; messire Pantagruel devrait l'inviter à souper demain avec nous.

— Je m'en garderai bien, dit le roi; vous êtes assez fou comme cela, mon pauvre ami, et il suffirait qu'il eût mis le pied dans ma maison pour que les imaginations superstitieuses, qui abondent autour de nous, rêvassent à l'instant cent contes ridicules qui auraient bientôt fait le tour de l'Europe. Oh! la raison, mon cher Voltaire, que son règne nous arrive! voilà la prière qu'il faut faire chaque soir et chaque matin.

— La raison, la raison! dit La Mettrie, je la trouve séante et bénévole quand elle me sert à excuser et à légitimer mes passions, mes vices... ou mes appétits... donnez-leur le nom que vous voudrez! mais quand elle m'ennuie, je demande à être libre de la mettre à la porte. Que diable! je ne veux pas d'une raison qui me force à faire le brave quand j'ai peur, le stoïque quand je souffre, le résigné quand je suis en colère... Foin d'une pareille raison! ce n'est pas la mienne, c'est un monstre, une chimère de l'invention de ces vieux radoteurs de l'antiquité que vous admirez tous, je ne sais pas pourquoi. Que son règne n'arrive pas! je n'aime pas les pouvoirs absolus d'aucun genre, et si l'on voulait me forcer à ne pas croire en Dieu, ce que je fais de bonne grâce et de tout mon cœur, je crois que, par esprit de contradiction, j'irais tout de suite à confesse.

— Oh! vous êtes capable de tout, on le sait bien, dit d'Argens, même de croire à la pierre philosophale du comte de Saint-Germain.

—Et pourquoi non? ce serait si agréable et j'en aurais tant besoin!

—Ah! pour celle-là, s'écria Pœlnitz en secouant ses poches vides et muettes, et en regardant le roi d'un air expressif, que son règne arrive au plus tôt! c'est la prière que tous les matins et tous les soirs...

—Oui-da! interrompit Frédéric, qui faisait toujours la sourde oreille à cette sorte d'insinuation; ce monsieur Saint-Germain donne aussi dans le secret de faire de l'or? Vous ne me disiez pas cela!

—Or donc, permettez-moi de l'inviter à souper demain de votre part, dit La Mettrie; car m'est d'avis qu'un peu de son secret ne vous ferait pas de peine non plus, sire Gargantua! Vous avez de grands besoins et un estomac gigantesque, comme roi et comme réformateur.

—Tais-toi, Panurge, répondit Frédéric. Ton Saint-Germain est jugé maintenant. C'est un imposteur et un impudent que je vais faire surveiller d'importance, car nous savons qu'avec ce beau secret-là on emporte plus d'argent d'un pays qu'on n'y en laisse. Eh! Messieurs, ne vous souvient-il déjà plus du grand nécromant Cagliostro, que j'ai fait chasser de Berlin, à bon escient, il n'y a pas plus de six mois?

—Et qui m'a emporté cent écus, dit La Mettrie; que le diable les lui reprenne!

—Et qui les aurait emportés à Pœlnitz, s'il les avait eus, dit d'Argens.

—Vous l'avez fait chasser, dit La Mettrie à Frédéric, et il vous a joué un bon tour, pas moins!

—Lequel?

—Ah! vous ne le savez pas! Eh bien, je vais vous régaler d'une histoire.

—Le premier mérite d'une histoire est d'être courte, observa le roi.

— La mienne n'a que deux mots. Le jour où Votre Majesté pantagruélique ordonna au sublime Cagliostro de remballer ses alambics, ses spectres et ses démons, il est de notoriété publique qu'il sortit en personne dans sa voiture, à midi sonnant, par toutes les portes de Berlin à la fois. Oh! cela est attesté par plus de vingt mille personnes. Les gardiens de toutes les portes l'ont vu, avec le même chapeau, la même perruque, la même voiture, le même bagage, le même attelage; et jamais vous ne leur ôterez de l'esprit qu'il y a eu, ce jour-là, cinq ou six Cagliostro sur pied. »

Tout le monde trouva l'histoire plaisante. Frédéric seul n'en rit pas. Il prenait au sérieux les progrès de sa chère raison, et la superstition, qui donnait tant d'esprit et de gaîté à Voltaire, ne lui causait qu'indignation et dépit.

« Voilà le peuple, s'écria-t-il en haussant les épaules; ah! Voltaire, voilà le peuple! et cela dans le temps que vous vivez, et que vous secouez sur le monde la vive lumière de votre flambeau! On vous a banni, persécuté, combattu de toutes manières, et Cagliostro n'a qu'à se montrer pour fasciner des populations! Peu s'en faut qu'on ne le porte en triomphe!

— Savez-vous bien, dit La Mettrie que vos plus grandes dames croient à Cagliostro tout autant que les bonnes femmes des carrefours? apprenez que c'est d'une des plus belles de votre cour que je tiens cette aventure.

— Je parie que c'est de madame de Kleist! dit le roi.

— *C'est toi qui l'as nommée!* répondit La Mettrie en déclamant.

— Le voilà qui tutoie le roi, à présent! grommela Quintus Icilius, qui était rentré depuis quelques instants.

— Cette bonne de Kleist est folle, reprit Frédéric; c'est la plus intrépide visionnaire, la plus engouée d'horoscopes et de sortiléges... Elle a besoin d'une leçon, qu'elle prenne garde à elle! Elle renverse la cervelle de toutes nos dames, et on dit même qu'elle a rendu fou monsieur son mari, qui sacrifiait des boucs noirs à Satan pour découvrir les trésors enfouis dans nos sables du Brandebourg.

— Mais tout cela est du meilleur ton chez vous, père Pantagruel, dit La Mettrie. Je ne sais pas pourquoi vous voulez que les femmes se soumettent à votre rechigneuse déesse Raison. Les femmes sont au monde pour s'amuser et pour nous amuser. Pardieu! le jour où elles ne seront plus folles, nous serons bien sots! Madame de Kleist est charmante avec toutes ses histoires de sorciers; elle en régale *Soror Amalia*...

— Que veut-il dire avec sa *soror Amalia?* dit le roi étonné.

— Eh! votre noble et charmante sœur, l'abbesse de Quedlimburg, qui donne dans la magie de tout son cœur, comme chacun sait...

— Tais-toi, Panurge! répéta le roi d'une voix de tonnerre, et en frappant de sa tabatière sur la table. »

III.

Il y eut un moment de silence pendant lequel minuit sonna lentement[1]. Ordinairement Voltaire avait l'art de renouer la conversation quand un nuage passait sur le front de son cher Trajan, et d'effacer la mauvaise impression qui rejaillissait sur les autres convives. Mais ce soir-là, Voltaire, triste et souffrant, ressentait les sourdes atteintes de ce spleen prussien, qui s'emparait bien vite de tous les heureux mortels appelés à contempler Fré-

1. L'Opéra commençait et finissait plus tôt que de nos jours. Frédéric commençait à souper à dix heures.

déric dans sa gloire. C'était précisément le matin que La Mettrie lui avait répété ce fatal mot de Frédéric, qui fit succéder à une feinte amitié une aversion très-réelle entre ces deux grands hommes[1]. Tant il y a qu'il ne dit mot. « Ma foi, pensait-il, qu'il jette l'écorce de La Mettrie quand bon lui semblera; qu'il ait de l'humeur; qu'il souffre, et que le souper finisse. J'ai la colique, et tous ces compliments ne m'empêcheront pas de le sentir. »

Frédéric fut donc forcé de s'exécuter et de reprendre tout seul sa philosophique sérénité.

« Puisque nous sommes sur le chapitre de Cagliostro, dit-il, et que l'heure des histoires de revenants vient de sonner, je vais vous raconter la mienne, et vous jugerez ce qu'il faut croire de la science des sorciers. Mon histoire est très-véritable, et je la tiens de la personne même à qui elle est arrivée l'été dernier. C'est l'incident survenu ce soir au théâtre qui me la remet en mémoire, et peut-être cet incident est-il lié à ce que vous allez entendre.

— L'histoire sera-t-elle un peu effrayante? demanda La Mettrie.

— Peut-être! répondit le roi.

— En ce cas, reprit-il, je vais fermer la porte qui est derrière moi. Je ne peux pas souffrir une porte ouverte quand on parle de revenants et de prodiges. »

La Mettrie ferma la porte, et le roi parla ainsi :

« Cagliostro, vous le savez, avait l'art de montrer aux gens crédules des tableaux, ou plutôt des miroirs magiques, sur lesquels il faisait apparaître des personnes

---

[1]. Je le garde encore parce que j'ai besoin de lui. Dans un an je n'en aurai plus que faire, et je m'en débarrasserai. *Je presse l'orange, et après je jetterai l'écorce.* » On sait que ce mot fut une plaie vive pour l'orgueil de Voltaire.

absentes. Il prétendait les surprendre dans le moment même, et révéler ainsi les occupations et les actions les plus secrètes de leur vie. Les femmes jalouses allaient apprendre chez lui les infidélités de leurs maris ou de leurs amants; il y a même des amants et des maris qui ont eu chez lui d'étranges révélations sur la conduite de certaines dames, et le miroir magique a trahi, dit-on, des mystères d'iniquité. Quoi qu'il en soit, les chanteurs italiens de l'Opéra se réunirent un soir et lui offrirent un joli souper accompagné de bonne musique, à condition qu'il leur ferait quelques tours de son métier. Il accepta l'échange et donna jour à Porporino, à Conciolini, à mesdemoiselles Astrua et Porporina, pour leur montrer chez lui l'enfer ou le paradis à volonté. La famille Barberini fut même de la partie. Mademoiselle Jeanne Barberini demanda à voir le feu doge de Venise ; et comme M. Cagliostro ressuscite très-proprement les morts, elle le vit, elle en eut grand'peur, et sortit toute bouleversée du cabinet noir où le sorcier l'avait mise en tête-à-tête avec le revenant. Je soupçonne fort la Barberini, qui est un peu gausseuse, comme dit Voltaire, d'avoir joué l'épouvante pour se moquer de nos histrions italiens qui, par état, ne sont pas braves, et qui refusèrent net de se soumettre à la même épreuve. Mademoiselle Porporina, avec cet air tranquille que vous lui connaissez, dit à M. Cagliostro qu'elle croirait à sa science s'il lui montrait une personne à laquelle elle pensait dans ce moment-là, et qu'elle n'avait pas besoin de lui nommer, puisqu'il était sorcier et devait lire dans son âme comme dans un livre. « Ce que vous me demandez est grave, répondit Cagliostro, et pourtant je crois pouvoir vous satisfaire, si vous me jurez, sur tout ce qu'il y a de plus solennel et de plus terrible, de ne pas adresser la parole à la personne que je vous montrerai, et de ne pas faire le moindre mouvement, le moindre geste, le moindre bruit pendant l'apparition. » La Porporina s'y engagea par serment, et entra dans le cabinet noir avec beaucoup de résolution. Il n'est pas inutile de vous rappeler, messieurs, que cette jeune personne est un des esprits les plus fermes et les plus droits qui se puissent rencontrer ; elle est instruite, raisonne bien sur toutes choses, et j'ai des motifs de croire qu'elle n'est accessible à aucune idée fausse ou étroite. Elle resta donc dans la chambre aux apparitions pendant assez longtemps pour étonner et inquiéter ses camarades. Tout se passa pourtant dans le plus grand silence. Lorsqu'elle en sortit, elle était fort pâle, et des larmes coulaient, dit-on, de ses yeux. Mais elle dit aussitôt à ses camarades : « Mes amis, si M. Cagliostro est sorcier, c'est un sorcier menteur, ne croyez rien de ce qu'il vous montrera. » Elle ne voulut pas s'expliquer davantage. Mais Conciolini m'ayant raconté, quelques jours après, à un de mes concerts, cette merveilleuse soirée, je me promis d'interroger la Porporina, ce que je ne manquai pas de faire la première fois qu'elle vint chanter à Sans-Souci. J'eus quelque peine à la faire parler. Voici enfin ce qu'elle me raconta :

« Sans aucun doute, M. Cagliostro possède des moyens extraordinaires pour produire des apparitions tellement semblables à la réalité, qu'il est impossible aux esprits les plus calmes de n'en être pas ému. Pourtant il n'est pas sorcier, et sa prétention de lire dans ma pensée n'était fondée que sur la connaissance qu'il avait, à coup sûr, de quelques particularités de ma vie : mais c'est une connaissance incomplète, et je ne vous conseillerais pas, Sire (c'est toujours la Porporina qui parle, observa le roi), de le prendre pour votre ministre de la police, car il ferait de graves bévues. Ainsi, lorsque je lui demandai de me montrer la personne absente que je désirais voir, je pensais à maître Porpora, mon maître de musique, qui est maintenant à Vienne; et, au lieu de lui, je vis apparaître dans la chambre magique un ami bien cher que j'ai perdu cette année.

— Peste! dit d'Argens, cela est beaucoup plus sorcier que d'en faire voir un vivant!

— Attendez, messieurs. Cagliostro, mal informé, ne se doutait pas que la personne qu'il montrait fût morte; car, lorsque le fantôme eut disparu, il demanda à mademoiselle Porporina si elle était satisfaite de ce qu'elle venait d'apprendre. « D'abord, monsieur, répondit-elle, je désirerais le comprendre. Veuillez me l'expliquer. — Cela dépasse mon pouvoir, répondit-il; qu'il vous suffise de savoir que votre ami est tranquille et qu'il s'occupe utilement. » Sur quoi la signora reprit : « Hélas! monsieur, vous m'avez fait bien du mal sans le savoir : vous m'avez montré une personne que je ne songeais point à revoir jamais, et vous me la donnez maintenant pour vivante, tandis que je lui ai fermé les yeux il y a six mois. » Voilà, messieurs, continua Frédéric, comment ces sorciers se trompent en voulant tromper les autres, et comment leurs trames sont déjouées par un ressort qui manque à leur police secrète. Ils pénètrent jusqu'à un certain point les mystères des familles et celui des affections intimes. Comme toutes les histoires de ce monde se ressemblent plus ou moins, et qu'en général les gens enclins au merveilleux n'y regardent pas de si près, ils tombent juste vingt fois sur trente; mais dix fois sur trente ils donnent à côté, et on n'y fait pas attention, tandis qu'on fait grand bruit des épreuves qui ont réussi. C'est absolument comme dans les horoscopes, où l'on vous prédit une série banale d'événements qui doivent nécessairement arriver à tout le monde, tels que voyages, maladies, perte d'un ami ou d'un parent, héritage, rencontre, lettre intéressante, et autres lieux communs de la vie humaine. Voyez un peu cependant à quelles catastrophes et à quels chagrins domestiques les fausses révélations d'un Cagliostro exposent des esprits faibles et passionnés ! Qu'un mari se fie à cela et tue sa femme innocente ; qu'une mère devienne folle de douleur en croyant voir expirer son fils absent, et mille autres désastres qu'a occasionnés la prétendue science divinatoire des magiciens ! Tout cela est infâme, et convenez que j'ai eu raison d'éloigner de mes Etats ce Cagliostro qui devine si juste, et qui donne de si bonnes nouvelles des gens morts et enterrés.

— Tout cela est bel et bon, dit La Mettrie, mais ne m'explique pas comment *la Porporina de Votre Majesté* a vu debout cet homme mort. Car enfin, si elle est douée de fermeté et de raison, comme *Votre Majesté* l'affirme, cela prouve contre l'argument de *Votre Majesté*. Le sorcier s'est trompé, il est vrai, en tirant de son magasin un mort pour un vivant qu'on lui demandait; mais il n'en est que plus certain qu'il dispose de la mort et de la vie; et, en cela, il en sait plus long que *Votre Majesté*, laquelle, n'en *déplaise à Votre Majesté*, a fait tuer beaucoup d'hommes à la guerre, et n'en a jamais pu ressusciter un seul.

— Ainsi nous croirons au diable, mon cher *sujet*, dit le roi, riant des regards comiques que lançait La Mettrie à Quintus Icilius, chaque fois qu'il prononçait avec emphase le titre de Majesté.

— Pourquoi ne croirions-nous pas à ce pauvre compère Satan, qui est si calomnié et qui a tant d'esprit? repartit La Mettrie.

— Au feu le manichéen! dit Voltaire en approchant une bougie de la perruque du jeune médecin.

— Enfin, sublime Fritz, reprit celui-ci, je vous ai posé un argument embarrassant : ou la charmante Porporina est folle et crédule, et elle a vu son mort; ou elle est philosophe, et n'a rien vu du tout. Cependant elle a eu peur, elle en convient?

— Elle n'a pas eu peur, dit le roi, elle a eu du chagrin, comme on en éprouverait à la vue d'un portrait qui vous rappellerait exactement une personne aimée qu'on sait trop que l'on ne reverra plus. Mais s'il faut que je vous dise tout, je pense un peu qu'elle a eu peur après coup, et que sa force morale n'est pas sortie de cette épreuve aussi saine qu'elle y est entrée. Depuis ce temps, elle a été sujette à des accès de mélancolie noire, qui sont toujours une preuve de faiblesse ou de désordre dans nos facultés. Je suis sûr qu'elle a l'esprit frappé, bien qu'elle le nie. On ne joue pas impunément avec le mensonge. L'espèce d'attaque qu'elle a eue ce soir est, selon moi, une conséquence de tout cela ; et je parierais qu'il y a dans sa cervelle troublée quelque frayeur de la puissance magique attribuée à M. de Saint-Germain. On m'a dit que depuis qu'elle est rentrée chez elle, elle n'a fait que pleurer.

— Ah! cela, vous me permettrez de n'en rien croire, chère Majesté, dit La Mettrie. Vous avez été la voir, donc elle ne pleure plus.

— Vous êtes bien curieux, Panurge, de savoir le but de ma visite? Et vous aussi, d'Argens, qui ne dites rien, et qui avez l'air de n'en pas penser davantage? Et vous aussi, peut-être, cher Voltaire, qui ne dites mot non plus, et qui n'en pensez pas moins, certainement?

— Comment ne serait-on pas curieux de tout ce que Frédéric le Grand juge à propos de faire? répondit Voltaire, qui fit un effort de complaisance en voyant le roi en train de parler; peut-être que certains hommes n'ont le droit de rien cacher, lorsque la moindre de leurs paroles est un précepte, et la moindre de leurs actions un exemple.

— Mon cher ami, vous voulez me donner de l'orgueil. Qui n'en aurait d'être loué par Voltaire? Cela n'empêche pas que vous ne vous soyez pas moqué de moi pendant un quart d'heure que j'ai été absent. Eh bien! pendant ce quart d'heure, pourtant, vous ne pouvez supposer que j'aie eu le temps d'aller jusque auprès de l'Opéra, où demeure la Porporina, de lui réciter un long madrigal, et d'en revenir à pied, car j'étais à pied.

— Bah! sire, l'Opéra est bien près d'ici, dit Voltaire, et il ne vous faut pas plus de temps que cela pour gagner une bataille.

— Vous vous trompez, il faut beaucoup plus de temps, répliqua le roi assez froidement; demandez à Quintus Icilius. Quant au marquis, qui connaît si bien la vertu des femmes de théâtre, il vous dira qu'il faut plus d'un quart d'heure pour les conquérir.

— Eh! eh! sire, cela dépend.

— Oui, cela dépend : mais j'espère pour vous que mademoiselle Cochois vous a donné plus de peine. Tant il y a, messieurs, que je n'ai pas vu mademoiselle Porporina cette nuit, et que j'ai été seulement parler à sa servante, et m'informer de ses nouvelles.

— Vous, sire? s'écria La Mettrie.

— J'ai voulu lui porter moi-même un flacon dont je me suis souvenu tout à coup d'avoir éprouvé de très-bons effets, quand j'étais sujet à des spasmes d'estomac qui me faisaient quelquefois perdre connaissance. Eh bien, vous ne dites mot? Vous voilà tous ébahis? Vous avez envie de donner des louanges à ma bonté paternelle et royale, et vous n'osez pas, parce qu'au fond du cœur, vous me trouvez parfaitement ridicule.

— Ma foi, sire, si vous êtes amoureux comme un simple mortel, je ne le trouve pas mauvais, dit La Mettrie, et je ne vois pas là matière ni à éloge ni à raillerie?

— Eh bien, mon bon Panurge, je ne suis pas amoureux du tout, puisqu'il faut parler net. Je suis un simple mortel, il est vrai; mais je n'ai pas l'honneur d'être roi de France, et les mœurs galantes qui conviennent à un grand monarque comme Louis XV iraient fort mal à un petit marquis de Brandebourg tel que moi. J'ai d'autres chats à fouetter pour faire marcher ma pauvre boutique, et je n'ai pas le loisir de m'endormir dans les bosquets de Cythère.

— En ce cas, je ne comprends rien à votre sollicitude pour cette petite chanteuse de l'Opéra, dit La Mettrie; et, à moins que ce ne soit par suite d'une rage musicale, je donne ma langue aux chats.

— Cela étant, sachez, mes amis, que je ne suis ni amant ni amoureux de la Porporina, mais que je lui suis très-attaché, parce que, dans une circonstance trop longue à vous dire maintenant, elle m'a sauvé la vie sans me connaître. L'aventure est bizarre, et je vous la raconterai une autre fois. Ce soir il est trop tard, et M. de Voltaire s'endort. Qu'il vous suffise de savoir que si je suis ici, et non dans l'enfer, où la dévotion voulait m'envoyer, je le dois à cette fille. Vous comprenez maintenant que, la sachant dangereusement indisposée, je puisse aller voir si elle n'est pas morte, et lui porter un flacon de Stahl, sans, pour cela, avoir envie de passer à vos yeux pour un Richelieu ou pour un Lauzun. Allons, messieurs, je vous donne le bonsoir. Il y a dix-huit heures que je n'ai quitté mes bottes, et il me faudra les reprendre dans six. Je prie Dieu qu'il vous ait en sa sainte et digne garde, comme au bas d'une lettre. »

. . . .

Au moment où minuit avait sonné à la grande horloge du palais, la jeune et mondaine abbesse de Quedlimburg venait de se mettre dans son lit de satin rose, lorsque sa première femme de chambre, en lui plaçant ses mules sur son tapis d'hermine, tressaillit et laissa échapper un cri. On venait de frapper à la porte de la chambre à coucher de la princesse.

« Eh bien, es-tu folle? dit la belle Amélie, en entr'ouvrant son rideau : qu'as-tu à sauter et à soupirer de la sorte?

— Est-ce que Votre Altesse royale n'a pas entendu frapper ?

— On a frappé? En ce cas, va voir ce que c'est.

— Ah! madame, quelle personne vivante oserait frapper à la porte de Votre Altesse, quand on sait qu'elle est couchée?

— Aucune personne vivante n'oserait, dis-tu? En ce cas c'est une personne morte. Va lui ouvrir en attendant. Tiens, on frappe encore ; va donc, tu m'impatientes. »

La femme de chambre, plus morte que vive, se traîna vers la porte, et demanda *qui est là?* d'une voix tremblante.

« C'est moi, madame de Kleist, répondit une voix bien connue; si la princesse ne dort pas encore, dites-lui que j'ai quelque chose d'important à lui dire.

— Eh vite! eh vite! fais-la entrer, cria la princesse, et laisse-nous. »

Dès que l'abbesse et sa favorite furent seules, cette dernière s'assit sur le pied du lit de sa maîtresse, et parla ainsi :

« Votre Altesse royale ne s'était pas trompée. Le roi est amoureux fou de la Porporina, et il n'est pas encore son amant, ce qui donne certainement à cette fille un crédit illimité, pour le moment, sur son esprit.

— Et comment sais-tu cela depuis une heure?

— Parce qu'en me déshabillant pour me mettre au lit, j'ai fait babiller ma femme de chambre, laquelle m'a appris qu'elle avait une sœur au service de cette Porporina. Là-dessus je la questionne, je lui tire les vers du nez, et, de fil en aiguille, j'apprends que madite soubrette sort à l'instant même de chez sa sœur, et qu'à l'instant même le roi sortait de chez la Porporina.

— Es-tu bien sûre de cela?

— Ma fille de chambre venait de voir le roi comme je vous vois. Il lui avait parlé à elle-même, la prenant pour sa sœur, laquelle était occupée, dans une autre pièce, à soigner sa maîtresse malade, ou feignant de l'être. Le roi s'est informé de la santé de la Porporina avec une sollicitude extraordinaire; il a frappé du pied d'un air tout à fait chagrin, en apprenant qu'elle ne cessait de pleurer; il n'a pas demandé à la voir, *dans la crainte de la gêner*, a-t-il dit; il a remis pour elle un flacon très-précieux; enfin il s'est retiré, en recommandant bien qu'on dît à la malade, le lendemain, qu'il était venu la voir à onze heures du soir.

— Voilà une aventure, j'espère! s'écria la princesse, et je n'ose en croire mes oreilles. Ta soubrette connaît-elle bien les traits du roi?

— Qui ne connaît la figure d'un roi toujours à cheval? D'ailleurs, un page avait été envoyé en éclaireur cinq minutes à l'avance pour voir s'il n'y avait personne chez la belle. Pendant ce temps, le roi, enveloppé et emmitouflé, attendait en bas dans la rue, en grand incognito, selon sa coutume.

— Ainsi, du mystère, de la sollicitude, et surtout du respect: c'est de l'amour, ou je ne m'y connais pas, de Kleist. Et tu es venue, malgré le froid et la nuit, m'apprendre cela bien vite! Ah! ma pauvre enfant, que tu es bonne!

— Dites aussi malgré les revenants. Savez-vous qu'il y a une panique nouvelle dans le château depuis quelques nuits, et que mon chasseur tremblait comme un grand imbécile en traversant les corridors pour m'accompagner?

— Qu'est-ce que c'est? encore la femme blanche?

— Oui, *la Balayeuse.*

— Cette fois, ce n'est pas nous qui faisons ce jeu-là, ma pauvre de Kleist! Nos fantômes sont bien loin, et fasse le ciel que ces revenants-là puissent revenir!

— Je pensais d'abord que c'était le roi qui s'amusait à *revenir,* puisque maintenant il a des motifs pour écarter les valets curieux de dessus son passage. Mais, ce qui m'a fort étonné, c'est que le sabbat ne se passe pas autour de ses appartements, ni sur sa route pour aller chez la Porporina. C'est autour de Votre Altesse que les esprits se promènent, et j'avoue que maintenant que je n'y suis plus pour rien, cela m'effraie un peu.

— Que dis-tu là, enfant? Comment pourrais-tu croire aux spectres, toi qui les connais si bien?

— Et voilà le *hic!* on dit que quand on les imite, cela les fâche, et qu'ils se mettent à vos trousses tout de bon pour vous punir.

— En ce cas, ils s'y prendraient un peu tard avec nous; car depuis plus d'un an, ils nous laissent en repos. Allons, ne t'occupe pas de ces balivernes. Nous savons bien ce qu'il faut croire de ces âmes en peine. Certainement c'est quelque page ou quelque bas officier qui vient la nuit demander des prières à la plus jolie de mes femmes de chambre. Aussi la vieille, à qui on ne demande rien du tout, a-t-elle une frayeur épouvantable. J'ai vu le moment où elle ne voudrait pas t'ouvrir. Mais de quoi parlons-nous là? De Kleist, nous tenons le secret du roi, il faut en profiter. Comment allons-nous nous y prendre?

— Il faut accaparer cette Porporina, et nous dépêcher avant que sa faveur la rende vaine et méfiante.

— Sans doute, il ne faut épargner ni présents, ni promesses, ni cajoleries. Tu iras dès demain chez elle; tu lui demanderas de ma part... de la musique, des autographes du Porpora; elle doit avoir beaucoup de choses inédites des maîtres italiens. Tu lui promettras en retour des manuscrits de Sébastien Bach. J'en ai plusieurs. Nous commencerons par des échanges. Et puis, je lui demanderai de venir m'enseigner les mouvements et dès que je la tiendrai chez moi, je me charge de la séduire et de la dominer.

— J'irai demain matin, Madame.

— Bonsoir, de Kleist. Tiens, viens m'embrasser. Tu es ma seule amie, toi; va te coucher, et si tu rencontres *la Balayeuse* dans les galeries, regarde bien si elle n'a pas des éperons sous sa robe. »

IV.

Le lendemain, la Porporina, en sortant fort accablée d'un pénible sommeil, trouva sur son lit deux objets que sa femme de chambre venait d'y déposer. D'abord, un flacon de cristal de roche avec un fermoir d'or sur lequel était gravée une F, surmontée d'une couronne royale, et ensuite un rouleau cacheté. La servante interrogée raconta comme quoi le roi était venu en personne, la veille au soir, apporter ce flacon; et, en apprenant les circonstances d'une visite si respectueuse et si délicatement naïve, la Porporina fut attendrie. Homme étrange!

pensa-t-elle. Comment concilier tant de bonté dans la vie privée, avec tant de dureté et de despotisme dans la vie publique? Elle tomba dans la rêverie, et peu à peu, oubliant le roi, et songeant à elle-même, elle se retraça confusément les événements de la veille et se remit à pleurer.

« Eh quoi! Mademoiselle, lui dit la soubrette qui était une bonne créature passablement babillarde, vous allez encore sangloter comme hier soir en vous endormant? Cela fendait le cœur, et le roi, qui vous écoutait à travers la porte, en a secoué la tête deux ou trois fois comme un homme qui a du chagrin. Pourtant, Mademoiselle, votre sort ferait envie à bien d'autres. Le roi ne fait pas la cour à tout le monde; on dit même qu'il ne la fait à personne, et il est bien certain que le voilà amoureux de vous!

— Amoureux! que dis-tu là, malheureuse? s'écria la Porporina en tressaillant; ne répète jamais une parole si inconvenante et si absurde. Le roi amoureux de moi, grand Dieu!

— Eh bien, Mademoiselle, quand cela serait?

— Le ciel m'en préserve! mais cela n'est pas et ne sera jamais. Qu'est-ce que ce rouleau, Catherine?

— Un domestique l'a apporté de grand matin.

— Le domestique de qui?

— Un domestique de louage, qui d'abord n'a pas voulu me dire de quelle part il venait, mais qui a fini par m'avouer qu'il était employé par les gens d'un certain comte de Saint-Germain, arrivé ici d'hier seulement.

— Et pourquoi avez-vous interrogé cet homme?

— Pour savoir, Mademoiselle!

— C'est naïf! laisse-moi. »

Dès que la Porporina fut seule, elle ouvrit le rouleau et y trouva un parchemin couvert de caractères bizarres et indéchiffrables. Elle avait entendu beaucoup parler du comte de Saint-Germain, mais elle ne le connaissait pas. Elle retourna le manuscrit dans tous les sens; et n'y pouvant rien comprendre, ne concevant pas pourquoi ce personnage avec lequel elle n'avait jamais eu de relations, lui envoyait une énigme à deviner, elle en conclut, avec bien d'autres, qu'il était fou; cependant en examinant cet envoi, elle lut sur un petit feuillet détaché : « La « princesse Amélie de Prusse s'occupe beaucoup de la « science divinatoire et des horoscopes. Remettez-lui ce « parchemin, et vous pouvez être assurée de sa protec- « tion et de ses bontés. » Ces lignes n'étaient pas signées. L'écriture était inconnue, et le rouleau ne portait point d'adresse. Elle s'étonna que le comte de Saint-Germain, pour parvenir jusqu'à la princesse Amélie, se fût adressé à elle, qui ne l'avait jamais approchée; et pensant que le domestique avait commis une erreur en lui apportant ce paquet, elle se prépara à le rouler et à le renvoyer. Mais en touchant la feuille de gros papier blanc qui enveloppait le tout, elle remarqua que sur le verso intérieur était de la musique gravée. Un souvenir se réveilla en elle. Chercher au coin du feuillet une marque convenue, la reconnaître pour avoir été tracée fortement au crayon par elle-même, dix-huit mois auparavant, constater que la feuille de musique se rapportait très-bien au morceau complet qu'elle avait donné comme signe de reconnaissance, tout cela fut l'affaire d'un instant; et l'attendrissement qu'elle éprouva en recevant ce souvenir d'un ami absent et malheureux lui fit oublier ses propres chagrins. Restait à savoir ce qu'elle avait à faire du grimoire, et dans quelle intention on la chargeait de le remettre à la princesse de Prusse. Était-ce pour lui assurer, en effet, la faveur et la protection de cette dame? La Porporina n'en avait ni souci, ni besoin;

était-ce pour établir entre la princesse et le prisonnier des rapports utiles au salut ou au soulagement de ce dernier? La jeune fille hésita; elle se rappela le proverbe : « Dans le doute, abstiens-toi. » Puis elle pensa qu'il y a de bons et de mauvais proverbes, les uns à l'usage de l'égoïsme prudent, les autres à celui du dévouement courageux. Elle se leva en se disant :

« *Dans le doute, agis*, lorsque tu ne compromets que toi-même, et que tu peux espérer être utile à ton ami, à ton semblable. »

Elle achevait à peine sa toilette, qu'elle faisait un peu lentement, car elle était très-affaiblie et brisée par la crise de la veille, et tout en nouant ses beaux cheveux noirs, elle songeait au moyen de faire parvenir promptement et d'une manière sûre le grimoire à la princesse, lorsqu'un grand laquais galonné vint s'informer si elle était seule, et si elle pouvait recevoir une dame qui ne se nommait pas et qui désirait lui parler. La jeune cantatrice maudissait souvent cette sujétion où les artistes de ce temps-là vivaient à l'égard des grands; elle fut tentée, pour renvoyer la dame importune, de faire répondre que messieurs les chanteurs du théâtre étaient chez elle; mais elle pensa que si c'était un moyen d'effaroucher la pruderie de certaines dames, c'était le plus sûr pour attirer plus vite certaines autres. Elle se résigna donc à recevoir la visite, et madame de Kleist fut bientôt près d'elle.

La grande dame bien stylée avait résolu d'être charmante avec la cantatrice et de lui faire oublier toutes les distances du rang; mais elle était gênée, parce que, d'une part, on lui avait dit que cette jeune fille était très-fière, et que de l'autre, étant fort curieuse pour son propre compte, madame de Kleist eût bien voulu la faire causer et pénétrer le fond de ses pensées. Quoiqu'elle fût bonne et inoffensive, cette belle dame avait donc, dans ce moment, quelque chose de faux et de forcé dans toute sa contenance qui n'échappa point à la Porporina. La curiosité est si voisine de la perfidie, qu'elle peut enlaidir les plus beaux visages.

La Porporina connaissait très-bien la figure de madame de Kleist, et son premier mouvement, en voyant chez elle la personne qui lui apparaissait tous les soirs d'opéra dans la loge de la princesse Amélie, fut de lui demander, sous prétexte de nécromancie, dont elle la savait très-friande, une entrevue avec sa maîtresse. Mais n'osant pas se fier à une personne qui avait la réputation d'être un peu extravagante et un peu intrigante par-dessus le marché, elle résolut de la voir venir, et se mit de son côté à l'examiner avec cette tranquille pénétration de la défensive, si supérieure aux attaques de l'inquiète curiosité.

Enfin la glace étant rompue, et la dame ayant présenté la supplique musicale de la princesse, la cantatrice, dissimulant un peu la satisfaction que lui causait cet heureux concours de circonstances, courut chercher plusieurs partitions inédites. Alors se sentant inspirée tout à coup :

« Ah! madame, s'écria-t-elle, je mettrai avec joie tous mes petits trésors aux pieds de Son Altesse, et je serais bien heureuse, si elle me faisait la grâce de les recevoir de moi-même.

— En vérité, ma belle enfant, dit madame de Kleist, vous désirez de parler à Son Altesse royale?

— Oui madame, répondit la Porporina; je me jetterais à ses pieds et je lui demanderais une grâce, que, j'en suis certaine, elle ne me refuserait pas; car elle est, dit-on, grande musicienne, et elle doit protéger les artistes. On dit aussi qu'elle est aussi bonne qu'elle est belle. J'ai donc l'espérance que si elle daignait m'entendre, elle m'aiderait à obtenir de Sa Majesté le rappel de mon maître, l'illustre Porpora, qui, ayant été appelé à Berlin, du consentement du roi, en a été chassé et comme banni en mettant le pied sur la frontière, sous prétexte d'un défaut de forme dans son passe-port; sans que depuis, malgré les assurances et les promesses de Sa Majesté, j'aie pu obtenir le résultat de cette interminable affaire. Je n'ose plus importuner le roi d'une requête qui ne peut l'intéresser que médiocrement et qu'il a toujours oubliée, j'en suis certaine ; mais si la princesse daignait dire un mot aux administrateurs chargés d'expédier cette formalité, j'aurais le bonheur d'être enfin réunie à mon père adoptif, à mon seul appui dans ce monde.

— Ce que vous me dites là m'étonne infiniment, s'écria madame de Kleist. Quoi! la belle Porporina, que je croyais toute puissante sur l'esprit du monarque, est obligée de recourir à la protection d'autrui pour obtenir une chose qui paraît si simple? Permettez-moi de croire, en ce cas, que Sa Majesté redoute dans votre père adoptif, comme vous l'appelez, un surveillant trop sévère, ou un conseil trop influent contre lui.

— Je fais de vains efforts, madame, pour comprendre ce que vous me faites l'honneur de me dire, répondit la Porporina avec une gravité qui déconcerta madame de Kleist.

— C'est qu'apparemment je me suis trompée sur l'extrême bienveillance et l'admiration sans bornes que le roi professe pour la plus grande cantatrice de l'univers.

— Il ne convient pas à la dignité de madame de Kleist, reprit la Porporina, de se moquer d'une pauvre artiste inoffensive et sans prétentions.

— Me moquer! Qui pourrait songer à se moquer d'un

ange tel que vous? vous ignorez vos mérites, mademoiselle, et votre candeur me pénètre de surprise et d'admiration. Tenez, je suis sûre que vous ferez la conquête de la princesse : c'est une personne de premier mouvement. Il ne lui faudra que vous voir de près, pour raffoler de votre personne, comme elle raffole déjà de votre talent.

— On m'avait dit, au contraire, madame, que Son Altesse royale avait toujours été fort sévère pour moi ; que ma pauvre figure avait eu le malheur de lui déplaire, et qu'elle désapprouvait hautement ma méthode de chant.

— Qui a pu vous faire de pareils mensonges ?

— C'est le roi qui en a menti, en ce cas ! répondit la jeune fille avec un peu de malice.

— C'était un piége, une épreuve tentée sur votre modestie et votre douceur, reprit madame de Kleist; mais comme je tiens à vous prouver que, simple mortelle, je n'ai pas le droit de mentir comme un grand roi très-malin, je veux vous emmener à l'heure même dans ma voiture, et vous présenter avec vos partitions chez la princesse.

— Et vous pensez, madame, qu'elle me fera un bon accueil ?

— Voulez-vous vous fier à moi?

— Et si cependant vous vous trompez, madame, sur qui retombera l'humiliation?

— Sur moi seule ; je vous autoriserai à dire partout que je me vante de l'amitié de la princesse, et qu'elle n'a pour moi ni estime ni déférence.

— Je vous suis, madame, dit la Porporina, en sonnant pour prendre son manchon et son mantelet. Ma toilette est fort simple; mais vous me prenez à l'improviste.

— Vous êtes charmante ainsi, et vous allez trouver

notre chère princesse dans un négligé encore plus simple. Venez ! »

La Porporina mit le rouleau mystérieux dans sa poche, chargea de partitions la voiture de madame de Kleist, et la suivit résolument, en se disant : Pour un homme qui a exposé sa vie pour moi, je puis bien m'exposer à faire antichambre pour rien chez une petite princesse.

Introduite dans un cabinet de toilette, elle y resta cinq minutes pendant lesquelles l'abbesse et sa confidente échangèrent ce peu de mots dans la pièce voisine :

« Madame, je vous l'amène ; elle est là.

— Déjà ? ô admirable ambassadrice ! Comment faut-il la recevoir ? comment est-elle ?

— Réservée, prudente ou niaise, profondément dissimulée ou admirablement bête.

— Oh !..nous verrons bien ! s'écria la princesse, dont les yeux brillèrent du feu d'un esprit exercé à la pénétration et à la méfiance. Qu'elle entre ! »

Pendant cette courte station dans le cabinet, la Porporina avait observé avec surprise le plus étrange attirail qui ait jamais décoré le sanctuaire des atours d'une belle princesse : sphères, compas, astrolabes, cartes astrologiques, bocaux remplis de mixtures sans nom, têtes de mort, enfin tout le matériel de la sorcellerie. «Mon ami ne se trompe pas, pensa-t-elle, et le public est bien informé des secrets de la sœur du roi. Il ne me paraît même pas qu'elle en fasse mystère, puisqu'on me laisse apercevoir ces objets bizarres. Allons, du courage.

L'abbesse de Quedlimburg était alors âgée de vingt-huit à trente ans. Elle avait été jolie comme un ange ; elle l'était encore le soir aux lumières et à distance ; mais en la voyant de près, au grand jour, la Porporina s'étonna de la trouver flétrie et couperosée. Ses yeux bleus, qui avaient été les plus beaux du monde, désormais cernés de rouge comme ceux d'une personne qui vient de pleurer, avaient un éclat maladif et une transparence profonde qui n'inspirait point la confiance. Elle avait été adorée de sa famille et de toute la cour; et, pendant longtemps, elle avait été la plus affable, la plus enjouée, la plus bienveillante et la plus gracieuse fille de roi dont le portrait ait jamais été tracé dans les romans à grands personnages de l'ancienne littérature patricienne. Mais, depuis quelques années, son caractère s'était altéré comme sa beauté. Elle avait des accès d'humeur, et même de violence, qui la faisaient ressembler à Frédéric par ses plus mauvais côtés. Sans chercher à se modeler sur lui, et même en le critiquant beaucoup en secret, elle était comme invinciblement entraînée à prendre tous les défauts qu'elle blâmait en lui, et à devenir maîtresse impérieuse et absolue, esprit sceptique et amer, savante étroite et dédaigneuse. Et pourtant, sous ces travers affreux qui l'envahissaient chaque jour fatalement, on voyait encore percer une bonté native, un sens droit, une âme courageuse, un cœur passionné. Que se passait-il donc dans l'âme de cette malheureuse princesse? Un chagrin terrible la dévorait, et il fallait qu'elle l'étouffât dans son sein, qu'elle le portât stoïquement et d'un air enjoué devant un monde curieux, malveillant ou insensible. Aussi, à force de se farder et de se contraindre, avait-elle réussi à développer en elle deux êtres bien distincts: un qu'elle n'osait révéler presque à personne, l'autre qu'elle affichait avec une sorte de haine et de désespoir. On remarquait qu'elle était devenue plus vive et plus brillante dans la conversation; mais cette gaieté inquiète et forcée était pénible à voir, et on ne pouvait s'en expliquer l'effet glacial et presque effrayant. Tour à tour sensible jusqu'à la puérilité, et dure jusqu'à la cruauté, elle étonnait les autres et s'étonnait elle-même.

Des torrents de pleurs éteignaient les feux de sa colère, et puis tout à coup une ironie féroce, un dédain impie l'arrachaient à ces abattements salutaires qu'il ne lui était pas permis de nourrir et de montrer.

La première remarque que fit la Porporina, en l'abordant, fut celle de cette espèce de dualité dans son être. La princesse avait deux aspects, deux visages : l'un caressant, l'autre menaçant; deux voix : l'une douce et harmonieuse, qui semblait lui avoir été donnée par le ciel pour chanter comme un ange; l'autre rauque et âpre, qui semblait sortir d'une poitrine brûlante, animée d'un souffle diabolique. Notre héroïne, pénétrée de surprise devant un être si bizarre, partagée entre la peur et la sympathie, se demanda si elle allait être envahie et dominée par un bon ou par un mauvais génie.

De son côté, la princesse trouva la Porporina beaucoup plus redoutable qu'elle ne se l'était imaginé. Elle avait espéré que, dépouillée de ses costumes de théâtre et de ce fard qui enlaidit extrêmement les femmes, quoi qu'on en puisse dire, elle justifierait ce que madame de Kleist lui en avait dit pour la rassurer, qu'elle était plutôt laide que belle. Mais ce teint brun-clair, si uni et si pur, ces yeux noirs si puissants et si doux, cette bouche si franche, cette taille souple, aux mouvements si naturels et si aisés, tout cet ensemble d'une créature honnête, bonne et remplie du calme ou tout au moins de la force intérieure que donnent la droiture et la vraie sagesse, imposèrent à l'inquiète Amélie une sorte de respect et même de honte, comme si elle eût pressenti une âme inattaquable dans sa loyauté.

Les efforts qu'elle fit pour cacher son malaise furent remarqués de la jeune fille, qui s'étonna, comme on peut le croire, de voir une si haute princesse intimidée devant elle. Elle commença donc, pour ranimer une conversation qui tombait d'elle-même à chaque instant, à ouvrir une de ses partitions, où elle avait glissé la lettre cabalistique; et elle s'arrangea de manière à ce que ce grand papier et ces gros caractères frappassent les regards de la princesse. Dès que l'effet fut produit, elle feignit de vouloir retirer cette feuille, comme si elle eût été surprise de la trouver là; mais l'abbesse s'en empara précipitamment, en s'écriant :

« Qu'est-ce là, mademoiselle? Au nom du ciel, d'où cela vous vient-il?

— S'il faut l'avouer à Votre Altesse, répondit la Porporina d'un air significatif, c'est une opération astrologique que je me proposais de lui présenter, lorsqu'il lui plairait de m'interroger sur un sujet auquel je ne suis pas tout à fait étrangère. »

La princesse fixa ses yeux ardents sur la cantatrice, les reporta sur les caractères magiques, courut à l'embrasure d'une fenêtre, et, ayant examiné le grimoire un instant, elle fit un grand cri, et tomba comme suffoquée dans les bras de madame de Kleist, qui s'était élancée vers elle en la voyant chanceler.

« Sortez, mademoiselle, dit précipitamment la favorite à la Porporina; passez dans le cabinet, et ne dites rien; n'appelez personne, personne, entendez-vous?

— Non, non, qu'elle ne sorte pas... dit la princesse d'une voix étouffée, qu'elle vienne ici... ici, près de moi. Ah! mon enfant, s'écria-t-elle dès que la jeune fille fut auprès d'elle, quel service vous m'avez rendu! »

Et saisissant la Porporina dans ses bras maigres et blancs, animés d'une force convulsive, la princesse la serra sur son cœur et couvrit ses joues de baisers saccadés et pointus dont la pauvre enfant se sentit le visage tout meurtri et l'âme toute consternée.

« Décidément, ce pays-ci rend fou, pensa-t-elle; j'ai

cru plusieurs fois le devenir, et je vois bien que les plus grands personnages le sont encore plus que moi. Il y a de la démence dans l'air. »

La princesse lui détacha enfin ses bras du cou, pour les jeter autour de celui de madame de Kleist, en criant et en pleurant, et en répétant de sa voix la plus étrange :

« Sauvé ! sauvé ! il est sauvé ! mes amies, mes bonnes amies ! Trenck s'est enfui de la forteresse de Glatz ; il se sauve, il court, il court encore !... »

Et la pauvre princesse tomba dans un accès de rire convulsif, entrecoupé de sanglots qui faisaient mal à voir et à entendre.

« Ah ! madame, pour l'amour du ciel, contenez votre joie ! dit madame de Kleist ; prenez garde qu'on ne vous entende ! »

En ramassant la prétendue cabale, qui n'était autre chose qu'une lettre en chiffres du baron de Trenck, elle aida la princesse à en poursuivre la lecture, que celle-ci interrompit mille fois par les éclats d'une joie fébrile et quasi forcenée.

V.

« Séduire, grâce aux moyens que mon *incomparable*
« *amie* m'en a donnés, les bas officiers de la garnison,
« m'entendre avec un prisonnier aussi friand que moi de
« sa liberté, donner un grand coup de poing à un sur-
« veillant, un grand coup de pied à un autre, un grand
« coup d'épée à un troisième, faire un saut prodigieux
« au bas du rempart, en précipitant devant moi mon ami
« qui ne se décidait pas assez vite, et qui se démit le pied
« en tombant, le ramasser, le prendre sur mes épaules,
« courir ainsi pendant un quart d'heure, traverser la
« Neiss dans l'eau jusqu'à la ceinture, par un brouillard

« à ne pas voir le bout de son nez, courir encore sur
« l'autre rive, marcher toute la nuit, une épouvantable
« nuit!... s'égarer, tourner dans la neige, autour d'une
« montagne sans savoir où l'on est, et entendre sonner
« quatre heures du matin à l'horloge de Glatz! c'est-à-
« dire avoir perdu son temps et sa peine pour arriver à
« se retrouver sous les murs de la ville au point du
« jour... reprendre courage, entrer chez un paysan, lui
« enlever deux chevaux, le pistolet sur la gorge, et fuir
« à toute bride et à tout hasard; conquérir sa liberté
« avec mille ruses, mille terreurs, mille souffrances,
« mille fatigues; et se trouver enfin sans argent, sans
« habits, presque sans pain, par un froid rigoureux en
« pays étranger; mais se sentir libre après avoir été con-
« damné à une captivité épouvantable, éternelle; penser
« à une *adorable amie*, se dire que cette nouvelle la
« comblera de joie, faire mille projets audacieux et ravis-
« sants pour se rapprocher d'elle, c'est être plus heu-
« reux que Frédéric de Prusse, c'est être le plus heureux
« des hommes, c'est être l'élu de la Providence. »

Telle était en somme la lettre du jeune Frédéric de Trenck à la princesse Amélie; et la facilité avec laquelle madame de Kleist lui en fit la lecture, prouva à la Porporina, surprise et attendrie, que cette correspondance par cahiers leur était très-familière. Il y avait un *postscriptum* ainsi conçu : « La personne qui vous remettra
« cette lettre est aussi sûre que les autres l'étaient peu.
« Vous pouvez enfin vous confier à elle sans réserve et
« lui remettre toutes vos dépêches pour moi. Le comte
« de Saint-Germain lui fournira les moyens de me les
« faire parvenir; mais il est nécessaire que ledit comte,
« auquel je ne saurais me fier sous tous les rapports,
« n'entende jamais parler de vous, et me croie épris de
« la signora Porporina, quoiqu'il n'en soit rien, et que

« je n'aie jamais eu pour elle qu'une paisible et pure
« amitié. Qu'aucun nuage n'obscurcisse donc le beau front
« de la *divinité que j'adore*. C'est pour elle seule que je
« respire, et j'aimerais mieux mourir que de la tromper. »

Pendant que madame de Kleist déchiffrait ce *postscriptum* à haute voix, et en pesant sur chaque mot, la princesse Amélie examinait attentivement les traits de la Porporina, pour essayer d'y surprendre une expression de douleur, d'humiliation ou de dépit. La sérénité angélique de cette digne créature la rassura entièrement, et elle recommença à l'accabler de caresses en s'écriant :

« Et moi qui te soupçonnais, pauvre enfant! Tu ne sais pas combien j'ai été jalouse de toi, combien je t'ai haïe et maudite! Je voulais te trouver laide et méchante actrice, justement parce que je craignais de te trouver trop belle et trop bonne. C'est que mon frère redoutant de me voir nouer des relations avec toi, tout en feignant de vouloir t'amener à mes concerts, avait eu soin de me faire entendre que tu avais été à Vienne la maîtresse, l'idole de Trenck. Il savait bien que c'était le moyen de m'éloigner à jamais de toi. Et je le croyais, tandis que tu te dévoues aux plus grands dangers, pour m'apporter cette bienheureuse nouvelle! Tu n'aimes donc pas le roi? Ah! tu fais bien, c'est le plus pervers et le plus cruel des hommes!

— Oh! madame, madame! dit madame de Kleist, effrayée de l'abandon et de la volubilité délirante avec lesquels la princesse parlait devant la Porporina, à quels dangers vous vous exposeriez vous-même en ce moment, si mademoiselle n'était pas un ange de courage et de dévouement!

— C'est vrai... je suis dans un état!... Je crois bien que je n'ai pas ma tête. Ferme bien les portes, de Kleist, et regarde auparavant si personne dans les antichambres n'a pu m'écouter. Quant à elle, ajouta la princesse en montrant la Porporina, regarde-la, et dis-moi s'il est possible de douter d'une figure comme la sienne. Non, non! je ne suis pas si imprudente que j'en ai l'air; chère Porporina, ne croyez pas que je vous parle à cœur ouvert par distraction, ni que je vienne à m'en repentir quand je serai calme. J'ai un instinct infaillible, voyez-vous, mon enfant. J'ai un coup d'œil qui ne m'a jamais trompée. C'est dans la famille, cela, et mon frère le roi, qui s'en pique, ne me vaut pas sous ce rapport-là. Non, vous ne me tromperez pas, je le vois, je le sais!... vous ne voudriez pas tromper une femme qui est dévorée d'un amour malheureux, et qui a souffert des maux dont personne n'aura jamais l'idée.

— Oh! madame, jamais! dit la Porporina en s'agenouillant près d'elle, comme pour prendre Dieu à témoin de son serment: ni vous, ni M. de Trenck, qui m'a sauvé la vie, ni personne au monde, d'ailleurs!

— Il t'a sauvé la vie? Ah! je suis sûr qu'il l'a sauvée à bien d'autres! il est si brave, si bon, si beau! Il est bien beau, n'est-ce pas? mais tu ne dois pas trop l'avoir regardé; autrement tu en serais devenue amoureuse, et tu ne l'es pas, n'est-il pas vrai? Tu me raconteras comment tu l'as connu, et comment il t'a sauvé la vie; mais pas maintenant. Je ne pourrais pas t'écouter. Il faut que je parle, mon cœur déborde. Il y a si longtemps qu'il se dessèche dans ma poitrine! Je veux parler, parler encore; laisse-moi tranquille, de Kleist. Il faut que ma joie s'exhale, ou que j'éclate. Seulement, ferme les portes, fais le guet, garde-moi, aie soin de moi. Ayez pitié de moi, mes pauvres amies, car je suis bien heureuse! »

Et la princesse fondit en larmes.

« Tu sauras, reprit-elle au bout de quelques instants et d'une voix entrecoupée par des larmes, mais avec une agitation que rien ne pouvait calmer, qu'il m'a plu dès le premier jour où je l'ai vu. Il avait dix-huit ans, il était beau comme un ange, et si instruit, si franc, si brave ! On voulait me marier au roi de Suède. Ah bien oui ! et ma sœur Ulrique qui pleurait de dépit de me voir devenir reine et de rester fille ! « Ma bonne sœur, lui dis-je, il y a moyen de nous arranger. Les grands qui gouvernent la Suède veulent une reine catholique ; moi je ne veux pas abjurer. Ils veulent une bonne petite reine, bien indolente, bien tranquille, bien étrangère à toute action politique ; moi, si j'étais reine, je voudrais régner. Je vais me prononcer nettement sur ces points-là devant les ambassadeurs, et tu verras que demain ils écriront à leur prince que c'est toi qui conviens à la Suède, et non pas moi. » Je l'ai fait comme je l'ai dit, et ma sœur est reine de Suède. Et j'ai joué la comédie, depuis ce jour-là, tous les jours de ma vie. Ah! Porporina, vous croyez que vous êtes actrice? Non, vous ne savez pas ce que c'est que de jouer un rôle toute sa vie, le matin, le jour, le soir, et souvent la nuit. Car tout ce qui respire autour de nous n'est occupé qu'à nous épier, à nous deviner et à nous trahir. J'ai été forcée de faire semblant d'avoir bien du regret et du dépit, quand, par mes soins, ma sœur m'a escamoté le trône de Suède. J'ai été forcée de faire semblant de détester Trenck, de le trouver ridicule, de me moquer de lui, que sais-je ! Et cela dans le temps où je l'adorais, où j'étais sa maîtresse, où j'étouffais d'ivresse et de bonheur comme aujourd'hui !... ah ! plus qu'aujourd'hui, hélas ! Mais Trenck n'avait pas ma force et ma prudence. Il n'était pas né prince, il ne savait pas feindre et mentir comme moi. Le roi a tout découvert, et, suivant la coutume des rois, il a menti, il a feint de ne rien voir ; mais il a persécuté Trenck, et ce beau page, son favori, est devenu l'objet de sa haine et de sa fureur. Il l'a accablé d'humiliations et de duretés. Il le mettait aux arrêts sept jours sur huit. Mais le huitième, Trenck était dans mes bras; car rien ne l'effraie, rien ne le rebute. Comment ne pas adorer tant de courage? Eh bien, le roi a imaginé de lui confier une mission à l'étranger. Et quand il l'a eu remplie avec autant d'habileté que de promptitude, mon frère a eu l'infamie de l'accuser d'avoir livré à son cousin Trenck le Pandoure, qui est au service de Marie-Thérèse, les plans de nos forteresses et les secrets de la guerre. C'était le moyen, non-seulement de l'éloigner de moi par une captivité éternelle, mais de le déshonorer, et de le faire périr de chagrin, de désespoir et de rage dans les horreurs du cachot. Vois si je puis estimer et bénir mon frère. Mon frère est un grand homme, à ce qu'on dit. Moi, je vous dis que c'est un monstre! Ah! garde-toi de l'aimer, jeune fille; car il te brisera comme une branche! Mais il faut faire semblant, vois-tu! toujours semblant! dans l'air où nous vivons, il faut respirer en cachette. Moi, je fais semblant d'adorer mon frère. Je suis sa sœur bien-aimée, tout le monde le sait, ou croit le savoir... Il est aux petits soins pour moi. Il cueille lui-même des cerises sur les espaliers de Sans-Souci, et il s'en prive, lui qui n'aime que cela sur la terre, pour me les envoyer; et avant de les remettre au page qui m'apporte la corbeille, il les compte pour que le page n'en mange pas en route. Quelle attention délicate! quelle naïveté digne de Henri IV et du roi René! Mais il fait périr mon amant dans un cachot sous terre, et il essaie de le déshonorer à mes yeux pour me punir de l'avoir aimé! Quel grand cœur et quel bon frère! aussi comme nous nous aimons!... »

Tout en parlant, la princesse pâlit, sa voix s'affaiblit peu à peu et s'éteignit; ses yeux devinrent fixes et comme sortis de leurs orbites; elle resta immobile, muette et livide. Elle avait perdu connaissance. La Porporina, effrayée, aida madame de Kleist à la délacer et à la porter dans son lit, où elle reprit un peu de sentiment, et continua à murmurer des paroles inintelligibles.

« L'accès va se passer, grâce au ciel, dit madame de Kleist à la cantatrice. Quand elle aura repris l'empire de la volonté, j'appellerai ses femmes. Quant à vous, ma chère enfant, il faut absolument que vous passiez dans le salon de musique et que vous chantiez pour les murailles ou plutôt pour les oreilles de l'antichambre. Car le roi saura infailliblement que vous êtes venue ici, et il ne faut pas que vous paraissiez vous être occupée avec la princesse d'autre chose que de la musique. La princesse va être malade, cela servira à cacher sa joie. Il ne faut pas qu'elle paraisse se douter de l'évasion de Trenck, ni vous non plus. Le roi la sait à l'heure qu'il est, cela est certain. Il aura de l'humeur, des soupçons affreux, et sur tout le monde. Prenez bien garde à vous. Vous êtes perdue tout aussi bien que moi, s'il découvre que vous avez remis cette lettre à la princesse; et les femmes vont à la forteresse aussi bien que les hommes dans ce pays-ci. On les y oublie à dessein, tout comme les hommes; elles y meurent, tout comme les hommes. Vous voilà avertie, adieu. Chantez, et partez sans bruit comme sans mystère. Nous serons au moins huit jours sans vous revoir, pour détourner tout soupçon. Comptez sur la reconnaissance de la princesse. Elle est magnifique, et sait récompenser le dévouement...

— Hélas! Madame, dit tristement la Porporina, vous croyez donc qu'il faut des menaces et des promesses avec moi? Je vous plains d'avoir cette pensée! »

Brisée de fatigue après les émotions violentes qu'elle venait de partager, et malade encore de sa propre émotion de la veille, la Porporina se mit pourtant au clavecin, et commençait à chanter, lorsqu'une porte s'ouvrit derrière elle si doucement, qu'elle ne s'en aperçut pas ; et tout à coup, elle vit dans la glace à laquelle touchait l'instrument la figure du roi se dessiner à côté d'elle. Elle tressaillit et voulut se lever ; mais le roi, appuyant le bout de ses doigts secs sur son épaule, la contraignit de rester assise et de continuer. Elle obéit avec beaucoup de répugnance et de malaise. Jamais elle ne s'était sentie moins disposée à chanter, jamais la présence de Frédéric ne lui avait semblé plus glaciale et plus contraire à l'inspiration musicale.

« C'est chanté dans la perfection, dit le roi lorsqu'elle eut fini son morceau, pendant lequel elle avait remarqué avec terreur qu'il était allé sur la pointe du pied écouter derrière la porte entr'ouverte de la chambre à coucher de sa sœur. Mais je remarque avec chagrin, ajouta-t-il, que cette belle voix est un peu altérée ce matin. Vous eussiez dû vous reposer, au lieu de céder à l'étrange caprice de la princesse Amélie, qui vous fait venir pour ne pas vous écouter.

— Son Altesse royale s'est trouvée subitement indisposée, répondit la jeune fille effrayée de l'air sombre et soucieux du roi, et on m'a ordonné de continuer à chanter pour la distraire.

— Je vous assure que c'est peine perdue, et qu'elle ne vous écoute pas du tout, reprit le roi sèchement. Elle est là dedans qui chuchote avec madame de Kleist, comme si de rien n'était ; et puisque c'est ainsi, nous pouvons bien chuchoter ensemble ici, sans nous soucier d'elles. La maladie ne me paraît pas grave. Je crois que votre sexe va très-vite en ce genre d'un excès à l'autre. On vous croyait morte hier au soir; qui se serait douté que vous fussiez ici ce matin à soigner et à divertir ma sœur? Auriez-vous la bonté de me dire par quel hasard vous vous êtes fait présenter ici de but en blanc? »

La Porporina, étourdie de cette question, demanda au ciel de l'inspirer.

« Sire, répondit-elle en s'efforçant de prendre de l'assurance, je n'en sais trop rien moi-même. On m'a fait demander ce matin la partition que voici. J'ai pensé qu'il était de mon devoir de l'apporter moi-même. Je croyais déposer mes livres dans l'antichambre et m'en retourner bien vite. Madame de Kleist m'a aperçue. Elle m'a nommée à Son Altesse, qui a eu apparemment la curiosité de me voir de près. On m'a forcée d'entrer. Son Altesse a daigné m'interroger sur le style de divers morceaux de musique; puis se sentant malade, elle m'a ordonné de lui faire entendre celui-ci pendant qu'elle se mettrait au lit. Et maintenant, je pense qu'on daignera me permettre d'aller à la répétition...

— Ce n'est pas encore l'heure, dit le roi : je ne sais pas pourquoi les pieds vous grillent de vous sauver quand je veux causer avec vous.

— C'est que je crains toujours d'être déplacée devant Votre Majesté.

— Vous n'avez pas le sens commun, ma chère.

— Raison de plus, Sire !

— Vous resterez, » reprit-il en la forçant de se rasseoir devant le piano, et en se plaçant debout vis-à-vis d'elle.

Et il ajouta en l'examinant d'un air moitié père, moitié inquisiteur :

« Est-ce vrai, tout ce que vous venez de me conter là ! »

La Porporina surmonta l'horreur qu'elle avait pour le mensonge. Elle s'était dit souvent qu'elle serait sincère sur son propre compte avec cet homme terrible, mais qu'elle saurait mentir s'il s'agissait jamais du salut de ses victimes. Elle se voyait arrivée inopinément à cet instant de crise où la bienveillance du maître pouvait se changer en fureur. Elle en eût fait volontiers le sacrifice plutôt que de descendre à la dissimulation; mais le sort de Trenck et celui de la princesse reposaient sur sa présence d'esprit et sur son intelligence. Elle appela l'art de la comédienne à son secours, et soutint avec un sourire malin le regard d'aigle du roi : c'était plutôt celui du vautour dans ce moment-là.

« Eh bien, dit le roi, pourquoi ne répondez-vous pas?

— Pourquoi Votre Majesté veut-elle m'effrayer en feignant de douter de ce que je viens de dire?

— Vous n'avez pas l'air effrayé du tout. Je vous trouve, au contraire, le regard bien hardi ce matin.

— Sire, on n'a peur que de ce qu'on hait. Pourquoi voulez-vous que je vous craigne? »

Frédéric hérissa son armure de crocodile pour ne pas être ému de cette réponse, la plus coquette qu'il eût encore obtenue de la Porporina. Il changea aussitôt de propos, suivant sa coutume, ce qui est un grand art, plus difficile qu'on ne pense.

« Pourquoi vous êtes-vous évanouie, hier soir, sur le théâtre?

— Sire, c'est le moindre souci de Votre Majesté, et c'est mon secret à moi.

— Qu'avez-vous donc mangé à votre déjeuner pour être si dégagée dans votre langage avec moi, ce matin?

— J'ai respiré un certain flacon qui m'a remplie de confiance dans la bonté et dans la justice de celui qui me l'avait apporté.

— Ah! vous avez pris cela pour une déclaration! dit Frédéric d'un ton glacial et avec un mépris cynique.

— Dieu merci, non! répondit la jeune fille avec un mouvement d'effroi très-sincère.

— Pourquoi dites-vous *Dieu merci?*

— Parce que je sais que Votre Majesté ne fait que des déclarations de guerre, même aux dames.

— Vous n'êtes ni la czarine, ni Marie-Thérèse; quelle guerre puis-je avoir avec vous?

— Celle que le lion peut avoir avec le moucheron.

— Et quelle mouche vous pique, vous, de citer une pareille fable? Le moucheron fit périr le lion à force de le harceler.

— C'était sans doute un pauvre lion, colère et par conséquent faible. Je n'ai donc pu penser à cet apologue.

— Mais le moucheron était âpre et piquant. Peut-être que l'apologue vous sied bien!

— Votre Majesté le pense?

— Oui.

— Sire, vous mentez? »

Frédéric prit le poignet de la jeune fille, et le serra convulsivement jusqu'à le meurtrir. Il y avait de la colère et de l'amour dans ce mouvement bizarre. La Porporina ne changea pas de visage, et le roi ajouta en regardant sa main rouge et gonflée : « Vous avez du courage!

— Non, Sire, mais je ne fais pas semblant d'en manquer comme tous ceux qui vous entourent.

— Que voulez-vous dire?

— Qu'on fait souvent le mort pour n'être pas tué. A votre place, je n'aimerais pas qu'on me crût si terrible.

— De qui êtes-vous amoureuse? dit le roi changeant encore une fois de propos.

— De personne, Sire.

— Et en ce cas, pourquoi avez-vous des attaques de nerfs?

— Cela n'intéresse point le sort de la Prusse, et par conséquent le roi ne se soucie pas de le savoir.

— Croyez-vous donc que ce soit le roi qui vous parle ?

— Je ne saurais l'oublier.

— Il faut pourtant vous y décider. Jamais le roi ne vous parlera ; ce n'est pas au roi que vous avez sauvé la vie, Mademoiselle.

— Mais je n'ai pas retrouvé ici le baron de Kreutz.

— Est-ce un reproche ? Il serait injuste. Le roi n'eût pas été hier s'informer de votre santé. Le capitaine Kreutz y a été.

— La distinction est trop subtile pour moi, monsieur le capitaine.

— Eh bien tâchez de l'apprendre. Tenez, quand je mettrai mon chapeau sur ma tête, comme cela, un peu à gauche, je serai le capitaine ; et quand je le mettrai comme ceci, à droite, je serai le roi : et selon ce que je serai, vous serez Consuelo, ou mademoiselle Porporina.

— J'entends, Sire ; eh bien, cela me sera impossible. Votre Majesté est libre d'être deux, d'être trois, d'être cent ; moi je ne sais être qu'une.

— Vous mentez ! vous ne me parleriez pas sur le théâtre devant vos camarades comme vous me parlez ici.

— Sire, ne vous y fiez pas !

— Ah çà, vous avez donc le diable au corps aujourd'hui ?

— C'est que le chapeau de Votre Majesté n'est ni à droite ni à gauche, et que je ne sais pas à qui je parle. »

Le roi, vaincu par l'attrait qu'il éprouvait, dans ce moment surtout, auprès de la Porporina, porta la main à son chapeau d'un air de bonhomie enjouée, et le mit sur l'oreille gauche avec tant d'exagération, que sa terrible figure en devint comique. Il voulait faire le simple mortel et le roi en vacances autant que possible ; mais tout d'un coup, se rappelant qu'il était venu là, non pour se distraire de ses soucis, mais pour pénétrer les secrets de l'abbesse de Quedlimburg, il ôta son chapeau tout à fait, d'un mouvement brusque et chagrin ; le sourire expira sur ses lèvres, son front se rembrunit, et il se leva en disant à la jeune fille :

« Restez ici, je viendrai vous y reprendre. »

Et il passa dans la chambre de la princesse, qui l'attendait en tremblant. Madame de Kleist, l'ayant vu causer avec la Porporina, n'avait osé bouger d'auprès du lit de sa maîtresse. Elle avait fait de vains efforts pour entendre cet entretien ; et, n'en pouvant saisir un mot à cause de la grandeur des appartements, elle était plus morte que vive.

De son côté, la Porporina frémit de ce qui allait se passer. Ordinairement grave et respectueusement sincère avec le roi, elle venait de se faire violence pour le distraire, par des coquetteries de franchise un peu affectées, de l'interrogatoire dangereux qu'il commençait à lui faire subir. Elle avait espéré le détourner tout à fait de tourmenter sa malheureuse sœur. Mais Frédéric n'était pas homme à s'en départir, et les efforts de la pauvrette échouaient devant l'obstination du desposte. Elle recommanda la princesse Amélie à Dieu ; car elle comprit fort bien que le roi la forçait à rester là, afin de confronter ses explications avec celles qu'on préparait dans la pièce voisine. Elle n'en douta plus en voyant le soin avec lequel, en y passant, il ferma la porte derrière lui. Elle resta donc un quart d'heure dans une pénible attente, agitée d'un peu de fièvre, effrayée de l'intrigue où elle se voyait enveloppée, mécontente du rôle qu'elle était forcée de jouer, se retraçant avec épouvante ces insinuations qui commençaient à lui venir de tous côtés de la possibilité de l'amour du roi pour elle, et l'espèce d'agitation que le roi lui-même venait de trahir à cet égard dans ses étranges manières.

VI.

Mais, mon Dieu! l'habileté du plus terrible dominicain qui ait jamais fait les fonctions de grand inquisiteur peut-elle lutter contre celle de trois femmes, quand l'amour, la peur et l'amitié inspirent chacune d'elles dans le même sens? Frédéric eut beau s'y prendre de toutes les manières, par l'amabilité caressante et par la provocante ironie, par les questions imprévues, par une feinte indifférence, par des menaces détournées, rien ne lui servit. L'explication de la présence de Consuelo dans les appartements de la princesse se trouva absolument conforme, dans la bouche de madame de Kleist et dans les affirmations d'Amélie, à celle que la Porporina avait si heureusement improvisée. C'était la plus naturelle, la plus vraisemblable. Mettre tout sur le compte du hasard est le meilleur moyen. Le hasard ne parle pas et ne donne pas de démentis.

De guerre lasse, le roi abandonna la partie, ou changea de tactique; car il s'écria tout d'un coup:

« Et la Porporina, que j'oublie là dedans! Chère petite sœur, puisque vous vous trouvez mieux, faites-la rentrer, son caquet nous amusera.

—J'ai envie de dormir, répondit la princesse, qui redoutait quelque piége.

— Eh bien, souhaitez-lui le bonjour, et congédiez-la vous-même. »

En parlant ainsi, le roi, devançant madame de Kleist, alla lui-même ouvrir la porte et appela la Porporina.

Mais, au lieu de la congédier, il entama sur-le-champ une dissertation sur la musique allemande et la musique italienne; et lorsque le sujet fut épuisé, il s'écria tout d'un coup :

« Ah ! signora Porporina, une nouvelle que j'oubliais de vous dire, et qui va vous faire plaisir certainement : Votre ami, le baron de Trenck, n'est plus prisonnier.

— Quel baron de Trenck, Sire? demanda la jeune fille avec une habile candeur : j'en connais deux, et tous deux sont en prison.

— Oh! Trenck le Pandoure périra au Spielberg. C'est Trenck le prussien qui a pris la clef des champs.

— Eh bien, Sire, répondit la Porporina, pour ma part, je vous en rends grâces. Votre Majesté a fait là un acte de justice et de générosité.

— Bien obligé du compliment, Mademoiselle. Qu'en pensez-vous, ma chère sœur?

— De quoi parlez-vous donc? dit la princesse. Je ne vous ai pas écouté, mon frère, je commençais à m'endormir.

— Je parle de votre protégé, le beau Trenck, qui s'est enfui de Glatz par-dessus les murs.

— Ah! Il a bien fait, répondit Amélie avec un grand sang-froid.

— Il a mal fait, reprit sèchement le roi. On allait examiner son affaire, et il eût pu se justifier peut-être des charges qui pèsent sur sa tête. Sa fuite est l'aveu de ses crimes.

— S'il en est ainsi, je l'abandonne, dit Amélie, toujours impassible.

— Mademoiselle Porporina persisterait à le défendre, j'en suis certain, reprit Frédéric; je vois cela dans ses yeux.

— C'est que je ne puis croire à la trahison, dit-elle.

— Surtout quand le traître est un si beau garçon? Savez-vous, ma sœur, que mademoiselle Porporina est très-liée avec le baron de Trenck?

—Grand bien lui fasse! dit Amélie froidement. Si c'est un homme déshonoré, je lui conseille pourtant de l'oublier. Maintenant, je vous souhaite le bonjour, Mademoiselle, car je me sens très-fatiguée. Je vous prie de vouloir bien revenir dans quelques jours pour m'aider à lire cette partition, elle me paraît fort belle.

—Vous avez donc repris goût à la musique? dit le roi. J'ai cru que vous l'aviez abandonnée tout à fait.

— Je veux essayer de m'y remettre, et j'espère, mon frère, que vous voudrez bien venir m'aider. On dit que vous avez fait de grands progrès, et maintenant vous me donnerez des leçons.

—Nous en prendrons tous deux de la signora. Je vous l'amènerai.

—C'est cela. Vous me ferez grand plaisir. »

Madame de Kleist reconduisit la Porporina jusqu'à l'antichambre, et celle-ci se trouva bientôt seule dans de longs corridors, ne sachant trop par où se diriger pour sortir du palais, et ne se rappelant guère par où elle avait passé pour venir jusque-là.

La maison du roi étant montée avec la plus stricte économie, pour ne pas dire plus, on rencontrait peu de laquais dans l'intérieur du château. La Porporina n'en trouva pas un seul de qui elle pût se renseigner, et se mit à errer à l'aventure dans ce triste et vaste manoir.

Préoccupée de ce qui venait de se passer, brisée de fatigue, à jeun depuis la veille, la Porporina se sentait la tête très-affaiblie; et, comme il arrive quelquefois en pareil cas, une excitation maladive soutenait encore sa force physique. Elle marchait au hasard, plus vite qu'elle n'eût fait en état de santé; et poursuivie par une idée toute personnelle, qui depuis la veille la tourmentait étrangement, elle oublia complétement en quel lieu elle se trouvait, s'égara, traversa des galeries, des cours, revint sur ses pas, descendit et remonta des escaliers, rencontra diverses personnes, ne songea plus à leur demander son chemin, et se trouva enfin, comme au sortir d'un rêve, à l'entrée d'une vaste salle remplie d'objets bizarres et confus, au seuil de laquelle un personnage grave et poli la salua avec beaucoup de courtoisie, et l'invita à entrer.

La Porporina reconnut le très-docte académicien Stoss, conservateur du cabinet de curiosités et de la bibliothèque du château. Il était venu plusieurs fois chez elle pour lui faire essayer de précieux manuscrits de musique protestante, des premiers temps de la réformation, trésors calligraphiques dont il avait enrichi la collection royale. En apprenant qu'elle cherchait une issue pour sortir du palais, il s'offrit aussitôt à la reconduire chez elle ; mais il la pria si instamment de jeter un coup d'œil sur le précieux cabinet confié à ses soins, et dont il était fier à juste titre, qu'elle ne put refuser d'en faire le tour, appuyée sur son bras. Facile à distraire comme toutes les organisations d'artiste, elle y prit bientôt plus d'intérêt qu'elle ne s'était crue disposée à le faire, et son attention fut absorbée entièrement par un objet que lui fit particulièrement remarquer le très-digne professeur.

« Ce tambour, qui n'a rien de particulier au premier coup d'œil, lui dit-il, et que je soupçonne même d'être un monument apocryphe, jouit pourtant d'une grande célébrité. Ce qu'il y a de certain, c'est que la partie résonnante de cet instrument guerrier est une peau humaine, ainsi que vous pouvez l'observer vous-même par l'indice du renflement des pectoraux. Ce trophée, enlevé à Prague par Sa Majesté dans la glorieuse guerre qu'elle vient de terminer, est, dit-on, la peau de *Jean Ziska du Calice,* le célèbre chef de la grande insurrection des Hussites au quinzième siècle. On prétend qu'il avait légué cette dépouille sacrée à ses compagnons d'armes, leur promettant que *là où elle serait, là serait aussi la victoire.* Les Bohémiens prétendent que le son de ce redoutable tambour mettait en fuite leurs ennemis, qu'il évoquait les ombres de leurs chefs morts en combattant pour la sainte cause, et mille autres merveilles... Mais outre que, dans le brillant siècle de *raison* où nous avons le bonheur de vivre, de semblables superstitions ne méritent que le mépris, M. Lenfant, prédicateur de Sa Majesté la reine mère, et auteur d'une recommandable histoire des Hussites, affirme que Jean Ziska a été enterré avec sa peau, et que par conséquent... Il me semble, Mademoiselle, que vous pâlissez... Seriez-vous souffrante, ou la vue de cet objet bizarre vous causerait-elle du dégoût? Ce Ziska était un grand scélérat et un rebelle bien féroce...

— C'est possible, Monsieur, répondit la Porporina; mais j'ai habité la Bohême, et j'y ai entendu dire que c'était un bien grand homme; son souvenir y est encore aussi vivant que celui de Louis XIV peut l'être en France, et on l'y considère comme le sauveur de sa patrie.

— Hélas! c'est une patrie bien mal sauvée, répondit en souriant M. Stoss, et j'aurais beau faire résonner la poitrine sonore de son libérateur, je ne ferais pas même apparaître son ombre honteusement captive dans le palais du vainqueur de ses descendants. »

En parlant ainsi, d'un ton pédant, le recommandable M. Stoss promena ses doigts sur le tambour, qui rendit un son mat et sinistre, comme celui que produisent ces instruments voilés de deuil, lorsqu'on les bat sourdement dans les marches funèbres. Mais le savant conservateur fut brusquement interrompu dans ce divertissement profane, par un cri perçant de la Porporina, qui se jeta dans ses bras, et se cacha le visage sur son épaule, comme un enfant épouvanté de quelque objet bizarre ou terrible.

Le grave M. Stoss regarda autour de lui pour chercher la cause de cette épouvante soudaine, et vit, arrêtée au seuil de la salle, une personne dont l'aspect ne lui causa qu'un sentiment de dédain. Il allait faire signe à cette personne de s'éloigner, mais elle avait passé outre, avant que la Porporina, cramponnée à lui, lui eût laissé la liberté de ses mouvements.

« En vérité, Mademoiselle, lui dit-il en la conduisant à une chaise où elle se laissa tomber anéantie et tremblante, je ne comprends pas ce qui vous arrive. Je n'ai rien vu qui pût motiver l'émotion que vous ressentez.

— Vous n'avez rien vu, vous n'avez vu personne? lui dit la Porporina d'une voix éteinte et d'un air égaré. Là, sur cette porte... vous n'avez pas vu un homme arrêté, qui me regardait avec des yeux effrayants?

— J'ai vu parfaitement un homme qui erre souvent dans le château et qui voudrait peut-être se donner des airs effrayants comme vous dites fort bien; mais je vous confesse qu'il m'intimide peu, et que je ne suis pas de ses dupes.

— Vous l'avez vu? ah! Monsieur, il était donc là, en effet? Je ne l'ai pas rêvé? Mon Dieu, mon Dieu! qu'est-ce que cela signifie?

— Cela signifie qu'en vertu de la protection spéciale d'une aimable et auguste princesse qui s'amuse, je crois, de ses folies plus qu'elle n'y ajoute foi, il est entré dans le château et se rend aux appartements de Son Altesse Royale.

— Mais qui est-il? comment le nommez-vous?

— Vous l'ignorez! d'où vient donc que vous avez peur?

—Au nom du ciel, Monsieur, dites-moi quel est cet homme?

—Eh mais, c'est Trismégiste, le sorcier de la princesse Amélie! un de ces charlatans qui font le métier de prédire l'avenir et de révéler les trésors cachés, de faire de l'or, et mille autres talents de société qui ont été fort de mode ici avant le glorieux règne de Frédéric le Grand. Vous n'êtes pas sans avoir entendu dire, signora, que l'abbesse de Quedlimburg conserve le goût...

—Oui, oui, Monsieur, je sais qu'elle étudie la cabale, par curiosité sans doute...

—Oh! certainement. Comment supposer qu'une princesse si éclairée, si instruite, s'occupe sérieusement de pareilles extravagances?

—Enfin, Monsieur, vous connaissez cet homme!

—Oh! depuis longtemps; il y a bien quatre ans qu'on le voit paraître ici au moins une fois tous les six ou huit mois. Comme il est fort paisible et ne se mêle point d'intrigues, Sa Majesté, qui ne veut priver sa sœur chérie d'aucun divertissement innocent, tolère sa présence dans la ville et même son entrée libre dans le palais. Il n'en abuse pas, et n'exerce sa prétendue science dans ce pays-ci qu'auprès de Son Altesse. M. de Golowkin le protége et répond de lui. Voilà tout ce que je puis vous en dire; mais en quoi cela peut-il vous intéresser si vivement, Mademoiselle?

—Cela ne m'intéresse nullement, Monsieur, je vous assure; et pour que vous ne me croyiez pas folle, je dois vous dire que cet homme m'a semblé avoir, c'est sans doute une illusion, une ressemblance frappante avec une personne qui m'a été chère, et qui me l'est encore; car la mort ne brise pas les liens de l'affection, n'est-il pas vrai, Monsieur?

—C'est un noble sentiment que vous exprimez là,

Mademoiselle, et bien digne d'une personne de votre mérite. Mais vous avez été très-émue, et je vois que vous pouvez à peine vous soutenir. Permettez-moi de vous reconduire. »

En arrivant chez elle, la Porporina se mit au lit, et y resta plusieurs jours, tourmentée par la fièvre et par une agitation nerveuse extraordinaire. Au bout de ce temps, elle reçut un billet de madame de Kleist qui l'engageait à venir faire de la musique chez elle, à huit heures du soir. Cette musique n'était qu'un prétexte pour la conduire furtivement au palais. Elles pénétrèrent, par des passages dérobés, chez la princesse, qu'elles trouvèrent dans une charmante parure, quoique son appartement fût à peine éclairé, et toutes les personnes attachées à son service congédiés pour ce soir-là, sous prétexte d'indisposition. Elle reçut la cantatrice avec mille caresses; et, passant familièrement son bras sous le sien, elle la conduisit à une jolie petite pièce en rotonde, éclairée de cinquante bougies, et dans laquelle était servi un souper friand avec un luxe de bon goût. Le *rococo* français n'avait pas encore fait irruption à la cour de Prusse. On affichait d'ailleurs, à cette époque, un souverain mépris pour la cour de France, et on s'en tenait à imiter les traditions du siècle de Louis XIV, pour lequel Frédéric, secrètement préoccupé de singer le grand roi, professait une admiration sans bornes. Cependant, la princesse Amélie était parée dans le dernier goût, et, pour être plus chastement ornée que madame de Pompadour n'avait coutume de l'être, elle n'en était pas moins brillante. Madame de Kleist avait revêtu aussi les plus aimables atours; et pourtant il n'y avait que trois couverts, et pas un seul domestique.

« Vous êtes ébahie de notre petite fête, dit la princesse en riant. Eh bien, vous le serez davantage quand vous saurez que nous allons souper toutes les trois, en nous servant nous-mêmes; comme déjà nous avons tout préparé nous-mêmes, madame de Kleist et moi. C'est nous deux qui avons mis le couvert et allumé les bougies, et jamais je ne me suis tant amusée. Je me suis coiffée et habillée toute seule pour la première fois de ma vie, et je n'ai jamais été mieux arrangée, du moins à ce qu'il me semble. Enfin, nous allons nous divertir *incognito!* Le roi couche à Potsdam, la reine est à Charlottembourg, mes sœurs sont chez la reine mère, à Montbijou; mes frères, je ne sais où; nous sommes seules dans le château. Je suis censée malade, et je profite de cette nuit de liberté pour me sentir vivre un peu, et pour fêter avec vous deux (les seules personnes au monde auxquelles je puisse me fier) l'évasion de mon cher Trenck. Aussi nous allons boire du champagne à sa santé, et si l'une de nous se grise, les autres lui garderont le secret. Ah! les beaux soupers philosophiques de Frédéric vont être effacés par la splendeur et la gaieté de celui-ci! »

On se mit à table, et la princesse se montra sous un jour tout nouveau à la Porporina. Elle était bonne, sympathique, naturelle, enjouée, belle comme un ange, adorable en un mot ce jour-là, comme elle l'avait été aux plus beaux jours de sa première jeunesse. Elle semblait nager dans le bonheur, et c'était un bonheur pur, généreux, désintéressé. Son amant fuyait loin d'elle, elle ignorait si elle le reverrait jamais; mais il était libre, il avait cessé de souffrir, et cette amante radieuse bénissait la destinée.

« Ah! que je me sens bien entre vous deux! disait-elle à ses confidentes qui formaient avec elle le plus beau trio qu'une coquetterie raffinée ait jamais dérobé aux regards des hommes: je me sens libre comme Trenck l'est à cette heure; je me sens bonne comme il l'a toujours été, lui, et comme je croyais ne plus l'être! Il me semblait que la forteresse de Glatz pesait à toute heure sur mon âme : la nuit elle était sur ma poitrine comme un cauchemar. J'avais froid dans mon lit d'édredon, en songeant que celui que j'aime grelottait sur les dalles humides d'un sombre caveau. Je ne vivais plus, je ne pouvais plus jouir de rien. Ah! chère Porporina, imaginez-vous l'horreur qu'on éprouve à se dire : Il souffre tout cela pour moi! c'est mon fatal amour qui le précipite tout vivant dans un tombeau? »

Cette pensée changeait tous les aliments en fiel, comme le souffle des harpies.

« Verse-moi du vin de Champagne, Porporina : je ne l'ai jamais aimé, il y a deux ans que je ne bois que de l'eau. Eh bien, il me semble que je bois de l'ambroisie. La clarté des bougies est riante, ces fleurs sentent bon, ces friandises sont recherchées, et surtout vous êtes belles comme deux anges, de Kleist et toi. Oh! oui, je vois, j'entends, je respire; je suis devenue vivante, de statue, de cadavre que j'étais. Tenez, portez avec moi la santé de Trenck d'abord, et puis celle de l'ami qui s'est enfui avec lui; ensuite, nous porterons celle des braves gardiens qui l'ont laissé fuir, et puis enfin celle de mon frère Frédéric, qui n'a pas pu l'en empêcher. Non, aucune pensée amère ne troublera ce jour de fête. Je n'ai plus d'amertume contre personne; il me semble que j'aime le roi. Tiens! à la santé du roi, Porporina; vive le roi! »

Ce qui ajoutait au bien-être que la joie de cette pauvre princesse communiquait à ses deux belles convives, c'était la bonhomie de ses manières et l'égalité parfaite qu'elle faisait régner entre elles trois. Elle se levait, changeait les assiettes quand son tour venait, découpait elle-même, et servait ses compagnes avec un plaisir enfantin et attendrissant.

« Ah! si je n'étais pas née pour la vie d'égalité, du moins l'amour me l'a fait comprendre, disait-elle, et le malheur de ma condition m'a révélé l'imbécillité de ces préjugés du rang et de la naissance. Mes sœurs ne sont pas comme moi. Ma sœur d'Anspach porterait sa tête sur l'échafaud plutôt que de faire la première révérence à une Altesse non régnante. Ma sœur de Bareith, qui fait la philosophe et l'esprit fort avec M. Voltaire, arracherait les yeux à une duchesse qui se permettrait d'avoir un pouce d'étoffe de plus qu'elle à la queue de sa robe. C'est qu'elles n'ont jamais aimé, voyez-vous! Elles passeront leur vie dans cette machine pneumatique qu'elles appellent la dignité de leur rang. Elles mourront embaumées dans leur majesté comme des momies; elles n'auront pas connu mes amères douleurs, mais aussi elles n'auront pas eu, dans toute leur vie d'étiquette et de gala, un quart d'heure de laisser-aller, de plaisir et de confiance comme celui que je savoure dans ce moment! Mes chères petites, il faut que vous rendiez la fête complète, il faut que vous me tutoyiez ce soir. Je veux être Amélie pour vous; plus d'Altesse; Amélie tout court. Ah! tu fais mine de refuser, toi, de Kleist? La cour t'a gâtée, mon enfant; malgré toi tu en as respiré l'air malsain : mais toi, chère Porporina, qui, bien que comédienne, sembles un enfant de la nature, tu céderas à mon innocent désir.

—Oui, ma chère Amélie, je le ferai de tout mon cœur pour t'obliger, répondit la Porporina en riant. »

—Ah! ciel! s'écria la princesse, si tu savais quel effet cela me fait d'être tutoyée, et de m'entendre appeler *Amélie!* Amélie! oh! comme il disait bien mon nom, *lui!* Il me semblait que c'était le plus beau nom de la terre, le plus doux qu'une femme ait jamais porté, quand il le prononçait.

Peu à peu la princesse poussa le ravissement de l'âme jusqu'à s'oublier elle-même pour ne plus s'occuper que de ses amies; et dans cet essai d'égalité, elle se sentit devenir si grande, si heureuse et si bonne, qu'elle dépouilla instinctivement l'âpre personnalité développée en elle par la passion et la souffrance. Elle cessa de parler d'elle exclusivement, elle ne songea plus à se faire un petit mérite d'être si aimable et si simple; elle interrogea madame de Kleist sur sa famille, sa position et ses sentiments, ce qu'elle n'avait pas fait depuis qu'elle était absorbée par ses propres chagrins. Elle voulut aussi connaître la vie d'artiste, les émotions du théâtre, les idées et les affections de la Porporina. Elle inspirait la confiance en même temps qu'elle la ressentait, et elle goûta un plaisir infini à lire dans l'âme d'autrui, et à voir enfin, dans ces êtres différents d'elle jusque là, des êtres semblables dans leur essence, aussi méritants devant Dieu, aussi bien doués de la nature, aussi importants sur la terre qu'elle s'était longtemps persuadé devoir l'être de préférence aux autres.

Ce fut la Porporina surtout dont les réponses ingénues et l'expansion sympathique la frappèrent d'un respect mêlé de douce surprise.

« Tu me parais un ange, lui dit-elle. Toi, une fille de théâtre! Tu parles et tu penses plus noblement qu'aucune tête couronnée que je connaisse. Tiens, je me prends pour toi d'une estime qui va jusqu'à l'engouement. Il faut que tu m'accordes la tienne tout entière, belle Porporina. Il faut que tu m'ouvres ton cœur, et que tu me racontes ta vie, ta naissance, ton éducation, tes amours, tes malheurs, tes fautes même, si tu en as commis. Ce ne peuvent être que de nobles fautes, comme celle que je porte, non sur la conscience, comme on dit, mais dans le sanctuaire de mon cœur. Il est onze heures, nous avons toute la nuit devant nous; notre petite *orgie* tire à sa fin, car nous ne faisons plus que bavarder, et je vois que la seconde bouteille de champagne aura tort. Veux-tu me raconter ton histoire, telle que je te la demande? Il me semble que la connaissance de ton cœur, et le tableau d'une vie où tout me sera nouveau et inconnu va m'instruire des véritables devoirs de ce monde, plus que toutes mes réflexions ne l'ont jamais pu faire. Je me sens capable de t'écouter et de te suivre comme je n'ai jamais pu écouter rien de ce qui était étranger à ma passion. Veux-tu me satisfaire?

— Je le ferais de grand cœur, Madame... répondit la Porporina.

— Quelle dame? où prends-tu ici cette Madame, interrompit gaiement la princesse.

— Je dis, ma chère Amélie, reprit la Porporina, que je le ferais avec plaisir, si, dans ma vie, il ne se trouvait un secret important, presque formidable, auquel tout se rattache, et qu'aucun besoin d'épanchement, aucun entraînement de cœur ne me permettent de révéler.

— Eh bien, ma chère enfant, je le sais, ton secret! et si je ne t'en ai pas parlé dès le commencement de notre souper, c'est par un sentiment de discrétion au-dessus duquel je sens maintenant que mon amitié pour toi peut se placer sans scrupule.

— Vous savez mon secret! s'écria la Porporina pétrifiée de surprise. Oh! Madame, pardonnez! cela me paraît impossible.

— *Un gage!* Tu me traites toujours en Altesse.

— Pardonne-moi, Amélie... mais tu ne peux pas savoir mon secret, à moins d'être réellement d'accord avec Cagliostro, comme on le prétend.

—J'ai entendu parler de ton aventure avec Cagliostro dans le temps, et je mourais d'envie d'en connaître les détails; mais ce n'est pas la curiosité qui me pousse ce soir, c'est l'amitié, comme je te l'ai dit sincèrement. Ainsi, pour t'encourager, je te dirai que, depuis ce matin, je sais fort bien que la signora Consuelo Porporina pourrait légitimement prendre, si elle le voulait, le titre de comtesse de Rudolstadt.

— Au nom du ciel, madame... Amélie... qui a pu vous instruire...

— Ma chère Rudolstadt, tu ne sais donc pas que ma sœur, la margrave de Bareith, est ici?

— Je le sais.

— Et avec elle son médecin Supperville?

— J'entends. M. Supperville a manqué à sa parole, à son serment. Il parlé!

— Rassure-toi. Il n'a parlé qu'à moi, et sous le sceau du secret. Je ne vois pas d'ailleurs, pourquoi tu crains tant de voir ébruiter une affaire qui est si honorable pour ton caractère et qui ne peut plus nuire à personne. La famille de Rudolstadt est éteinte, à l'exception d'une vieille chanoinesse qui ne peut tarder à rejoindre ses frères dans le tombeau. Nous avons, il est vrai, en Saxe, des princes de Rudolstadt qui se trouvent tes proches parents, tes cousins issus de germain, et qui sont fort vains de leur nom; mais si mon frère veut te soutenir, tu porteras ce nom sans qu'ils osent réclamer... à moins que tu ne persistes à préférer ton nom de Porporina, qui est tout aussi glorieux et beaucoup plus doux à l'oreille.

— Telle est mon intention, en effet, répondit la cantatrice, quelque chose qui arrive; mais je voudrais bien savoir à quel propos M. Supperville vous a raconté tout cela... Quand je le saurai, et que ma conscience sera dégagée de son serment, je vous promets... de te raconter les détails de ce triste et étrange mariage.

— Voici le fait, dit la princesse. Une de mes femmes étant malade, j'ai fait prier Supperville, qui se trouvait, m'a-t-on dit, dans le château auprès de ma sœur, de passer chez moi pour la voir. Supperville est un homme d'esprit que j'ai connu lorsqu'il résidait ici, et qui n'a jamais aimé mon frère. Cela m'a mise à l'aise pour causer avec lui. Le hasard a amené la conversation sur la musique, sur l'opéra, et sur toi par conséquent ; je lui ai parlé de toi avec tant d'éloges, que, soit pour me faire plaisir, soit par conviction, il a renchéri sur moi, et t'a portée aux nues. Je prenais goût à l'entendre, et je remarquais une certaine affectation qu'il mettait à me faire pressentir en toi une existence romanesque digne d'intérêt, et une grandeur d'âme supérieure à toutes mes bonnes présomptions. Je l'ai pressé beaucoup, je te le confesse, et il s'est laissé prier beaucoup aussi, je dois le dire pour le justifier. Enfin, après m'avoir demandé ma parole de ne pas le trahir, il m'a raconté ton mariage au lit de mort du comte de Rudolstadt, et la renonciation généreuse que tu avais faite de tous tes droits et avantages. Tu vois, mon enfant, que tu peux, sans scrupule, me dire le reste, si rien ne t'engage à me le cacher.

— Cela étant, dit la Porporina après un moment de silence et d'émotion, quoique ce récit doive réveiller en moi des souvenirs bien pénibles, surtout depuis mon séjour à Berlin, je répondrai par ma confiance à l'intérêt de Votre Altesse... je veux dire de ma bonne Amélie. »

VII.

« Je suis née dans je ne sais quel coin de l'Espagne, je ne sais pas précisément en quelle année; mais je dois avoir vingt-trois ou vingt-quatre ans. J'ignore le nom de mon père; et quant à celui de ma mère, je crois bien qu'elle était, à l'égard de ses parents, dans la même incertitude que moi. On l'appelait à Venise, la *Zingara*, et moi la *Zingarella*. Ma mère m'avait donné pour patronne Maria del Consuelo, comme qui dirait, en français, Notre-Dame de Consolation. Mes premières années furent errantes et misérables. Nous courions le monde à pied, ma mère et moi, vivant de nos chansons. J'ai un vague souvenir que, dans la forêt de Bohême, nous reçûmes l'hospitalité dans un château, où un bel adolescent, fils du seigneur, et nommé Albert, me combla de soins et d'amitiés, et donna une guitare à ma mère. Ce château, c'était le château des géants, dont je devais refuser un jour, d'être la châtelaine : ce jeune seigneur, c'était le comte Albert de Rudolstadt, dont je devais devenir l'épouse.

« A dix ans, je commençais à chanter dans les rues. Un jour que je disais ma petite chanson sur la place Saint-Marc, à Venise, devant un café, maître Porpora, qui se trouvait là, frappé de la justesse de ma voix et de la méthode naturelle que ma mère m'avait transmise, m'appela, me questionna, me suivit jusqu'à mon galetas, donna quelques secours à ma mère, et lui promit de me faire entrer à la *scuola dei mendicanti*, une de ces écoles gratuites de musique qui abondent en Italie, et d'où sortent tous les artistes éminents de l'un et l'autre sexe; car ce sont les meilleurs maîtres qui en ont la direction. J'y fis de rapides progrès; et maître Porpora prit pour moi une amitié qui m'exposa bientôt à la jalousie et aux mauvais tours de mes camarades. Leurs dépits injustes et le mépris qu'elles affichaient pour mes haillons me donnèrent de bonne heure l'habitude de la patience, de la réserve et de la résignation.

« Je ne me souviens pas du premier jour où je le vis; mais il est certain qu'à l'âge de sept ou huit ans, j'aimais déjà un jeune homme ou plutôt un enfant, orphelin, abandonné, étudiant comme moi la musique par protection et par charité, vivant, comme moi, sur le pavé. Notre amitié, ou notre amour, car c'était la même chose, était un sentiment chaste et délicieux. Nous passions ensemble, dans un vagabondage innocent, les heures qui n'étaient pas consacrées à l'étude. Ma mère, après l'avoir inutilement combattue, sanctionna notre inclination par la promesse qu'elle nous fit contracter, à son lit de mort, de nous marier ensemble, aussitôt que notre travail nous aurait mis à même d'élever une famille.

« A l'âge de dix-huit ou dix-neuf ans, j'étais assez avancée dans le chant. Le comte Zustiniani, noble vénitien, propriétaire du théâtre San Samuel, m'entendit chanter à l'église, et m'engagea comme première cantatrice, pour remplacer la Corilla, belle et robuste virtuose, dont il avait été l'amant, et qui lui était infidèle. Ce Zustiniani était précisément le protecteur de mon fiancé Anzoleto. Anzoleto fut engagé avec moi pour chanter les premiers rôles d'homme. Nos débuts s'annoncèrent sous les plus brillants auspices. Il avait une voix magnifique, une facilité naturelle extraordinaire, un extérieur séduisant : toutes les belles dames le protégeaient. Mais il était paresseux; il n'avait pas eu un professeur aussi habile et aussi zélé que le mien. Son succès fut moins brillant. Il en eut du chagrin d'abord, et puis du dépit, enfin de la jalousie; et je perdis ainsi son amour.

— Est-il possible? dit la princesse Amélie; pour une semblable cause? Il était donc bien vil?

— Hélas! non, madame; mais il était vain et artiste. Il se fit protéger par la Corilla, la cantatrice disgraciée et furieuse, qui m'enleva son cœur, et l'amena rapidement à offenser et à déchirer le mien. Un soir, maître Porpora, qui avait toujours combattu nos sentiments, parce qu'il prétend qu'une femme, pour être grande artiste, doit rester étrangère à toute passion et à tout engagement de cœur, me fit découvrir la trahison d'Anzoleto. Le lendemain soir, le comte Zustiniani me fit une déclaration d'amour, à laquelle j'étais loin de m'attendre, et qui m'offensa profondément. Anzoleto feignit d'être jaloux, de me croire corrompue... Il voulait briser avec moi. Je m'enfuis de mon logement, dans la nuit; j'allai trouver mon maître, qui est un homme de prompte inspiration, et qui m'avait habituée à être prompte dans l'exécution. Il me donna des lettres, une petite somme, un itinéraire de voyage; il me mit dans une gondole, m'accompagna jusqu'à la terre ferme, et je partis seule, au point du jour, pour la Bohême.

— Pour la Bohême? dit madame de Kleist, à qui le courage et la vertu de la Porporina faisaient ouvrir de grands yeux.

— Oui, Madame, reprit la jeune fille. Dans notre langage d'artistes aventuriers, nous disons souvent *courir la Bohême*, pour signifier qu'on s'embarque dans les hasards d'une vie pauvre, laborieuse et souvent coupable, dans la vie des Zingari, qu'on appelle aussi Bohémiens, en français. Quant à moi, je partais, non pour cette Bohême symbolique à laquelle mon sort semblait me destiner comme tant d'autres, mais pour le malheureux et chevaleresque pays des Tchèques, pour la patrie de Huss et de Ziska, pour le Bœhmer-Wald, enfin pour le château des Géants, où je fus généreusement accueillie par la famille des Rudolstadt.

— Et pourquoi allais-tu dans cette famille? demanda la princesse, qui écoutait avec beaucoup d'attention : se souvenait-on de t'y avoir vue enfant?

— Nullement. Je ne m'en souvenais pas moi-même, et ce n'est que longtemps après, et par hasard, que le comte Albert retrouva et m'aida à retrouver le souvenir de cette petite aventure; mais mon maître le Porpora avait été fort lié en Allemagne avec le respectable Christian de Rudolstadt, chef de la famille. La jeune baronne Amélie, nièce de ce dernier, demandait une gouvernante, c'est-à-dire une demoiselle de compagnie qui fît semblant de lui enseigner la musique, et qui la désennuyât de la vie austère et triste qu'on menait à Riesenburg[1]. Ses nobles et bons parents m'accueillirent comme une amie, presque comme une parente. Je n'enseignai rien, malgré mon bon vouloir, à ma jolie et capricieuse élève, et...

— Et le comte Albert devint amoureux de toi, comme cela devait arriver?

— Hélas! Madame, je ne saurais parler légèrement d'une chose si grave et si douloureuse. Le comte Albert, qui passait pour fou, et qui unissait à une âme sublime, à un génie enthousiaste, des bizarreries étranges, une maladie de l'imagination tout à fait inexplicable...

— Supperville m'a raconté tout cela, sans y croire et sans me le faire comprendre. On attribuait à ce jeune homme des facultés supernaturelles, le don des prophéties, la seconde vue, le pouvoir de se rendre invisible... Sa famille racontait là-dessus des choses inouïes... Mais tout cela est impossible, et j'espère que tu n'y ajoutes pas foi?

— Épargnez-moi, Madame, la souffrance et l'embarras

---

[1]. Château des Géants, en allemand.

de me prononcer sur des faits qui dépassent la portée de mon intelligence. J'ai vu des choses inconcevables, et, en de certains moments, le comte Albert m'a semblé un être supérieur à la nature humaine. En d'autres moments, je n'ai vu en lui qu'un être malheureux, privé, par l'excès même de sa vertu, du flambeau de la raison; mais en aucun temps je ne l'ai vu semblable aux vulgaires humains. Dans le délire comme dans le calme, dans l'enthousiasme comme dans l'abattement, il était toujours le meilleur, le plus juste, le plus sagement éclairé ou le plus poétiquement exalté des hommes. En un mot, je ne saurais penser à lui ni prononcer son nom sans un frémissement de respect, sans un attendrissement profond, et sans une sorte d'épouvante; car je suis la cause involontaire, mais non tout à fait innocente, de sa mort.

— Voyons, chère comtesse, essuie tes beaux yeux, prends courage, et continue. Je t'écoute sans ironie et sans légèreté profane, je te le jure.

— Il m'aima d'abord sans que je pusse m'en douter. Il ne m'adressait jamais la parole, il ne semblait même pas me voir. Je crois qu'il s'aperçut pour la première fois de ma présence dans le château, lorsqu'il m'entendit chanter. Il faut vous dire qu'il était très-grand musicien, et qu'il jouait du violon comme personne au monde ne se doute qu'on puisse en jouer. Mais je crois bien être la seule qui l'ait jamais entendu à Riesenburg; car sa famille n'a jamais su qu'il possédait cet incomparable talent. Son amour naquit donc d'un élan d'enthousiasme et de sympathie musicale. Sa cousine, la baronne Amélie, qui était fiancée avec lui depuis deux ans, et qu'il n'aimait pas, prit du dépit contre moi, quoiqu'elle ne l'aimât pas non plus. Elle me le témoigna avec plus de franchise que de méchanceté; car, au milieu de ses travers, elle avait une certaine grandeur d'âme; elle se lassa des froideurs d'Albert, de la tristesse du château, et, un beau matin, nous quitta, enlevant, pour ainsi dire, son père le baron Frédéric, frère du comte Christian, homme excellent et borné, indolent d'esprit et simple de cœur, esclave de sa fille et passionné pour la chasse.

— Tu ne me dis rien de l'*invisibilité* du comte Albert, de ses disparitions de quinze et vingt jours, au bout desquelles il reparaissait tout d'un coup, croyant ou feignant de croire qu'il n'avait pas quitté la maison, et ne pouvant ou ne voulant pas dire ce qu'il était devenu pendant qu'on le cherchait de tous côtés.

— Puisque M. Supperville vous a raconté ce fait merveilleux en apparence, je vais vous en donner l'explication; moi seule puis le faire, car ce point est toujours resté un secret entre Albert et moi. Il y a près du château des Géants une montagne appelée Schreckenstein [1], qui recèle une grotte et plusieurs chambres mystérieuses, antique construction souterraine qui date du temps des Hussites. Albert, tout en parcourant une série d'opinions philosophiques très-hardies, et d'enthousiasme religieux portés jusqu'au mysticisme, était resté hussite, ou, pour mieux dire, taborite dans le cœur. Descendant par sa mère du roi Georges Podiebrad, il avait conservé et développé en lui-même les sentiments d'indépendance patriotique et d'égalité évangélique que la prédication de Jean Huss et les victoires de Jean Ziska ont, pour ainsi dire, inoculés aux Bohémiens...

— Comme elle parle d'histoire et de philosophie! s'écria la princesse en regardant madame de Kleist: qui m'eût jamais voulu dire qu'une fille de théâtre comprendrait ces choses-là comme moi qui ai passé ma vie à les

---

1. La *Pierre d'épouvante*.

étudier dans les livres? Quand je te le disais, de Kleist, qu'il y avait parmi ces êtres que l'opinion des cours relègue aux derniers rangs de la société, des intelligences égales, sinon supérieures, à celles qu'on forme aux premiers avec tant de soin et de dépense!

— Hélas! Madame, reprit la Porporina, je suis fort ignorante, et je n'avais jamais rien lu avant mon séjour à Riesenburg. Mais là j'ai tant entendu parler de ces choses, et j'ai été forcée de tant réfléchir pour comprendre ce qui se passait dans l'esprit d'Albert, que j'ai fini par m'en faire une idée.

— Oui, mais tu es devenue mystique et un peu folle toi-même, mon enfant! Admire les campagnes de Jean Ziska et le génie républicain de la Bohême, j'y consens, j'ai des idées tout aussi républicaines que toi là-dessus peut-être; car, moi aussi, l'amour m'a révélé une vérité contraire à celle que mes pédants m'avaient enseignée sur les droits des peuples et le mérite des individus; mais je ne partage pas ton admiration pour le fanatisme taborite et pour leur délire d'égalité chrétienne. Ceci est absurde, irréalisable, et entraîne à des excès féroces. Qu'on renverse les trônes, j'y consens, et... j'y travaillerais au besoin! Qu'on fasse des républiques à la manière de Sparte, d'Athènes, de Rome, ou de l'antique Venise: voilà ce que je puis admettre. Mais tes sanguinaires et crasseux Taborites ne me vont pas plus que les Vaudois de flamboyante mémoire, les odieux Anabaptistes de Munster et les Picards de la vieille Allemagne.

— J'ai ouï dire au comte Albert que tout cela n'était pas précisément la même chose, reprit modestement Consuelo; mais je n'oserais discuter avec Votre Altesse sur des matières qu'elle a étudiées. Vous avez ici des historiens et des savants qui se sont occupés de ces graves matières, et vous pouvez juger, mieux que moi, de leur sagesse et de leur justice. Cependant, quand même j'aurais le bonheur d'avoir toute une académie pour m'instruire, je crois que mes sympathies ne changeraient pas. Mais je reprends mon récit.

— Oui, je t'ai interrompue par des réflexions pédantes, et je t'en demande pardon. Poursuis. Le comte Albert, engoué des exploits de ses pères (cela est bien concevable et bien pardonnable), amoureux de toi, d'ailleurs, ce qui est plus naturel et plus légitime encore, n'admettait pas que tu ne fusses pas son égale devant Dieu et devant les hommes? Il avait bien raison, mais ce n'était pas un motif pour déserter la maison paternelle, et pour laisser tout son monde dans la désolation.

— C'est là que j'en voulais venir, reprit Consuelo; il allait rêver et méditer depuis longtemps dans la grotte des Hussites au Schreckenstein, et il s'y plaisait d'autant plus, que lui seul, et un pauvre paysan fou qui le suivait dans ses promenades, avaient connaissance de ces demeures souterraines. Il prit l'habitude de s'y retirer chaque fois qu'un chagrin domestique ou une émotion violente lui faisaient perdre l'empire de sa volonté. Il sentait venir ses accès, et, pour dérober son délire à des parents consternés, il gagnait le Schreckenstein par un conduit souterrain qu'il avait découvert, et dont l'entrée était une citerne située auprès de son appartement, dans un parterre de fleurs. Une fois arrivé à sa caverne, il oubliait les heures, les jours et les semaines. Soigné par Zdenko, ce paysan poëte et visionnaire, dont l'exaltation avait quelques rapports avec la sienne, il ne songeait plus à revoir la lumière et à retrouver ses parents que lorsque l'accès commençait à passer; et malheureusement ces accès devenaient chaque fois plus intenses et plus longs à dissiper. Une fois enfin, il resta si longtemps absent, qu'on le crut mort, et que j'entrepris de découvrir le lieu de sa retraite. J'y parvins avec beaucoup de peine et de dangers. Je descendis dans cette citerne, qui se trouvait dans ses jardins, et par laquelle j'avais vu, une nuit, sortir Zdenko à la dérobée. Ne sachant pas me diriger dans ces abîmes, je faillis y perdre la vie. Enfin je trouvai Albert; je réussis à dissiper la torpeur douloureuse où il était plongé; je le ramenai à ses parents, et je lui fis jurer qu'il ne retournerait jamais sans moi dans la fatale caverne. Il céda; mais il me prédit que c'était le condamner à mort; et sa prédiction ne s'est que trop réalisée!

— Comment cela? C'était le rendre à la vie, au contraire.

— Non, Madame, à moins que je ne parvinsse à l'aimer, et à n'être jamais pour lui une cause de douleur.

— Quoi! tu ne l'aimais pas? tu descendais dans un puits, tu risquais ta vie dans ce voyage souterrain...

— Où Zdenko l'insensé, ne comprenant pas mon dessein, et jaloux, comme un chien fidèle et stupide, de la sécurité de son maître, faillit m'assassiner. Un torrent faillit m'engloutir. Albert, ne me reconnaissant pas d'abord, faillit me faire partager sa folie, car la frayeur et l'émotion rendent les hallucinations contagieuses... Enfin, il fut repris d'un accès de délire en me ramenant dans le souterrain, et manqua m'y abandonner en me fermant l'issue... Et je m'exposai à tout cela sans aimer Albert.

— Alors tu avais fait un vœu à Maria del Consuelo, pour opérer sa délivrance?

— Quelque chose comme cela, en effet, répondit la Porporina avec un triste sourire; un mouvement de tendre pitié pour sa famille, de sympathie profonde pour lui, peut-être un attrait romanesque, de l'amitié sincère à coup sûr, mais pas l'apparence d'amour, du moins rien de semblable à cet amour aveugle, enivrant et suave que j'avais éprouvé pour l'ingrat Anzoleto, et dans lequel je crois bien que mon cœur s'était usé prématurément !... Que vous dirai-je, Madame? à la suite de cette terrible expédition, j'eus un transport au cerveau, et je fus à deux doigts de la mort. Albert, qui est aussi grand médecin que grand musicien, me sauva. Ma lente convalescence, et ses soins assidus nous mirent sur un pied d'intimité fraternelle. Sa raison revint entièrement. Son père me bénit et me traita comme une fille chérie. Une vieille tante bossue, la chanoinesse Wenceslawa, ange de tendresse et patricienne remplie de préjugés, se fût résignée elle-même à m'accepter, Albert implorait mon amour. Le comte Christian en vint jusqu'à se faire l'avocat de son fils. J'étais émue, j'étais effrayée; j'aimais Albert comme on aime la vertu, la vérité, le beau idéal; mais j'avais encore peur de lui; je répugnais à devenir comtesse, à faire un mariage qui soulèverait contre lui et contre sa famille la noblesse du pays, et qui me ferait accuser de vues sordides et de basses intrigues. Et puis, faut-il l'avouer? c'est là mon seul crime peut-être !... je regrettais ma profession, ma liberté, mon vieux maître, ma vie d'artiste, et cette arène émouvante du théâtre, où j'avais paru un instant pour briller et disparaître comme un météore; ces planches brûlantes où mon amour s'était brisé, mon malheur consommé, que je croyais pouvoir maudire et mépriser toujours, et où cependant je rêvais toutes les nuits que j'étais applaudie ou sifflée...

Cela doit vous sembler étrange et misérable; mais quand on a été élevée pour le théâtre, quand on a travaillé toute sa vie pour livrer ces combats et remporter ces victoires, quand on y a gagné les premières batailles, l'idée de n'y jamais retourner est aussi effrayante que vous le serait, Madame et chère Amélie, celle de n'être plus princesse que sur des tréteaux, comme je le suis maintenant deux fois par semaine...

— Tu te trompes, tu déraisonnes, amie! Si je pouvais devenir de princesse, artiste, j'épouserais Trenck, et je serais heureuse. Tu ne voulais pas devenir d'artiste, princesse pour épouser Rudolstadt. Je vois bien que tu ne l'aimais pas! mais ce n'est pas ta faute... on n'aime pas qui l'on veut!

— Madame, voilà un aphorisme dont je voudrais bien pouvoir me convaincre; ma conscience serait en repos. Mais c'est à résoudre ce problème que j'ai employé ma vie, et je n'en suis pas encore venue à bout.

— Voyons, dit la princesse; ceci est un fait grave, et, comme abbesse, je dois essayer de prononcer sur les cas de conscience. Tu doutes que nous soyons libres d'aimer ou de ne pas aimer? Tu crois donc que l'amour peut faire son choix et consulter la raison?

— Il devrait le pouvoir. Un noble cœur devrait soumettre son inclination, je ne dis pas à cette raison du monde qui n'est que folie et mensonge, mais à ce discernement noble, qui n'est que le goût du beau, l'amour de la vérité. Vous êtes la preuve de ce que j'avance, Madame, et votre exemple me condamne. Née pour occuper un trône, vous avez immolé la fausse grandeur à la passion vraie, à la possession d'un cœur digne du vôtre. Moi, née pour être reine aussi (sur les planches) je n'ai pas eu le courage et la générosité de sacrifier joyeusement le clinquant de cette gloire menteuse à la vie calme et à l'affection sublime qui s'offrait à moi. J'étais prête à le faire par dévouement, mais je ne le faisais pas sans douleur et sans effroi; et Albert, qui voyait mon anxiété, ne voulait pas accepter ma foi comme un sacrifice. Il me demandait de l'enthousiasme, des joies partagées, un cœur libre de tout regret. Je ne devais pas le tromper ; d'ailleurs peut-on tromper sur de telles choses? Je demandai donc du temps, et on m'en accorda. Je promis de faire mon possible pour arriver à cet amour semblable au sien. J'étais de bonne foi; mais je sentais avec terreur que j'eusse voulu ne pas être forcée par ma conscience à prendre cet engagement formidable.

— Étrange fille! Tu aimais encore l'*autre*, je le parierais?

— O mon Dieu! je croyais bien ne plus l'aimer: mais un matin que j'attendais Albert sur la montagne, pour me promener avec lui, j'entends une voix dans le ravin ; je reconnais un chant que j'ai étudié autrefois avec Anzoleto, je reconnais surtout cette voix pénétrante que j'ai tant aimée, et cet accent de Venise si doux à mon souvenir; je me penche, je vois passer un cavalier, c'était lui, Madame, c'était Anzoleto!

— Eh ! pour Dieu! qu'allait-il faire en Bohême?

— J'ai su depuis qu'il avait rompu son engagement, qu'il fuyait Venise et le ressentiment du comte Zustiniani. Après s'être lassé bien vite de l'amour querelleur et despotique de la Corilla, avec laquelle il était remonté avec succès sur le théâtre de San Samuel, il avait obtenu les faveurs d'une certaine Clorinda, seconde cantatrice, mon ancienne camarade d'école, dont Zustiniani avait fait sa maîtresse. En homme du monde, c'est-à-dire en libertin frivole, le comte s'était vengé en reprenant Corilla sans congédier l'autre. Au milieu de cette double intrigue, Anzoleto, persiflé par son rival, prit du dépit, passa à la colère, et, par une belle nuit d'été, donna un grand coup de pied à la gondole où Zustiniani prenait le frais avec la Corilla. Ils en furent quittes pour chavirer et prendre un bain tiède. Les eaux de Venise ne sont pas profondes partout. Mais Anzoleto, pensant bien que cette plaisanterie le conduirait aux Plombs, prit la fuite, et, en se dirigeant sur Prague, passa devant le château des Géants.

« Il passa outre, et je rejoignis Albert pour faire avec lui un pèlerinage à la grotte du Schreckenstein qu'il désirait revoir avec moi. J'étais sombre et bouleversée. J'eus, dans cette grotte, les émotions les plus pénibles. Ce lieu lugubre, les ossements hussites dont Albert avait fait un autel au bord de la source mystérieuse, le son admirable et déchirant de son violon, je ne sais quelles terreurs, les ténèbres, les idées superstitieuses qui lui revenaient dans ce lieu, et dont je ne me sentais plus la force de le préserver...

— Dis tout! il se croyait Jean Ziska. Il prétendait avoir l'existence éternelle, la mémoire des siècles passés; enfin il avait la folie du comte de Saint-Germain?

— Eh bien, oui, Madame, puisque vous le savez, et sa conviction à cet égard a fait sur moi une si vive impression, qu'au lieu de l'en guérir, j'en suis venue presque à la partager.

— Serais-tu donc un esprit faible, malgré ton cœur courageux?

— Je ne puis avoir la prétention d'être un esprit fort. Où aurais-je pris cette force? La seule éducation sérieuse que j'aie reçue, c'est Albert qui me l'a donnée. Comment n'aurais-je pas subi son ascendant et partagé ses illusions? il y avait tant et de si hautes vérités dans son âme, que je ne pouvais discerner l'erreur de la certitude. Je sentis dans cette grotte que ma raison s'égarait. Ce qui m'épouvanta le plus, c'est que je n'y trouvai pas Zdenko comme je m'y attendais. Il y avait plusieurs mois que Zdenko ne paraissait plus. Comme il avait persisté dans sa fureur contre moi, Albert l'avait éloigné, chassé de sa présence, après quelque discussion violente, sans doute, car il paraissait en avoir des remords. Peut-être croyait-il qu'en le quittant, Zdenko s'était suicidé; du moins il parlait de lui dans des termes énigmatiques, et avec des réticences mystérieuses qui me faisaient frémir. Je m'imaginais (que Dieu me pardonne cette pensée!) que, dans un accès d'égarement, Albert, ne pouvant faire renoncer ce malheureux au projet de m'ôter la vie, la lui avait ôtée à lui-même.

— Et pourquoi ce Zdenko te haïssait-il de la sorte?

— C'était une suite de sa démence. Il prétendait avoir rêvé que je tuais son maître et que je dansais ensuite sur sa tombe. O Madame! cette sinistre prédiction s'est accomplie. Mon amour a tué Albert, et huit jours après je débutais ici dans un opéra bouffe des plus gais; j'y étais forcée, il est vrai, et j'avais la mort dans l'âme; mais le sombre destin d'Albert s'était accompli, conformément aux terribles pronostics de Zdenko.

— Ma foi, ton histoire est si diabolique, que je commence à ne plus savoir où j'en suis, et à perdre l'esprit en t'écoutant. Mais continue. Tout cela va s'expliquer sans doute?

— Non, Madame; ce monde fantastique qu'Albert et Zdenko portaient dans leurs âmes mystérieuses ne m'a jamais été expliqué, et il faudra, comme moi, vous contenter d'en comprendre les résultats.

— Allons! M. de Rudolstadt n'avait pas tué son pauvre bouffon, au moins?

— Zdenko n'était pas pour lui un bouffon, mais un compagnon de malheur, un ami, un serviteur dévoué. Il le pleurait; mais, grâce au ciel, il n'avait jamais eu la pensée de l'immoler à son amour pour moi. Cependant, moi, folle et coupable, je me persuadai que ce meurtre avait été consommé. Une tombe fraîchement remuée qui était dans la grotte, et qu'Albert m'avoua renfermer ce qu'il avait eu de plus cher au monde avant de me connaître, en même temps qu'il s'accusait de je ne sais quel crime, me fit venir une sueur froide. Je me crus certaine que Zdenko était enseveli en ce lieu, et je m'enfuis de la grotte en criant comme une folle et en pleurant comme un enfant.

— Il y avait bien de quoi, dit madame de Kleist, et j'y serais morte de peur. Un amant comme votre Albert ne m'eût pas convenu le moins du monde. Le digne M. de Kleist croyait au diable, et lui faisait des sacrifices. C'est lui qui m'a rendue poltronne comme je le suis; si je n'avais pris le parti de divorcer, je crois qu'il m'aurait rendue folle.

— Tu en as de beaux restes, dit la princesse Amélie. Je crois que tu as divorcé un peu trop tard. Mais n'interromps pas notre comtesse de Rudolstadt.

— En rentrant au château avec Albert, qui me suivait sans songer à se justifier de mes soupçons, j'y trouvai, devinez qui, Madame?

— Anzoleto!

— Il s'était présenté comme mon frère, il m'attendait. Je ne sais comment il avait appris en continuant sa route, que je demeurais là, et que j'allais épouser Albert; car on le disait dans le pays avant qu'il y eût rien de conclu à cet égard. Soit dépit, soit un reste d'amour, soit amour du mal, il était revenu sur ses pas, avec l'intention soudaine de faire manquer ce mariage, et de m'enlever au comte. Il mit tout en œuvre pour y parvenir, prières, larmes, séductions, menaces. J'étais inébranlable en apparence : mais au fond de mon lâche cœur, j'étais troublée, et je ne me sentais plus maîtresse de moi-même. A la faveur du mensonge qui lui avait servi à s'introduire, et que je n'osai pas démentir, quoique je n'eusse jamais parlé à Albert de ce frère que je n'ai jamais eu, il resta toute la journée au château. Le soir, le vieux comte nous fit chanter des airs vénitiens. Ces chants de ma patrie adoptive réveillèrent tous les souvenirs de mon enfance, de mon pur amour, de mes beaux rêves, de mon bonheur passé. Je sentis que j'aimais encore... et que ce n'était pas celui que je devais, que je voulais, que j'avais promis d'aimer. Anzoleto me conjura tout bas de le recevoir la nuit dans ma chambre, et me menaça d'y venir malgré moi à ses risques et périls, et aux miens surtout. Je n'avais jamais été que sa sœur, aussi colorait-il son projet des plus belles intentions. Il se soumettait à mon arrêt, il partait à la pointe du jour ; mais il voulait me dire adieu. Je pensai qu'il voulait faire du bruit dans le château, un esclandre ; qu'il y aurait quelque scène terrible avec Albert, que je serais souillée par ce scandale. Je pris une résolution désespérée, et je l'exécutai. Je fis à minuit un petit paquet des hardes les plus nécessaires, j'écrivis un billet pour Albert, je pris le peu d'argent que je possédais (et, par parenthèse, j'en oubliai la moitié) ; je sortis de ma chambre, je sautai sur le cheval de louage qui avait amené Anzoleto, je payai son guide pour aider ma fuite, je franchis le pont-levis, et je gagnai la ville voisine. C'était la première fois de ma vie que je montais à cheval. Je fis quatre lieues au galop, puis je renvoyai le guide, et, feignant d'aller attendre Anzoleto sur la route de Prague, je donnai à cet homme de fausses indications sur le lieu où mon prétendu frère devait me retrouver. Je pris la direction de Vienne, et à la pointe du jour je me trouvai seule, à pied, sans ressources, dans un pays inconnu, et marchant le plus vite possible pour échapper à ces deux amours qui me paraissaient également funestes. Cependant je dois dire qu'au bout de quelques heures, le fantôme du perfide Anzoleto s'effaça de mon âme pour n'y jamais rentrer, tandis que l'image pure de mon noble Albert me suivit, comme une égide et une promesse d'avenir, à travers les dangers et les fatigues de mon voyage.

— Et pourquoi allais-tu à Vienne plutôt qu'à Venise?

— Mon maître Porpora venait d'y arriver, amené par notre ambassadeur qui voulait lui faire réparer sa fortune épuisée, et retrouver son ancienne gloire pâlie et découragée devant les succès de novateurs plus heureux. Je fis heureusement la rencontre d'un excellent enfant, déjà musicien plein d'avenir, qui, en passant par le Bœhmer-Wald, avait entendu parler de moi, et s'était imaginé de venir me trouver pour me demander ma protection auprès du Porpora. Nous revînmes ensemble à Vienne, à pied, souvent bien fatigués, toujours gais, toujours amis et frères. Je m'attachai d'autant plus à lui qu'il ne songea pas à me faire la cour, et que je n'eus pas moi-même la pensée qu'il pût y songer. Je me déguisai en garçon, et je jouai si bien mon rôle, que je donnai lieu à toutes sortes de méprises plaisantes; mais il y en eut une qui faillit nous être funeste à tous deux. Je passerai les autres sous silence, pour ne pas trop prolonger ce récit, et je mentionnerai seulement celle-là parce que je sais qu'elle intéressera Votre Altesse, beaucoup plus que tout le reste de mon histoire.

VIII.

— Je devine que tu vas me parler de *lui*, dit la princesse en écartant les bougies pour mieux voir la narratrice, et en posant ses deux coudes sur la table.

— En descendant le cours de la Moldaw, sur la frontière bavaroise, nous fûmes enlevés par des recruteurs au service du roi votre frère, et flattés de la riante espérance de devenir fifre et tambour, Haydn et moi, dans les glorieuses armées de Sa Majesté.

—Toi, tambour? s'écria la princesse en éclatant de rire. Ah! si de Kleist t'avait vue ainsi, je gage que tu lui aurais tourné la tête. Mon frère t'eût pris pour son page, et Dieu sait quels ravages tu eusses faits dans le cœur de nos belles dames. Mais que parles-tu de Haydn? Je connais ce nom-là; j'ai reçu dernièrement de la musique de ce Haydn, je me le rappelle, et c'est de la bonne musique. Ce n'est pas l'enfant dont tu parles?

—Pardonnez-moi, Madame, c'est un garçon d'une vingtaine d'années, qui a l'air d'en avoir quinze. C'est mon compagnon de voyage, c'était mon ami sincère et fidèle. A la lisière d'un petit bois où nos ravisseurs s'arrêtèrent pour déjeuner, nous prîmes la fuite; on nous poursuivit, nous courûmes comme des lièvres, et nous eûmes le bonheur d'atteindre un carrosse de voyage qui renfermait le noble et beau Frédéric de Trenck, et un ci-devant conquérant, le comte Hoditz de Roswald.

—Le mari de ma tante la margrave de Culmbach? s'écria la princesse : encore un mariage d'amour, de Kleist! c'est, au reste, la seule chose honnête et sage que ma grosse tante ait faite en sa vie. Comment est-il, ce comte Hoditz? »

Consuelo allait entreprendre un portrait détaillé du châtelain de Roswald; mais la princesse l'interrompit pour lui faire mille questions sur Trenck, sur le costume qu'il portait ce jour-là, sur les moindres détails; et lorsque Consuelo lui raconta comme quoi Trenck avait volé à sa défense, comme quoi il avait failli être atteint d'une balle, comme quoi enfin il avait mis en fuite les brigands, et délivré un malheureux déserteur qu'ils emmenaient pieds et poings liés dans leur carriole, il fallut qu'elle recommençât, qu'elle expliquât les moindres circonstances, et qu'elle rapportât les paroles les plus indifférentes. La joie et l'attendrissement de la princesse furent au comble lorsqu'elle apprit que Trenck et le comte Hoditz ayant emmené les deux jeunes voyageurs dans leur voiture, le baron n'avait fait aucune attention à Consuelo, qu'il n'avait cessé de regarder un portrait caché dans son sein, de soupirer, et de parler au comte d'un amour mystérieux pour une personne haut placée qui faisait le bonheur et le désespoir de sa vie.

Quand il fut permis à Consuelo de passer outre, elle raconta que le comte Hoditz, ayant deviné son sexe à Passaw, avait voulu se prévaloir un peu trop de la protection qu'il lui avait accordée, et qu'elle s'était sauvée avec Haydn pour reprendre son voyage modeste et aventureux, sur un bateau qui descendait le Danube.

Enfin, elle raconta de quelle manière, en jouant du pipeau, tandis que Haydn, muni de son violon, faisait danser les paysans pour avoir de quoi dîner, elle était arrivée, un soir, à un joli prieuré, toujours déguisée, et se donnant pour le signor Bertoni, musicien ambulant et *zingaro* de son métier.

« L'hôte de ce prieuré était, dit-elle, un mélomane passionné, de plus un homme d'esprit et un cœur excellent. Il nous prit, moi particulièrement, en grande amitié, et voulut même m'adopter, me promettant un joli bénéfice, si je voulais prendre seulement les ordres mineurs. Le sexe masculin commençait à me lasser. Je ne me sentais pas plus de goût pour la tonsure que pour le tambour; mais un événement bizarre me fit prolonger un peu mon séjour chez cet aimable hôte. Une voyageuse, qui courait la poste, fut prise des douleurs de l'enfantement à la porte du prieuré, et y accoucha d'une petite fille qu'elle abandonna le lendemain matin, et que je persuadai au bon chanoine d'adopter à ma place. Elle fut nommée Angèle, du nom de son père Anzoleto ; et madame Corilla, sa mère, alla briguer à Vienne un engagement au théâtre de la cour. Elle l'obtint, à mon exclusion. M. le prince de Kaunitz la présenta à l'impératrice Marie-Thérèse comme une respectable veuve ; et je fus rejetée, comme accusée et véhémentement soupçonnée d'avoir de l'amour pour Joseph Haydn, qui recevait les leçons du Porpora, et qui demeurait dans la même maison que nous. »

Consuelo détailla son entrevue avec la grande impératrice. La princesse était fort curieuse d'entendre parler de cette femme extraordinaire, à la vertu de laquelle on ne voulait point croire à Berlin, et à qui l'on donnait pour amants le prince de Kaunitz, le docteur Van Swieten et le poëte Métastase.

Consuelo raconta enfin sa réconciliation avec la Corilla, à propos d'Angèle, et son début, dans les premiers rôles, au théâtre impérial, grâce à un remords de conscience et à un élan généreux de cette fille singulière. Puis elle dit les relations de noble et douce amitié qu'elle avait eues avec le baron de Trenck, chez l'ambassadeur de Venise, et rapporta minutieusement qu'en recevant les adieux de cet aimable jeune homme, elle était convenue avec lui d'un moyen de s'entendre, si la persécution du roi de Prusse venait à en faire naître la nécessité. Elle parla du cahier de musique dont les feuillets devaient servir d'enveloppe et de signature aux lettres qu'il lui ferait parvenir, au besoin, pour l'objet de ses amours, et elle expliqua comment elle avait été éclairée récemment, par un de ces feuillets, sur l'importance de l'écrit cabalistique qu'elle avait remis à la princesse.

On pense bien que ces explications prirent plus de temps que le reste du récit. Enfin, la Porporina, ayant dit son départ de Vienne avec le Porpora, et de quelle manière elle avait rencontré le roi de Prusse, sous l'habit d'un simple officier et sous le nom du baron de Kreutz, au château merveilleux de Roswald, en Moravie, elle fut obligée de mentionner le service capital qu'elle avait rendu au monarque sans le connaître.

« Voilà ce que je suis curieuse d'apprendre, dit madame de Kleist. M. de Pœlnitz, qui babille volontiers, m'a confié que dernièrement à souper Sa Majesté avait déclaré à ses convives que son amitié pour la belle Porporina avait des causes plus sérieuses qu'une simple amourette.

— J'ai fait une chose bien simple, pourtant, répondit madame de Rudolstadt. J'ai usé de l'ascendant que j'avais sur un malheureux fanatique pour l'empêcher d'assassiner le roi. Karl, ce pauvre géant bohémien, que le baron de Trenck avait arraché des mains des recruteurs en même temps que moi, était entré au service du comte Hoditz. Il venait de reconnaître le roi; il voulait venger sur lui la mort de sa femme et de son enfant, que la misère et le chagrin avaient tués à la suite de son second enlèvement. Heureusement cet homme n'avait pas oublié que j'avais contribué aussi à son salut, et que j'avais donné quelques secours à sa femme. Il se laissa convaincre et ôter le fusil des mains. Le roi, caché dans un pavillon voisin, entendit tout, ainsi qu'il me l'a dit depuis, et, de crainte que son assassin n'eût quelque retour de fureur, il prit, pour s'en aller, un autre chemin que celui où Karl s'était proposé de l'attendre. Le roi voyageait seul à cheval, avec M. de Buddenbrock; il est donc fort probable qu'un habile tireur comme Karl, à qui, le matin, j'avais vu abattre trois fois le pigeon sur un mât dans la fête que le comte Hoditz nous avait donnée, n'aurait pas manqué son coup.

— Dieu sait, dit la princesse d'un air rêveur, quels changements ce malheur aurait amenés dans la politique européenne et dans le sort des individus! Maintenant, ma chère Rudolstadt, je crois que je sais très-bien le reste de ton histoire jusqu'à la mort du comte Albert. A Prague, tu as rencontré son oncle le baron, qui t'a amenée au château des Géants pour le voir mourir d'étisie, après t'avoir épousée au moment de rendre le dernier soupir. Tu n'avais donc pas pu te décider à l'aimer?

— Hélas! Madame, je l'ai aimé trop tard, et j'ai été bien cruellement punie de mes hésitations et de mon amour pour le théâtre. Forcée, par mon maître Porpora, de débuter à Vienne, trompée par lui sur les dispositions d'Albert, dont il avait supprimé les dernières lettres, et que je croyais guéri de son fatal amour, je m'étais laissé entraîner par les prestiges de la scène, et j'avais fini, en attendant que je fusse engagée à Berlin, par jouer à Vienne avec une sorte d'ivresse.

— Et avec gloire! dit la princesse; nous savons cela.

— Gloire misérable et funeste, reprit Consuelo. Ce que Votre Altesse ne sait point, c'est qu'Albert était venu secrètement à Vienne, qu'il m'avait vue jouer; qu'attaché à tous mes pas, comme une ombre mystérieuse, il m'avait entendue avouer à Joseph Haydn, dans la coulisse, que je ne saurais pas renoncer à mon art sans un affreux regret. Cependant j'aimais Albert! je jure devant Dieu que j'avais reconnu en moi qu'il m'était encore plus impossible de renoncer à lui qu'à ma vocation, et que je lui avais écrit pour le lui dire : mais le Porpora, qui traitait cet amour de chimère et de folie, avait surpris et brûlé ma lettre. Je retrouvai Albert dévoré par une rapide consomption; je lui donnai ma foi, et ne pus lui rendre la vie. Je l'ai vu sur son lit de parade, vêtu comme un seigneur des anciens jours, beau dans les

bras de la mort, et le front serein comme celui de
l'ange du pardon ; mais je n'ai pu l'accompagner jusqu'à
sa dernière demeure. Je l'ai laissé dans la chapelle ardente du château des Géants, sous la garde de Zdenko,
ce pauvre prophète insensé, qui m'a tendu la main en
riant, et en se réjouissant du tranquille sommeil de son
ami. Lui, du moins, plus pieux et plus fidèle que moi,
l'a déposé dans la tombe de ses pères, sans comprendre
qu'il ne se relèverait plus de ce lit de repos ! Et moi, je
suis partie, entraînée par le Porpora, ami dévoué mais
farouche, cœur paternel mais inflexible, qui me criait
aux oreilles jusque sur le cercueil de mon mari : « Tu
débutes samedi prochain dans les *Virtuoses ridicules !* »

—Étrange vicissitude, en effet, d'une vie d'artiste !
dit la princesse en essuyant une larme ; car la Porporina
sanglotait en achevant son histoire : mais tu ne me dis
pas, chère Consuelo, le plus beau trait de ta vie, et c'est
de quoi Supperville m'a informée avec admiration. Pour
ne pas affliger la vieille chanoinesse et ne pas te départir de ton désintéressement romanesque, tu as renoncé
à ton titre, à ton douaire, à ton nom ; tu as demandé le
secret à Supperville et au Porpora, seuls témoins de ce
mariage précipité, et tu es venue ici, pauvre comme
devant, Zingarella comme toujours...

—Et artiste à jamais ! répondit Consuelo, c'est-à-dire indépendante, vierge, et morte à tout sentiment
d'amour, telle enfin que le Porpora me représentait sans
cesse le type idéal de la prêtresse des Muses ! Il l'a emporté, mon terrible maître ! et me voilà arrivée au point
où il voulait. Je ne crois point que j'en sois plus heureuse, ni que j'en vaille mieux. Depuis que je n'aime
plus et que je ne me sens plus capable d'aimer, je ne
sens plus le feu de l'inspiration ni les émotions du

9.

théâtre. Ce climat glacé et cette atmosphère de la cour me jettent dans un morne abattement. L'absence du Porpora, l'espèce d'abandon où je me trouve, et la volonté du roi qui prolonge mon engagement contre mon gré.., je puis vous l'avouer, n'est-ce pas, Madame?

— J'aurais dû le deviner! Pauvre enfant, on te croit fière de l'espèce de préférence dont le roi t'honore; mais tu es sa prisonnière et son esclave, comme moi, comme toute sa famille, comme ses favoris, comme ses soldats, comme ses pages, comme ses petits chiens. O prestige de la royauté, auréole des grands princes! que tu es maussade à ceux dont la vie s'épuise à te fournir de rayons et de lumière! Mais, chère Consuelo, tu as encore bien des choses à me dire, et ce ne sont pas celles qui m'intéressent le moins. J'attends de ta sincérité que tu m'apprennes positivement en quels termes tu es avec mon frère, et je la provoquerai par la mienne. Croyant que tu étais sa maîtresse, et me flattan que tu pourrais obtenir de lui la grâce de Trenck, je t'avais recherchée pour remettre notre cause entre tes mains. Maintenant que, grâce au ciel, nous n'avons plus besoin de toi pour cela, et que je suis heureuse de t'aimer pour toi-même, je crois que tu peux me dire tout sans te compromettre, d'autant plus que les affaires de mon frère ne me paraissent pas bien avancées avec toi.

— La manière dont vous vous exprimez sur ce chapitre me fait frémir, Madame, répondit Consuelo en pâlissant. Il y a huit jours seulement que j'entends chuchoter autour de moi d'un air sérieux sur cette prétendue inclination du roi *notre maître* pour sa triste et tremblante sujette. Jusque là je n'avais jamais vu de possible entre lui et moi qu'une causerie enjouée, bienveillante de sa part, respectueuse de la mienne. Il m'a témoigné de l'amitié et une reconnaissance trop grande pour la conduite si simple que j'ai tenue à Roswald. Mais de là à l'amour, il y a un abîme, et j'espère bien que sa pensée ne l'a pas franchi.

— Moi, je crois le contraire. Il est brusque, taquin et familier avec toi; il te parle comme à un petit garçon, il te passe la main sur la tête comme à ses lévriers; il affecte devant ses amis, depuis quelques jours, d'être moins amoureux de toi que de qui ce soit. Tout cela prouve qu'il est en train de le devenir. Je le connais bien, moi; je te réponds qu'avant peu il faudra te prononcer. Quel parti prendras-tu? Si tu lui résistes, tu es perdue; si tu lui cèdes, tu l'es encore plus. Que feras-tu, le cas échéant?

— Ni l'un ni l'autre, Madame; je ferai comme ses recrues, je déserterai.

— Cela n'est pas facile, et je n'en ai guère envie, car je m'attache à toi singulièrement, et je crois que je mettrais les recruteurs encore une fois à tes trousses plutôt que de te voir partir. Allons, nous chercherons un moyen. Le cas est grave et demande réflexion. Raconte-moi tout ce qui s'est passé depuis la mort du comte Albert.

— Quelques faits bizarres et inexplicables au milieu d'une vie monotone et sombre. Je vous les dirai tels qu'ils sont, et Votre Altesse m'aidera peut-être à les comprendre.

— J'essaierai, à condition que tu m'appelleras Amélie, comme tout à l'heure. Il n'est pas minuit, et je ne veux être Altesse que demain au grand jour. »

La Porporina reprit son récit en ces termes:

« J'ai déjà raconté à madame de Kleist, lorsqu'elle m'a fait l'honneur de venir chez moi pour la première fois, que j'avais été séparée du Porpora en arrivant de

Bohême, à la frontière prussienne. J'ignore encore aujourd'hui si le passe-port de mon maître n'était pas en règle, ou si le roi avait devancé notre arrivée par un de ces ordres dont la rapidité tient du prodige, pour interdire au Porpora l'entrée de ses États. Cette pensée, peut-être coupable, m'était venue d'abord ; car je me souvenais de la légèreté brusque et de la sincérité frondeuse que le Porpora avait mises à défendre l'honneur de Trenck et à blâmer la dureté du roi, lorsqu'à un souper chez le comte Hoditz, en Moravie, le roi, se donnant pour le baron de Kreutz, nous avait annoncé lui-même la prétendue trahison de Trenck et sa réclusion à Glatz...

—En vérité! s'écria la princesse ; c'est à propos de Trenck que maître Porpora a déplu au roi?

—Le roi ne m'en a jamais reparlé, et j'ai craint de l'en faire souvenir. Mais il est certain que, malgré mes prières et les promesses de Sa Majesté, le Porpora n'a jamais été rappelé.

—Et il ne le sera jamais, reprit Amélie, car le roi n'oublie rien et ne pardonne jamais la franchise quand elle blesse son amour-propre. Le Salomon du Nord hait et persécute quiconque doute de l'infaillibilité de ses jugements ; surtout quand son arrêt n'est qu'une feinte grossière, un odieux prétexte pour se débarrasser d'un ennemi. Ainsi, fais-en ton deuil, mon enfant, tu ne reverras jamais le Porpora à Berlin.

—Malgré le chagrin que j'éprouve de son absence, je ne désire plus le voir ici, Madame ; et je ne ferai plus de démarches pour que le roi lui pardonne. J'ai reçu ce matin une lettre de mon maître qui m'annonce la réception d'un opéra de lui au théâtre impérial de Vienne. Après mille traverses, il est donc enfin arrivé à son but, et la pièce va être mise à l'étude. Je songerais bien plutôt désormais à le rejoindre qu'à l'attirer ; mais je crains fort de ne pas être plus libre de sortir d'ici que je n'ai été libre de n'y pas entrer.

— Que veux-tu dire ?

— A la frontière, lorsque je vis que l'on forçait mon maître à remonter en voiture et à retourner sur ses pas, je voulus l'accompagner et renoncer à mon engagement avec Berlin. J'étais tellement indignée de la brutalité et de l'apparente mauvaise foi d'une telle réception, que j'aurais payé le dédit en travaillant à la sueur de mon front, plutôt que de pénétrer plus avant dans un pays si despotiquement régi. Mais au premier témoignage que je donnai de mes intentions, je fus sommée par l'officier de police de monter dans une autre chaise de poste qui fut amenée et attelée en un clin d'œil ; et comme je me vis entourée de soldats bien déterminés à m'y contraindre, j'embrassai mon maître, en pleurant, et je pris le parti de me laisser conduire à Berlin, où j'arrivai, brisée de fatigue et de douleur, à minuit. On me déposa tout près du palais, non loin de l'Opéra, dans une jolie maison appartenant au roi, et disposée de manière à ce que j'y fusse logée absolument seule. J'y trouvai des domestiques à mes ordres et un souper tout préparé. J'ai su que M. de Pœlnitz avait reçu l'ordre de tout disposer pour mon arrivée. J'y étais à peine installée, lorsqu'on me fit demander de la part du baron de Kreutz si j'étais visible. Je m'empressai de le recevoir, impatiente que j'étais de me plaindre à lui de l'accueil fait au Porpora, et de lui en demander la réparation. Je feignis donc de ne pas savoir que le baron de Kreutz était Frédéric II. Je pouvais l'ignorer. Le déserteur Karl, en me confiant son projet de l'assassiner, comme officier supérieur prussien, ne me l'avait pas nommé, et je ne l'avais appris que de la bouche du comte Hoditz, après que le roi eut quitté Roswald. Il entra d'un air riant et affable que je ne lui avais pas vu sous son incognito. Sous son pseudonyme, et en pays étranger, il était un peu gêné. A Berlin, il me sembla avoir retrouvé toute la majesté de son rôle, c'est-à-dire la bonté protectrice et la douceur généreuse dont il sait si bien orner dans l'occasion sa toute-puissance. Il vint à moi en me tendant la main et en me demandant si je me souvenais de l'avoir vu quelque part. « Oui, monsieur le baron, lui répondis-je, et je me souviens que vous m'avez offert et promis vos bons services à Berlin, si je venais à en avoir besoin. » Alors je lui racontai avec vivacité ce qui m'était arrivé à la frontière, et je lui demandai s'il ne pouvait pas faire parvenir au roi la demande d'une réparation pour cet outrage fait à un maître illustre et pour cette contrainte exercée envers moi. » — Une réparation ! répondit le roi en souriant avec malice, rien que cela? M. Porpora voudrait-il appeler en champ clos le roi de Prusse ! et mademoiselle Porporina exigerait peut-être qu'il mît un genou en terre devant elle !

Cette raillerie augmenta mon dépit : « Votre Majesté peut ajouter l'ironie à ce que j'ai déjà souffert, répondis-je, mais j'aimerais mieux avoir à la bénir qu'à la craindre. »

Le roi me secoua le bras un peu rudement : « Ah ! vous jouez aussi au plus fin, dit-il en attachant ses yeux pénétrants sur les miens : je vous croyais simple et pleine de droiture, et voilà que vous me connaissiez parfaitement bien à Roswald? » — Non, Sire, répondis-je, je ne vous connaissais pas, et plût au ciel que je ne vous eusse jamais connu ! — « Je n'en puis dire autant, reprit-il avec douceur; car sans vous, je serais peut-être resté dans quelque fossé du parc de Roswald.

Le succès des batailles n'est point une égide contre la balle d'un assassin, et je n'oublierai jamais que si le destin de la Prusse est encore entre mes mains, c'est à une bonne petite âme, ennemie des lâches complots que je le dois. Ainsi, ma chère Porporina, votre mauvaise humeur ne me rendra point ingrat. Calmez-vous, je vous prie, et racontez-moi bien ce dont vous avez à vous plaindre, car jusqu'ici je n'y comprends pas grand'chose. »

« Soit que le roi feignît de ne rien savoir, soit qu'en effet les gens de sa police eussent cru voir quelque défaut de forme dans les papiers de mon maître, il ecouta mon récit avec beaucoup d'attention, et me dit ensuite de l'air calme d'un juge qui ne veut pas se prononcer à la légère: « J'examinerai tout cela, et vous en rendrai bon compte; je serais fort surpris que mes gens eussent cherché noise, sans motif, à un voyageur en règle. Il faut qu'il y ait quelque malentendu. Je le saurai! soyez tranquille, et si quelqu'un a outre-passé son mandat, il sera puni. — Sire, ce n'est pas là ce que je demande. Je vous demande le rappel du Porpora.

—Et je vous le promets, répondit-il. Maintenant, prenez un air moins sombre, et racontez-moi comment vous avez découvert le secret de mon incognito. »

Je causai alors librement avec le roi, et je le trouvai si bon, si aimable, si séduisant par la parole, que j'oubliai toutes les préventions que j'avais contre lui, pour n'admirer que son esprit à la fois judicieux et brillant, ses manières aisées dans la bienveillance que je n'avais pas trouvées chez Marie-Thérèse; enfin, la délicatesse de ses sentiments sur toutes les matières auxquelles il toucha dans la conversation. « Écoutez, me dit-il en prenant son chapeau pour sortir. J'ai un conseil d'ami à vous donner dès votre arrivée ici; c'est de ne parler à qui que ce soit du service que vous m'avez rendu, et de la visite que je vous ai faite ce soir. Bien qu'il n'y ait rien que de fort honorable pour nous deux dans mon empressement à vous remercier, cela donnerait lieu à une idée très-fausse des relations d'esprit et d'amitié que je désire avoir avec vous. On vous croirait avide de ce que, dans le langage des cours, on appelle la faveur du maître. Vous seriez un objet de méfiance pour les uns, et de jalousie pour les autres. Le moindre inconvénient serait de vous attirer une nuée de solliciteurs qui voudraient faire de vous le canal de leurs sottes demandes ; et comme vous auriez sans doute le bon esprit de ne pas vouloir jouer ce rôle, vous seriez en butte à leur obsession ou à leur inimitié. — « Je promets à Votre Majesté, répondis-je, d'agir comme elle vient de me l'ordonner. — Je ne vous ordonne rien, Consuelo, reprit-il ; mais je compte sur votre sagesse et sur votre droiture. J'ai vu en vous, du premier coup d'œil, une belle âme et un esprit juste ; et c'est parce que je désirais faire de vous la perle fine de mon département des beaux-arts, que j'avais envoyé, du fond de la Silésie, l'ordre de vous fournir une voiture à mes frais pour vous amener de la frontière, dès que vous vous y présenteriez. Ce n'est pas ma faute si on vous en a fait une espèce de prison roulante, et si on vous a séparée de votre protecteur. En attendant qu'on vous le rende, je veux le remplacer, si vous me trouvez digne de la même confiance et du même attachement que vous avez pour lui. »

J'avoue, *ma chère Amélie*, que je fus vivement touchée de ce langage paternel et de cette amitié délicate. Il s'y mêla peut-être un peu d'orgueil ; et les larmes me vinrent aux yeux, lorsque le roi me tendit la main en me quittant. Je faillis la lui baiser, comme c'était sans doute mon devoir; mais puisque je suis en train de me confesser, je dois dire qu'au moment de le faire, je me sentis saisie de terreur et comme paralysée par le froid de la méfiance. Il me sembla que le roi me cajolait et flattait mon amour-propre, pour m'empêcher de raconter cette scène de Roswald, qui pouvait produire, dans quelques esprits, une impression contraire à sa politique. Il me sembla aussi qu'il craignait le ridicule d'avoir été bon et reconnaissant envers moi. Et puis, tout à coup, en moins d'une seconde, je me rappelai la terrible régime militaire de la Prusse, dont le baron Trenck m'avait informée minutieusement; la férocité des recruteurs, les malheurs de Karl, la captivité de ce noble Trenck, que j'attribuais à la délivrance du pauvre déserteur; les cris d'un soldat que j'avais vu battre, le matin, en traversant un village; et tout ce système despotique qui fait la force et la gloire du grand Frédéric. Je ne pouvais plus le haïr personnellement; mais déjà je revoyais en lui ce maître absolu, cet ennemi naturel des cœurs simples qui ne comprennent pas la nécessité des lois inhumaines, et qui ne sauraient pénétrer les arcanes des empires.

IX.

« Depuis ce jour, continua la Porporina, je n'ai pas revu le roi chez moi; mais il m'a mandée quelquefois à Sans-Souci, où j'ai même passé plusieurs jours de suite avec mes camarades Porporino ou Conciolini; et ici, pour tenir le clavecin à ses petits concerts et accompagner le violon de M. Graun, ou celui de Benda, ou la flûte de M. Quantz, ou enfin le roi lui-même.

— Ce qui est beaucoup moins agréable que d'accompagner les précédents, dit la princesse de Prusse ; car je sais par expérience que mon cher frère, lorsqu'il fait de fausses notes ou lorsqu'il manque à la mesure, s'en prend à ses concertants et leur cherche noise.

— Il est vrai, reprit la Porporina ; et son habile maître, M. Quantz lui-même, n'a pas toujours été à l'abri de ses petites injustices. Mais Sa Majesté, lorsqu'elle s'est laissé entraîner de la sorte, répare bientôt son tort par des actes de déférence et des louanges délicates qui versent du baume sur les plaies de l'amour-propre. C'est ainsi que par un mot affectueux, par une simple exclamation admirative, il réussit à se faire pardonner ses duretés et ses emportements, même par les artistes, les gens les plus susceptibles du monde.

— Mais toi, après tout ce que tu savais de lui, et avec ta droiture modeste, pouvais-tu te laisser fasciner par ce basilic ?

— Je vous avouerai, Madame, que j'ai subi bien souvent son ascendant sans m'en apercevoir. Comme ces petites ruses m'ont toujours été étrangères, j'en suis toujours dupe, et ce n'est que par réflexion que je les devine après coup. J'ai revu aussi le roi fort souvent sur le théâtre, et même dans ma loge quelquefois, après la représentation. Il s'est toujours montré paternel envers moi. Mais je ne me suis jamais trouvée seule avec lui que deux ou trois fois dans les jardins de Sans-Souci, et je dois confesser que c'était après avoir épié l'heure de sa promenade et m'être placée sur son chemin tout exprès. Il m'appelait alors ou venait courtoisement à ma rencontre, et je saisissais l'occasion par les cheveux pour lui parler du Porpora et renouveler ma requête. J'ai toujours reçu les mêmes promesses, sans en voir jamais arriver les résultats. Plus tard, j'ai changé de tactique, et j'ai demandé la permission de retourner à Vienne ;

mais le roi a écouté ma prière tantôt avec des reproches affectueux, tantôt avec une froideur glaciale, et le plus souvent avec une humeur assez marquée. Cette dernière tentative n'a pas été, en somme, plus heureuse que les autres; et même, quand le roi m'avait répondu sèchement: « Partez, mademoiselle, vous êtes libre, » je n'obtenais ni règlement de comptes, ni passe-port, ni permission de voyager. Les choses en sont restées là, et je ne vois plus de ressources que dans la fuite, si ma position ici me devient trop difficile à supporter. Hélas! Madame, j'ai été souvent blessée du peu de goût de Marie-Thérèse pour la musique; je ne me doutais pas alors qu'un roi mélomane fût bien plus à redouter qu'une impératrice sans oreille.

« Je vous ai raconté en gros toutes mes relations avec Sa Majesté. Jamais je n'ai eu lieu de redouter ni même de soupçonner ce caprice que Votre Altesse veut lui attribuer de m'aimer. Seulement j'ai eu l'orgueil quelquefois de penser que, grâce à mon petit talent musical et à cette circonstance romanesque où j'ai eu le bonheur de préserver sa vie, le roi avait pour moi une espèce d'amitié. Il me l'a dit souvent et avec tant de grâce, avec un air d'abandon si sincère; il a paru prendre, à causer avec moi, un plaisir si empreint de bonhomie, que je me suis habituée, à mon insu peut-être, et à coup sûr bien malgré moi, à l'aimer aussi d'une espèce d'amitié. Le mot est bizarre et sans doute déplacé dans ma bouche, mais le sentiment de respect affectueux et de confiance craintive que m'inspirent la présence, le regard, la voix et les douces paroles de ce royal basilic, comme vous l'appelez, est aussi étrange que sincère. Nous sommes ici pour tout dire, et il est convenu que je ne me gênerai en rien; eh bien, je déclare que le roi me fait peur, et presque horreur, quand je ne le vois pas et que je respire l'air raréfié de son empire ; mais que, lorsque je le vois, je suis sous le charme, et prête à lui donner toutes les preuves de dévouement qu'une fille craintive, mais pieuse, peut donner à un père rigide, mais bon.

— Tu me fais trembler, s'écria la princesse ; bon Dieu! si tu allais te laisser dominer ou enjôler au point de trahir notre cause?

— Oh! pour cela, Madame, jamais! soyez sans crainte. Quand il s'agit de mes amis, ou tout simplement des autres, je défie le roi et de plus habiles encore, s'il en est, de me faire tomber dans un piége.

— Je te crois ; tu exerces sur moi, par ton air de franchise, le même prestige que tu subis de la part de Frédéric. Allons, ne t'émeus pas, je ne vous compare point. Reprends ton histoire, et parle-moi de Cagliostro. On m'a dit qu'à une séance de magie, il t'avait fait voir un mort que je suppose être le comte Albert?

— Je suis prête à vous satisfaire, noble Amélie ; mais si je me résous à vous raconter encore une aventure pénible, que je voudrais pouvoir oublier, j'ai le droit de vous adresser quelques questions, selon la convention que nous avons faite.

— Je suis prête à te répondre.

— Eh bien, Madame, croyez-vous que les morts puissent sortir du tombeau, ou du moins qu'un reflet de leur figure, animée par l'apparence de la vie, puisse être évoqué au gré des magiciens et s'emparer de notre imagination au point de se reproduire ensuite devant nos yeux, et de troubler notre raison?

— La question est fort compliquée, et tout ce que je puis répondre, c'est que je ne crois à rien de ce qui est impossible. Je ne crois pas plus au pouvoir de la magie qu'à la résurrection des morts. Quant à notre pauvre folle d'imagination, je la crois capable de tout.

— Votre Altesse... pardon ; ton Altesse ne croit pas à la magie, et cependant... Mais la question est indiscrète, sans doute ?...

— Achève : « Et cependant je suis adonnée à la magie ; » cela est connu. Eh bien, mon enfant, permets-moi de ne te donner l'explication de cette inconséquence bizarre qu'en temps et lieu. D'après le grimoire envoyé par le sorcier Saint-Germain, qui était en réalité une lettre de Trenck pour moi, tu peux déjà pressentir que cette prétendue nécromancie peut servir de prétexte à bien des choses. Mais te révéler tout ce qu'elle cache aux yeux du vulgaire, tout ce qu'elle dérobe à l'espionnage des cours et à la tyrannie des lois, ne serait pas l'affaire d'un instant. Prends patience, j'ai résolu de t'initier à tous mes secrets. Tu le mérites mieux que ma chère de Kleist, qui est un esprit timide et superstitieux. Oui, telle que tu la vois, cet ange de bonté, ce tendre cœur n'a pas le sens commun. Elle croit au diable, aux sorciers, aux revenants et aux présages, tout comme si elle n'avait pas sous les yeux et dans les mains les fils mystérieux du grand œuvre. Elle est comme ces alchimistes du temps passé qui créaient patiemment et savamment des monstres, et qui s'effrayaient ensuite de leur propre ouvrage, jusqu'à devenir esclaves de quelque démon familier sorti de leur alambic.

— Peut-être ne serais-je pas plus brave que madame de Kleist, reprit la Porporina, et j'avoue que j'ai par devers moi un échantillon du pouvoir, sinon de l'infaillibilité de Cagliostro. Figurez-vous qu'après m'avoir promis de me faire voir la personne à laquelle je pensais, et dont il prétendait lire apparemment le nom dans mes yeux, il m'en montra une autre ; et encore, en me la montrant vivante, il parut ignorer complétement qu'elle fût morte. Mais malgré cette double erreur, il ressuscita devant mes yeux l'époux que j'ai perdu, ce qui sera à jamais pour moi une énigme douloureuse et terrible.

— Il t'a montré un fantôme quelconque, et c'est ton imagination qui a fait tous les frais.

— Mon imagination n'était nullement en jeu, je puis vous l'affirmer. Je m'attendais à voir dans une glace, ou derrière une gaze, quelque portrait de maître Porpora; car j'avais parlé de lui plusieurs fois à souper, et, en déplorant tout haut son absence, j'avais remarqué que M. Cagliostro faisait beaucoup d'attention à mes paroles. Pour lui rendre sa tâche plus facile, je choisis, dans ma pensée, la figure du Porpora, pour le sujet de l'apparition; et je l'attendis de pied ferme, ne prenant point jusque là cette épreuve au sérieux. Enfin, s'il est un seul moment dans ma vie, où je n'aie point pensé à M. de Rudolstadt, c'est précisément celui-là. M. Cagliostro, me demanda en entrant dans son laboratoire magique avec moi, si je voulais consentir à me laisser bander les yeux et à le suivre en le tenant par la main. Comme je le savais homme de bonne compagnie, je n'hésitai point à accepter son offre, et j'y mis seulement la condition qu'il ne me quitterait pas un instant. « J'allais précisément, me dit-il, vous adresser la prière de ne point vous éloigner de moi d'un pas, et de ne point quitter ma main, quelque chose qui arrive, quelque émotion que vous veniez à éprouver. » Je le lui promis, mais une simple affirmation ne le satisfit pas. Il me fit solennellement jurer que je ne ferais pas un geste, pas une exclamation, enfin que je resterais muette et impassible pendant l'apparition. Ensuite il mit son gant, et, après m'avoir couvert la tête d'un capuchon de velours noir, qui me tombait jusque sur les épaules, il me fit marcher pendant environ cinq minutes sans que j'entendisse ouvrir ou fermer aucune porte. Le capuchon m'empêchait de sentir aucun changement dans l'atmosphère; ainsi je ne pus savoir si j'étais sortie du cabinet, tant il me fit faire de tours et de détours pour m'ôter l'appréciation de la direction que je suivais. Enfin, il s'arrêta, et d'une main m'enleva le capuchon si légèrement que je ne le sentis pas. Ma respiration, devenue plus libre, m'apprit seule que j'avais la liberté de regarder; mais je me trouvais dans de si épaisses ténèbres que je n'en étais pas plus avancée. Peu à peu, cependant, je vis une étoile lumineuse d'abord vacillante et faible, et bientôt claire et brillante, se dessiner devant moi. Elle semblait d'abord très-loin, et lorsqu'elle fut entièrement éclairée, elle me parut tout près. C'était l'effet, je pense, d'une lumière plus ou moins intense derrière un transparent. Cagliostro me fit approcher de l'étoile, qui était percée dans le mur, et je vis, de l'autre côté de cette muraille, une chambre décorée singulièrement et remplie de bougies placées dans un ordre systématique. Cette pièce avait dans ses ornements et dans sa disposition, tout le caractère d'un lieu destiné aux opérations magiques. Mais je n'eus pas le loisir de l'examiner beaucoup; mon attention était absorbée par un personnage assis devant une table. Il était seul et cachait sa figure dans ses mains, comme s'il eût été plongé dans une profonde méditation. Je ne pouvais donc voir ses traits, et sa taille était déguisée par un costume que je n'ai encore vu à personne. Autant que je pus le remarquer, c'était une robe, ou un manteau de satin blanc doublé de pourpre, et agrafé sur la poitrine par des bijoux hiéroglyphiques en or où je distinguai une rose, une croix, un triangle, une tête de mort, et plusieurs riches cordons de diverses couleurs. Tout ce que je pouvais comprendre, c'est que ce n'était point là le Porpora. Mais au bout d'une ou deux minutes, ce personnage mystérieux, que je commençais à prendre pour une statue, dérangea lentement ses mains, et je vis distinctement le visage du comte Albert; non pas tel que je l'avais vu la dernière fois, couvert des ombres de la mort, mais animé dans sa pâleur, et plein d'âme dans sa sérénité, tel enfin que je l'avais vu dans ses plus belles heures de calme et de confiance. Je faillis laisser échapper un cri, et briser, d'un mouvement involontaire, la glace qui me séparait de lui. Mais une violente pression de la main de Cagliostro me rappela mon serment, et m'imprima je ne sais quelle vague terreur. D'ailleurs, au même instant, une porte s'ouvrit au fond de l'appartement où je voyais Albert, et plusieurs personnages inconnus, vêtus à peu près comme lui, entrèrent l'épée à la main. Après avoir fait divers gestes singuliers, comme s'ils eussent joué une pantomime, ils lui adressèrent, chacun à son tour, et d'un ton solennel, des paroles incompréhensibles. Il se leva, marcha vers eux, et leur répondit des paroles également obscures, et qui n'offraient aucun sens à mon esprit, quoique je sache aussi bien l'allemand à présent que ma langue maternelle. Ce dialogue ressemblait à ceux qu'on entend dans les rêves; et la bizarrerie de cette scène, le merveilleux de cette apparition tenaient effectivement du songe, à tel point que j'essayai de remuer pour m'assurer que je ne dormais point. Mais Cagliostro me forçait de rester immobile, et je reconnaissais la voix d'Albert si parfaitement, qu'il m'était impossible de douter de la réalité de ce que je voyais. Enfin, emportée par le désir de lui parler, j'allais oublier mon serment, lorsque le capuchon noir retomba sur ma tête. Je l'arrachai violemment, mais l'étoile de cristal s'était effacée, et tout était replongé dans les ténèbres. « Si vous faites le moindre mouvement, murmura sourdement Cagliostro d'une voix tremblante, ni vous ni moi ne reverrons jamais la lumière. » J'eus la force de le suivre et de marcher encore longtemps avec lui en zigzag dans un vide inconnu. Enfin, lorsqu'il m'ôta définitivement le capuchon, je me retrouvai dans son laboratoire éclairé faiblement, comme il l'était au commencement de cette aventure. Cagliostro était fort pâle, et tremblait encore ; car j'avais senti, en marchant avec lui, que son bras était agité d'un tressaillement convulsif, et qu'il me faisait aller très-vite, comme s'il eût été en proie à une grande frayeur. Les premières paroles qu'il me dit furent des reproches amers sur mon *manque de loyauté*, et sur les *dangers épouvantables* auxquels je l'avais exposé en cherchant à violer mes promesses. « J'aurais dû me rappeler, ajouta-t-il d'un ton dur et courroucé, que la parole d'honneur des femmes ne les engage pas, et que l'on doit bien se garder de céder à leur vaine et téméraire curiosité. »

« Jusque-là je n'avais pas songé à partager la terreur de mon guide. J'avais été si frappée de l'idée de retrouver Albert vivant, que je ne m'étais pas demandé si cela était humainement possible. J'avais même oublié que la mort m'eût à jamais enlevé cet ami si précieux et si cher. L'émotion du magicien me rappela enfin que tout cela tenait du prodige, et que je venais de voir un spectre. Cependant, ma raison repoussait l'impossible, et l'âcreté des reproches de Cagliostro fit passer en moi une irritation maladive, qui me sauva de la faiblesse : « Vous feignez de prendre au sérieux vos propres mensonges, lui dis-je avec vivacité; mais vous jouez là un jeu bien cruel. Oh! oui, vous jouez avec les choses les plus sacrées, avec la mort même. — Ame sans foi et sans force ! me répondit-il avec emportement, mais avec une expression imposante; vous croyez à la mort comme le vulgaire, et cependant vous avez eu un grand maître, un maître qui vous a dit cent fois : « *On ne meurt pas, rien ne meurt,*

7.

il n'y a pas de mort. » Vous m'accusez de mensonge, et vous semblez ignorer que le seul mensonge qu'il y ait ici, c'est le nom même de la mort dans votre bouche impie. » Je vous avoue que cette réponse étrange bouleversa toutes mes pensées, et vainquit un instant toutes les résistances de mon esprit troublé. Comment cet homme pouvait-il connaître si bien mes relations avec Albert, et jusqu'au secret de sa doctrine? Partageait-il sa foi, ou s'en faisait-il une arme pour prendre de l'ascendant sur mon imagination?

« Je restai confuse et atterrée. Mais bientôt je me dis que cette manière grossière d'interpréter la croyance d'Albert ne pouvait pas être la mienne, et qu'il ne dépendait que de Dieu, et non de l'imposteur Cagliostro, d'évoquer la mort ou de réveiller la vie. Convaincue, enfin, que j'étais la dupe d'une illusion inexplicable, mais dont je trouverais peut-être le mot quelque jour, je me levai en louant froidement le sorcier de son savoir-faire, et en lui demandant, avec un peu d'ironie, l'explication des discours bizarres que tenaient ses ombres entre elles. Là-dessus, il me répondit qu'il lui était impossible de me satisfaire, et que je devais me contenter d'avoir vu *cette personne* calme et *utilement occupée.* « Vous me demanderiez vainement, ajouta-t-il, quelles sont ses pensées et son action dans la vie. J'ignore d'elle jusqu'à son nom. Lorsque vous avez songé à elle en me demandant à la voir, il s'est formé entre elle et vous une communication mystérieuse que mon pouvoir a su rendre efficace jusqu'au point de l'amener devant vous. Ma science ne va pas au delà. — Votre science, lui dis-je, ne va pas même jusque-là ; car j'avais pensé à maître Porpora, et ce n'est pas maître Porpora que votre pouvoir a évoqué. — Je n'en sais rien, répondit-il avec un sérieux effrayant; je ne veux pas le savoir. Je n'ai rien vu, ni dans votre pensée, ni dans le tableau magique. Ma raison ne supporterait pas de pareils spectacles, et j'ai besoin de conserver toute ma lucidité pour exercer ma puissance. Mais les lois de la science sont infaillibles, et il faut bien que, sans en avoir conscience peut-être, vous ayez pensé à un autre qu'au Porpora, puisque ce n'est pas lui que vous avez vu. »

— Voilà bien les belles paroles de cette espèce de fous! dit la princesse en haussant les épaules. Chacun d'eux a sa manière de procéder; mais tous, au moyen d'un certain raisonnement captieux qu'on pourrait appeler la logique de la démence, s'arrangent pour ne jamais rester court et pour embrouiller par de grands mots les idées d'autrui.

— Les miennes l'étaient à coup sûr, reprit Consuelo, et je n'avais plus la faculté d'analyser. Cette apparition d'Albert, vraie ou fausse, me fit sentir plus vivement la douleur de l'avoir perdu à jamais, et je fondis en larmes. « Consuelo! me dit le magicien d'un ton solennel, en m'offrant la main pour sortir (et vous pensez bien que mon nom véritable, inconnu ici à tout le monde, fut une nouvelle surprise pour moi, en passant par sa bouche), vous avez de grandes fautes à réparer, et j'espère que vous ne négligerez rien pour reconquérir la paix de votre conscience. » Je n'eus pas la force de répondre. J'essayai en vain de cacher mes pleurs à mes camarades, qui m'attendaient avec impatience dans le salon voisin. J'étais plus impatiente encore de me retirer; et dès que je fus seule, après avoir donné un libre cours à ma douleur, je passai la nuit à me perdre en réflexions et en commentaires sur les scènes de cette fatale soirée. Plus je cherchais à la comprendre, plus je m'égarais dans un dédale d'incertitudes; et je dois avouer que mes suppositions furent souvent plus folles et plus maladives que ne l'eût été une crédulité aveugle aux oracles de la magie. Fatiguée de ce travail sans fruit, je résolus de suspendre mon jugement jusqu'à ce que la lumière se fît. Mais depuis ce temps je restai impressionnable, sujette aux vapeurs, malade d'esprit et profondément triste. Je ne ressentis pas plus vivement que je ne l'avais fait jusque là, la perte de mon ami ; mais le remords, que son généreux pardon avait assoupi en moi, vint me tourmenter continuellement. En exerçant sans entraves ma profession d'artiste, j'arrivai très-vite à me blaser sur les enivrements frivoles du succès ; et puis, dans ce pays où il me semble que l'esprit des hommes est sombre comme le climat...

— Et comme le despotisme, ajouta l'abbesse.

— Dans ce pays où je me sens assombrie et refroidie moi-même, je reconnus bientôt que je ne ferais pas les progrès que j'avais rêvés...

— Et quels progrès veux-tu donc faire ? Nous n'avons jamais entendu rien qui approchât de toi, et je ne crois pas qu'il existe dans l'univers une cantatrice plus parfaite. Je te dis ce que je pense, et ceci n'est pas un compliment à la Frédéric.

— Quand même Votre Altesse ne se tromperait pas, ce que j'ignore, ajouta Consuelo en souriant (car excepté la Romanina et la Tési, je n'ai guère entendu d'autres cantatrices que moi), je pense qu'il y a toujours beaucoup à tenter et quelque chose à trouver au delà de tout ce qui a été fait. Eh bien, cet idéal que j'avais porté en moi-même, j'eusse pu en approcher dans une vie d'action, de lutte, d'entreprise audacieuse, de sympathies partagées, d'enthousiasme en un mot ! Mais la régularité froide qui règne ici, l'ordre militaire établi jusque dans les coulisses des théâtres, la bienveillance calme et continuelle d'un public qui pense à ses affaires en nous écoutant, la haute protection du roi qui nous garantit des succès décrétés d'avance, l'absence de rivalité et de nouveauté dans le personnel des artistes et dans le choix des ouvrages, et surtout l'idée d'une captivité indéfinie; toute cette vie bourgeoise, froidement laborieuse, tristement glorieuse et forcément cupide que nous menons en Prusse, m'a ôté l'espoir et jusqu'au désir de me perfectionner. Il y a des jours où je me sens tellement privée d'énergie et dépourvue de cet amour-propre chatouilleux qui aide à la conscience de l'artiste, que je paierais un sifflet pour me réveiller. Mais hélas! que je manque mon entrée ou que je m'éteigne avant la fin de ma tâche, ce sont toujours les mêmes applaudissements. Ils ne me font aucun plaisir quand je ne les mérite pas: ils me font de la peine quand, par hasard, je les mérite: car ils sont alors tout aussi officiellement comptés, tout aussi bien mesurés par l'étiquette qu'à l'ordinaire, et je sens pourtant que j'en mériterais de plus spontanés! Tout cela doit vous sembler puéril, noble Amélie; mais vous désiriez connaître le fond de l'âme d'une actrice, et je ne vous cache rien.

— Tu expliques cela si naturellement, que je le conçois comme si je l'éprouvais moi-même. Je suis capable, pour te rendre service, de te siffler lorsque je te verrai engourdie, sauf à te jeter une couronne de roses quand je t'aurai éveillée!

— Hélas! bonne princesse, ni l'un ni l'autre n'aurait l'agrément du roi. Le roi ne veut pas qu'on offense ses comédiens, parce qu'il sait que l'engouement suit de près les huées. Mon ennui est donc sans remède, malgré votre généreuse intention. A cette langueur se joint tous les jours davantage le regret d'avoir préféré une existence si fausse et si vide d'émotions à une vie d'amour et de dévouement. Depuis l'aventure de Cagliostro surtout, une noire mélancolie est venue me saisir au fond de l'âme. Il ne se passe pas de nuit que je ne rêve d'Albert, et que je ne le revoie irrité contre moi, ou indifférent et préoccupé, parlant un langage incompréhensible, et livré à des méditations tout à fait étrangères à notre amour, tel que je l'ai vu dans la scène magique. Je me réveille baignée d'une sueur froide, et je pleure en songeant que, dans la nouvelle existence où la mort l'a fait entrer, son âme douloureuse et consternée se ressent peut-être de mes dédains et de mon ingratitude. Enfin, je l'ai tué, cela est certain; et il n'est au pouvoir d'aucun homme, eût-il fait un pacte avec toutes les puissances du ciel et de l'enfer, de me réunir à lui. Je ne puis donc rien réparer en cette vie que je traîne inutile et solitaire, et je n'ai d'autre désir que d'en voir bientôt la fin.

X.

« N'as-tu donc pas contracté ici des amitiés nouvelles? dit la princesse Amélie. Parmi tant de gens d'esprit et de talent que mon frère se vante d'avoir attirés à lui de tous les coins du monde, n'en est-il aucun qui soit digne d'estime?

— Il en est certainement, Madame; et si je ne m'étais sentie portée à la retraite et à la solitude, j'aurais pu trouver des âmes bienveillantes autour de moi. Mademoiselle Cochois...

— La marquise d'Argens, tu veux dire?

— J'ignore si elle s'appelle ainsi.

— Tu es discrète, tu as raison. Eh bien, c'est une personne distinguée?

— Extrêmement, et fort bonne au fond, quoiqu'elle soit un peu vaine des soins et des leçons de M. le marquis, et qu'elle regarde un peu du haut de sa grandeur, les artistes, ses confrères.

— Elle serait fort humiliée, si elle savait qui tu es. Le nom de Rudolstadt est un des plus illustres de la Saxe, et celui de d'Argens n'est qu'une mince gentilhommerie provençale ou languedocienne. Et madame de Cocceï, comment est-elle? la connais-tu?

— Comme, depuis son mariage, mademoiselle Barberini ne danse plus à l'Opéra, et vit à la campagne le plus souvent, j'ai eu peu d'occasions de la voir. C'est de toutes les femmes de théâtre celle pour qui j'éprouvais le plus de sympathie, et j'ai été invitée souvent par elle et par son mari à aller les voir dans leurs terres; mais le roi m'a fait entendre que cela lui déplairait beaucoup, et j'ai été forcée d'y renoncer, sans savoir pourquoi je subissais cette privation.

— Je vais te l'apprendre. Le roi a fait la cour à mademoiselle Barberini, qui lui a préféré le fils du grand chancelier, et le roi craint pour toi le mauvais exemple. Mais parmi les hommes, ne t'es-tu liée avec personne?

— J'ai beaucoup d'amitié pour M. François Benda, le premier violoniste de Sa Majesté. Il y a des rapports entre sa destinée et la mienne. Il a mené la vie de zingaro dans sa jeunesse, comme moi dans mon enfance; comme moi, il est fort peu enivré des grandeurs de ce monde, et il préfère la liberté à la richesse. Il m'a raconté souvent qu'il s'était enfui de la cour de Saxe pour partager la destinée errante, joyeuse et misérable des artistes de grand chemin. Le monde ne sait pas qu'il y a sur les routes et dans les rues des virtuoses d'un grand mérite. Ce fut un vieux juif aveugle qui fit, par monts et par vaux, l'éducation de Benda. Il s'appelait Lœbel, et Benda n'en parle qu'avec admiration, bien qu'il soit mort sur une botte de paille, ou peut-être même dans un fossé.

Avant de s'adonner au violon, M. Franz Benda avait une voix superbe, et faisait du chant sa profession. Le chagrin et l'ennui la lui firent perdre à Dresde. Dans l'air pur de la vagabonde liberté, il acquit un autre talent, son génie prit un nouvel essor ; et c'est de ce conservatoire ambulant qu'est sorti le magnifique virtuose dont Sa Majesté ne dédaigne pas le concours dans sa musique *de chambre.* George Benda, son plus jeune frère, est aussi un original plein de génie, tour à tour épicurien et misanthrope. Son esprit fantasque n'est pas toujours aimable, mais il intéresse toujours. Je crois que celui-là ne parviendra pas à se *ranger* comme ses autres frères, qui tous portent avec résignation maintenant la chaîne dorée du dilettantisme royal. Mais lui, soit parce qu'il est le plus jeune, soit parce que son naturel est indomptable, parle toujours de prendre la fuite. Il s'ennuie de si bon cœur ici, que c'est un plaisir pour moi de m'ennuyer avec lui.

— Et n'espères-tu pas que cet ennui partagé amènera un sentiment plus tendre ? Ce ne serait pas la première fois que l'amour serait né de l'ennui.

— Je ne le crains ni ne l'espère, répondit Consuelo ; car je sens que cela n'arrivera jamais. Je vous l'ai dit, chère Amélie, il se passe en moi quelque chose d'étrange. Depuis qu'Albert n'est plus, je l'aime, je ne pense qu'à lui, je ne puis aimer que lui. Je crois bien, pour le coup, que c'est la première fois que l'amour est né de la mort, et c'est pourtant ce qui m'arrive. Je ne me console pas de n'avoir pas donné du bonheur à un être qui en était digne, et ce regret tenace est devenu une idée fixe, une sorte de passion, une folie peut-être !

— Cela m'en a un peu l'air, dit la princesse. C'est du moins une maladie... Et pourtant c'est un mal que je conçois bien et que j'éprouve aussi ; car j'aime un absent que je ne reverrai peut-être jamais : n'est-ce pas à peu près comme si j'aimais un mort?... Mais, dis-moi, le prince Henri, mon frère, n'est-il pas un aimable cavalier?

— Oui, certainement.

— Très-amateur du beau, une âme d'artiste, un héros à la guerre, une figure qui frappe et plaît sans être belle, un esprit fier et indépendant, l'ennemi du despotisme, l'esclave insoumis et menaçant de mon frère le tyran, enfin le meilleur de la famille à coup sûr. On dit qu'il est fort épris de toi; ne te l'a-t-il pas dit?

— J'ai écouté cela comme une plaisanterie.

— Et tu n'as pas envie de le prendre au sérieux?

— Non, Madame.

— Tu es fort difficile, ma chère; que lui reproches-tu?

— Un grand défaut, ou du moins un obstacle invincible à mon amour pour lui : il est prince.

— Merci du compliment, méchante! Ainsi il n'était pour rien dans ton évanouissement au spectacle ces jours passés? On a dit que le roi, jaloux de la façon dont il te regardait, l'avait envoyé aux arrêts au commencement du spectacle, et que le chagrin t'avait rendue malade.

— J'ignorais absolument que le prince eût été mis aux arrêts, et je suis bien sûre de n'en pas être la cause. Celle de mon accident est bien différente. Imaginez, Madame, qu'au milieu du morceau que je chantais, un peu machinalement, comme cela ne m'arrive que trop souvent ici, mes yeux se portent au hasard vers les loges du premier rang qui avoisinent la scène; et tout à coup, dans celle de M. Golowkin, je vois une figure pâle se dessiner dans le fond et se pencher insensiblement comme pour me regarder. Cette figure, c'était celle d'Albert, Madame. Je le jure devant Dieu, je l'ai vu, je l'ai reconnu; j'ignore si c'était une illusion, mais il est impossible d'en avoir une plus terrible et plus complète.

— Pauvre enfant! tu as des visions, cela est certain.

— Oh! ce n'est pas tout. La semaine dernière, lorsque je vous eus remis la lettre de M. de Trenck, comme je me retirais, je m'égarai dans le palais et rencontrai, à l'entrée du cabinet de curiosités, M. Stoss, avec qui je m'arrêtai à causer. Eh bien, je revis cette même figure d'Albert, et je la revis menaçante comme je l'avois vue indifférente la veille au théâtre, comme je la revois sans cesse dans mes rêves, courroucée ou dédaigneuse.

— Et M. Stoss la vit aussi?

— Il la vit fort bien, et me dit que c'était un certain Trismégiste que Votre Altesse s'amuse à consulter comme nécromancien.

— Ah! juste ciel! s'écria madame de Kleist en pâlissant; j'étais bien sûre que c'était un sorcier véritable! Je n'ai jamais pu regarder cet homme sans frayeur. Quoiqu'il ait de beaux traits et l'air noble, il a quelque chose de diabolique dans la physionomie, et je suis sûre qu'il prend, comme un Protée, tous les aspects qu'il veut pour faire peur aux gens. Avec cela il est grondeur et frondeur comme tous les gens de son espèce. Je me souviens qu'une fois, en me tirant mon horoscope, il me reprocha à brûle-pourpoint d'avoir divorcé avec M. de Kleist, parce que M. de Kleist était ruiné. Il m'en faisait un grand crime. Je voulus m'en défendre, et comme il le prenait un peu haut avec moi, je commençais à me fâcher, lorsqu'il me prédit avec véhémence que je me remarierais, et que mon second mari périrait par ma faute, encore plus misérablement que le premier, mais que j'en serais bien punie par mes remords et par la réprobation publique. En disant cela, sa figure devint si terrible, que je crus voir celle de M. Kleist ressuscité, et que je m'enfuis dans l'appartement de son Altesse royale, en jetant de grands cris.

— Oui, c'était une scène plaisante, dit la princesse qui, par instants, reprenait comme malgré elle, son ton sec et amer : j'en ai ri comme une folle.

— Il n'y avait pas de quoi ! dit naïvement Consuelo. Mais enfin qu'est-ce donc que ce Trismégiste ? et puisque Votre Altesse ne croit pas aux sorciers...

— Je t'ai promis de te dire un jour ce que c'est que la sorcellerie. Ne sois pas si pressée. Quant à présent, sache que le devin Trismégiste est un homme dont je fais grand cas, et qui pourra nous être fort utile à toutes trois... et à bien d'autres !...

— Je voudrais bien le revoir, dit Consuelo ; et quoique je tremble d'y penser, je voudrais m'assurer de sang froid s'il ressemble à M. de Rudolstadt autant que je me le suis imaginé.

— S'il ressemble à M. de Rudolstadt, dis-tu ?... Eh bien, tu me rappelles une circonstance que j'aurais oubliée, et qui va expliquer, peut-être fort platement, tout ce grand mystère... Attends ! laisse-moi y penser un peu... oui, j'y suis. Écoute ma pauvre enfant, et apprends à te méfier de tout ce qui semble surnaturel. C'est Trismégiste que Cagliostro t'a montré ; car Trismégiste a des relations avec Cagliostro, et s'est trouvé ici l'an dernier en même temps que lui. C'est Trismégiste que tu as vu au théâtre dans la loge du comte Golowkin ; car Trismégiste demeure dans sa maison, et ils s'occupent ensemble de chimie ou d'alchimie. Enfin c'est Trismégiste que tu as vu dans le château le lendemain ; car ce jour-là, et peu de temps après t'avoir congédiée, j'ai vu Trismégiste ; et par parenthèse, il m'a donné d'amples détails sur l'évasion de Trenck.

— A l'effet de se vanter d'y avoir contribué, dit madame de Kleist, et de se faire rembourser par Votre Altesse des sommes qu'il n'a certainement pas dépensées pour cela. Votre Altesse en pensera ce qu'elle voudra ; mais, j'oserai le lui dire, cet homme est un chevalier d'industrie.

— Ce qui ne l'empêche pas d'être un grand sorcier, n'est-ce pas, de Kleist ? Comment concilies-tu tant de respect pour sa science et de mépris pour sa personne ?

— Eh ! Madame, cela va ensemble on ne peut mieux. On craint les sorciers, mais on les déteste. C'est absolument comme on fait à l'égard du diable.

— Et cependant on veut voir le diable, et on ne peut pas se passer des sorciers ? Voilà ta logique, ma belle de Kleist !

— Mais, Madame, dit Consuelo qui écoutait avec avidité cette discussion bizarre, d'où savez-vous que cet homme ressemble au comte de Rudolstadt ?

— J'oubliais de te le dire, et c'est un hasard bien simple qui me l'a fait savoir. Ce matin, quand Supperville me racontait ton histoire et celle du comte Albert, tout ce qu'il me disait sur ce personnage étrange me donna la curiosité de savoir s'il était beau, et si sa physionomie répondait à son imagination extraordinaire. Supperville rêva quelques instants, et finit par me répondre : « Tenez, Madame, il me sera facile de vous en donner une juste idée ; car vous avez parmi vos *joujoux* un original qui ressemblerait effroyablement à ce pauvre Rudolstadt s'il était plus décharné, plus hâve, et coiffé autrement. C'est votre sorcier Trismégiste. » Voilà le fin mot de l'affaire, ma charmante veuve ; et ce mot n'est pas plus sorcier que Cagliostro, Trismégiste, Saint-Germain et compagnie.

— Vous m'ôtez une montagne de dessus la poitrine, dit la Porporina, et un voile noir de dessus la tête. Il me semble que je renais à la vie, que je m'éveille d'un pénible sommeil ! Grâces vous soient rendues pour cette explication! Je ne suis donc pas folle, je n'ai donc pas de visions, je n'aurai donc plus peur de moi-même!... Eh bien pourtant, voyez ce que c'est que le cœur humain! ajouta-t-elle après un instant de rêverie; je crois que je regrette ma peur et ma faiblesse. Dans mon extravagance, je m'étais presque persuadé qu'Albert n'était pas mort, et qu'un jour, après m'avoir fait expier par d'effrayantes apparitions le mal que je lui ai causé, il reviendrait à moi sans nuage et sans ressentiment. Maintenant je suis bien sûre qu'Albert dort dans le tombeau de ses ancêtres, qu'il ne se relèvera pas, que la mort ne lâchera pas sa proie, et c'est une déplorable certitude!

— Tu as pu en douter? Eh bien, il y a du bonheur à être folle; quant à moi, je n'espérais pas que Trenck sortirait des cachots de la Silésie, et pourtant cela était possible, et cela est!

— Si je vous disais, belle Amélie, toutes les suppositions auxquelles mon pauvre esprit se livrait, vous verriez que, malgré leur invraisemblance, elles n'étaient pas toutes impossibles. Par exemple, une léthargie..... Albert y était sujet... Mais je ne veux point rappeler ces conjectures insensées; elles me font trop de mal, maintenant que la figure que je prenais pour Albert est celle d'un chevalier d'industrie.

— Trismégiste n'est pas ce que l'on croit... Mais ce qu'il y a de certain, c'est qu'il n'est pas le comte de Rudolstadt; car il y a plusieurs années que je le connais, et qu'il fait, en apparence du moins, le métier de devin. D'ailleurs il n'est pas si semblable au comte de Rudolstadt que tu te le persuades. Supperville, qui est un trop habile médecin pour faire enterrer un homme en léthargie, et qui ne croit pas aux revenants, a constaté des différences que ton trouble ne t'a pas permis de remarquer.

— Oh! je voudrais bien revoir ce Trismégiste! dit Consuelo d'un air préoccupé.

— Tu ne le verras peut-être pas de si tôt, répondit froidement la princesse. Il est parti pour Varsovie le jour même où tu l'as vu dans ce palais. Il ne reste jamais plus de trois jours à Berlin. Mais il reviendra à coup sûr dans un an.

— Et si c'était Albert!... » reprit Consuelo, absorbée dans une rêverie profonde.

La princesse haussa les épaules.

— Décidément, dit-elle, le sort me condamne à n'avoir pour amis que des fous ou des folles. Celle-ci prend mon sorcier pour son mari feu le chanoine de Kleist, celle-là, pour son défunt époux le comte de Rudolstadt : il est heureux pour moi d'avoir une tête forte, car je le prendrais peut-être pour Trenck, et Dieu sait ce qui en arriverait. Trismégiste est un pauvre sorcier de ne point profiter de toutes ces méprises! Voyons, Porporina, ne me regardez pas d'un air effaré et consterné, ma toute belle. Reprenez vos esprits. Comment supposez-vous que si le comte Albert, au lieu d'être mort, s'était réveillé d'une léthargie, une aventure si intéressante n'eût point fait de bruit dans le monde? N'avez-vous conservé aucune relation, d'ailleurs, avec sa famille, et ne vous en aurait-elle pas informée?

— Je n'en ai conservé aucune, répondit Consuelo. La chanoinesse Wenceslawa m'a écrit deux fois en un an pour m'annoncer deux tristes nouvelles : la mort de son frère aîné Christian, père de mon mari, qui a terminé sa longue et douloureuse carrière sans recouvrer la mémoire de son malheur; et la mort du baron Frédéric, frère de Christian et de la chanoinesse, qui s'est tué à la chasse, en roulant de la fatale montagne de Schreckenstein, au fond d'un ravin. J'ai répondu à la chanoinesse comme je le devais. Je n'ai pas osé lui offrir d'aller lui porter mes tristes consolations. Son cœur m'a paru, d'après ses lettres, partagé entre sa bonté et son orgueil. Elle m'appelait sa *chère enfant*, sa *généreuse amie*, mais elle ne paraissait désirer nullement les secours ni les soins de mon affection.

— Ainsi tu supposes qu'Albert, ressuscité, vit tranquille et inconnu au château des Géants, sans t'envoyer de billet de faire part, et sans que personne s'en doute hors de l'enceinte du dit château ?

— Non, Madame, je ne le suppose pas ; car ce serait tout à fait impossible, et je suis folle de vouloir en douter, » répondit Consuelo, en cachant dans ses mains son visage inondé de larmes.

La princesse semblait, à mesure que la nuit s'avançait, reprendre son mauvais caractère ; le ton railleur et léger avec lequel elle parlait de choses si sensibles au cœur de Consuelo faisait un mal affreux à cette dernière.

« Allons, ne te désole pas ainsi, reprit brusquement Amélie. Voilà une belle partie de plaisir que nous faisons là ! Tu nous a raconté des histoires à porter le diable en terre ; de Kleist n'a pas cessé de pâlir et de trembler, je crois qu'elle en mourra de peur ; et moi, qui voulais être heureuse et gaie, je souffre de te voir souffrir, ma pauvre enfant !... »

La princesse prononça ces dernières paroles avec le bon diapason de sa voix, et Consuelo, relevant la tête, vit qu'une larme de sympathie coulait sur sa joue, tandis que le sourire d'ironie contractait encore ses lèvres. Elle baisa la main que lui tendait l'abbesse, et la plaignit intérieurement de ne pouvoir pas être bonne pendant quatre heures de suite.

« Quelque mystérieux que soit ton château des Géants, ajouta la princesse, quelque sauvage que soit l'orgueil de la chanoinesse, et quelque discrets que puissent être ses serviteurs, sois sûre qu'il ne se passe rien là qui soit plus qu'ailleurs à l'abri d'une certaine publicité. On avait beau cacher la bizarrerie du comte Albert, toute la province a bientôt réussi à la connaître, et il y avait longtemps qu'on en avait parlé à la petite cour de Bareith, lorsque Supperville fut appelé pour soigner ton pauvre époux. Il y a maintenant dans cette famille un autre mystère qu'on ne cache pas avec moins de soin sans doute, et qu'on n'a pas préservé davantage de la malice du public. C'est la fuite de la jeune baronne Amélie, qui s'est fait enlever par un bel aventurier peu de temps après la mort de son cousin.

— Et moi, madame, je l'ai ignoré assez longtemps. Je pourrais vous dire même que tout ne se découvre pas dans ce monde; car jusqu'ici on n'a pas pu savoir le nom et l'état de l'homme qui a enlevé la jeune baronne, non plus que le lieu de sa retraite.

— C'est ce que Supperville m'a dit en effet. Allons, cette vieille Bohême est le pays aux aventures mystérieuses : mais ce n'est pas une raison pour que le comte Albert soit...

— Au nom du ciel, Madame, ne parlons plus de cela. Je vous demande pardon de vous avoir fatiguée de cette longue histoire, et quand Votre Altesse m'ordonnera de me retirer...

— Deux heures du matin! s'écria madame de Kleist, que le son lugubre de l'horloge du château fit tressaillir.

— En ce cas, il faut nous séparer, mes chères amies, dit la princesse en se levant; car ma sœur d'Anspach va venir dès sept heures me réveiller pour m'entretenir des fredaines de son cher margrave, qui est revenu de Paris dernièrement, amoureux fou de mademoiselle Clairon. Ma belle Porporina, c'est vous autres reines de théâtre qui êtes reines du monde par le fait, comme nous le sommes par le droit, et votre lot est le meilleur. Il n'est point de tête couronnée que vous ne puissiez nous enlever quand il vous en prend fantaisie, et je ne serais pas étonnée de voir un jour mademoiselle Hippolyte Clairon, qui est une fille d'esprit, devenir margrave d'Anspach, en concurrence avec ma sœur, qui est une bête. Allons, donne-moi une pelisse, de Kleist, je veux vous reconduire jusqu'au bout de la galerie.

— Et Votre Altesse reviendra seule? dit madame de Kleist, qui paraissait fort troublée.

— Toute seule, répondit Amélie, et sans aucune crainte du diable et des farfadets qui tiennent pourtant cour plénière dans le château depuis quelques nuits, à ce qu'on assure. Viens, viens, Consuelo! nous allons voir la belle peur de madame de Kleist en traversant la galerie. »

La princesse prit un flambeau et marcha la première, entraînant madame de Kleist, qui était en effet très-peu rassurée. Consuelo les suivit, un peu effrayée aussi, sans savoir pourquoi.

« Je vous assure, Madame, disait madame de Kleist, que c'est l'heure sinistre, et qu'il y a de la témérité à traverser cette partie du château dans ce moment-ci. Que vous coûterait-il de nous laisser attendre une demi-heure de plus? A deux heures et demie, il n'y a plus rien.

— Non pas, non pas, reprit Amélie, je ne serais pas fâchée de la rencontrer et de voir comment elle est faite.

— De quoi donc s'agit-il? demanda Consuelo en doublant le pas pour s'adresser à madame de Kleist.

— Ne le sais-tu pas? dit la princesse. La femme blanche qui balaie les escaliers et les corridors du palais, lorsqu'un membre de la famille royale est près de mourir, est revenue nous visiter depuis quelques nuits. Il paraît que c'est par ici qu'elle prend ses ébats. Donc ce sont mes jours qui sont menacés. Voilà pourquoi tu me vois si tranquille. Ma belle-sœur, la reine de Prusse (la plus pauvre tête qui ait jamais porté couronne!), n'en dort pas, à ce qu'on assure, et va coucher tous les soirs à Charlottenbourg; mais, comme elle respecte infiniment la balayeuse, ainsi que la reine ma mère, qui n'a pas plus de raison qu'elle à cet endroit-là, ces dames ont eu soin de défendre qu'on épiât le fantôme et qu'on le dérangeât en rien de ses nobles occupations. Aussi le château est-il balayé d'importance, et de la propre main de Lucifer, ce qui ne l'empêche pas d'être fort malpropre, comme tu vois. »

En ce moment un gros chat, accouru du fond ténébreux de la galerie, passa en ronflant et en jurant auprès de madame de Kleist, qui fit un cri perçant et voulut courir vers l'appartement de la princesse; mais celle-ci la retint de force en remplissant l'espace sonore de ses éclats de rire âpres et rauques, plus lugubres encore que la bise qui sifflait dans les profondeurs de ce vaste local. Le froid faisait grelotter Consuelo, et peut-être aussi la peur; car la figure décomposée de madame de Kleist semblait attester un danger réel, et la gaieté fanfaronne et forcée de la princesse n'annonçait pas une sécurité bien sincère.

« J'admire l'incrédulité de Votre Altesse royale, dit madame de Kleist d'une voix entrecoupée et avec un peu de dépit; si elle avait vu et entendu comme moi cette femme blanche, la veille de la mort du roi son auguste père...

— Hélas! répondit Amélie d'un ton satanique, comme je suis bien sûre qu'elle ne vient pas annoncer maintenant celle du roi mon auguste frère, je suis fort aise qu'elle vienne pour moi. La diablesse sait bien que pour être heureuse, il me faut l'une ou l'autre de ces deux morts.

— Ah ! Madame, ne parlez pas ainsi dans un pareil moment ! dit madame de Kleist, dont les dents se serraient tellement, qu'elle prononçait avec peine. Tenez, au nom du ciel, arrêtez-vous et écoutez : cela ne fait-il pas frémir ? »

La princesse s'arrêta d'un air moqueur, et le bruit de sa robe de soie, épaisse et cassante comme du carton, cessant de couvrir les bruits plus éloignés, nos trois héroïnes, parvenues presque à la grande cage d'escalier qui s'ouvrait au fond de la galerie, entendirent distinctement le bruit sec d'un balai qui frappait inégalement les degrés de pierre, et qui semblait se rapprocher en montant de marche en marche, comme eût fait un valet pressé de terminer son ouvrage.

La princesse hésita un instant, puis elle dit d'un air résolu :

« Comme il n'y a rien *là* de surnaturel, je veux savoir si c'est un laquais somnambule ou un page espiègle. Baisse ton voile, Porporina, il ne faut pas qu'on te voie dans ma compagnie. Quant à toi, de Kleist, tu peux te trouver mal si cela t'amuse. Je t'avertis que je ne m'occupe pas de toi. Allons, brave Rudolstadt, toi qui as affronté de pires aventures, suis-moi si tu m'aimes. »

Amélie marcha d'un pas assuré vers l'entrée de l'escalier; Consuelo la suivit sans qu'elle lui permît de tenir le flambeau à sa place; et madame de Kleist, aussi effrayée de rester seule que d'avancer, se traîna derrière elles en se cramponnant au mantelet de la Porporina.

Le balai infernal ne se faisait plus entendre, et la princesse arriva jusqu'à la rampe au-dessus de laquelle elle avança son flambeau pour mieux voir à distance.

Mais, soit qu'elle fût moins calme qu'elle ne voulait le paraître, soit qu'elle eût aperçu quelque objet terrible, la main lui manqua, et le flambeau de vermeil, avec la bougie et sa collerette de cristal découpée, allèrent tomber avec fracas au fond de la spirale retentissante. Alors madame de Kleist, perdant la tête et ne se souciant pas plus de la princesse que de la comédienne, se mit à courir jusqu'à ce qu'elle eût rencontré dans l'obscurité la porte des appartements de sa maîtresse, où elle chercha un refuge, tandis que celle-ci, partagée entre une émotion insurmontable et la honte de s'avouer vaincue, reprenait avec Consuelo le même chemin, d'abord lentement, et puis peu à peu en doublant le pas; car d'autres pas se faisaient entendre derrière les siens, et ce n'étaient pas ceux de la Porporina, qui marchait sur la même ligne qu'elle, plus résolûment peut-être, quoiqu'elle ne fît aucune bravade. Ces pas étranges, qui de seconde en seconde, se rapprochaient de leurs talons, résonnaient dans les ténèbres comme ceux d'une vieille femme chaussée de mules, et claquaient sur les dalles, tandis que le balai faisait toujours son office et se heurtait lourdement à la muraille, tantôt à droite, tantôt à gauche. Ce court trajet parut bien long à Consuelo. Si quelque chose peut vaincre le courage des esprits vraiment fermes et sains, c'est un danger qui ne peut être ni prévu ni compris. Elle ne se piqua point d'une audace inutile, et ne détourna pas la tête une seule fois. La princesse prétendit ensuite l'avoir fait inutilement dans les ténèbres; personne ne pouvait démentir ni constater le fait. Consuelo se souvint seulement qu'elle n'avait pas ralenti sa marche, qu'elle ne lui avait pas adressé un mot durant cette retraite forcée, et qu'en rentrant un peu précipitamment dans son appartement, elle avait failli lui pousser la porte sur le visage, tant elle avait hâte de la refermer. Cependant Amélie ne convint pas de sa faiblesse, et reprit assez vite son sang-froid pour railler madame de Kleist, qui était presque en convulsions, et pour lui faire, sur sa lâcheté et son manque d'égards, des reproches très-amers. La bonté compatissante de Consuelo, qui souffrait de l'état violent de la favorite, ramena quelque pitié dans le cœur de la princesse. Elle daigna s'apercevoir que madame de Kleist était incapable de l'entendre, et qu'elle était pâmée sur un sofa, la figure enfoncée dans les coussins. L'horloge sonna trois heures avant que cette pauvre personne eût parfaitement repris ses esprits; sa terreur se manifestait encore par des larmes. Amélie était lasse de n'être plus princesse, et ne se souciait plus de se déshabiller seule et de se servir elle-même, outre qu'elle avait peut-être l'esprit frappé de quelque pressentiment sinistre. Elle résolut donc de garder madame de Kleist jusqu'au jour.

« Jusque-là, dit-elle, nous trouverons bien quelque prétexte pour colorer l'affaire, si mon frère en entend parler. Quant à toi, Porporina, ta présence ici serait bien plus difficile à expliquer, et je ne voudrais pour rien au monde qu'on te vît sortir de chez moi. Il faut donc que tu te retires seule, et dès à présent, car on est fort matinal dans cette chienne d'hôtellerie. Voyons, de Kleist, calme-toi, je te garde, et si tu peux dire un mot de bon sens, explique-nous par où tu es entrée et dans quel coin tu as laissé ton chasseur, afin que la Porporina s'en serve pour retourner chez elle. »

La peur rend si profondément égoïste, que madame de Kleist, enchantée de ne plus avoir à affronter les terreurs de la galerie, et se souciant fort peu de l'angoisse que Consuelo pourrait éprouver en faisant seule ce trajet, retrouva toute sa lucidité pour lui expliquer le chemin qu'elle avait à prendre et le signal qu'elle aurait

8.

à donner pour rejoindre son serviteur affidé à la sortie du palais, dans un endroit bien abrité et bien désert, où elle lui avait commandé d'aller l'attendre.

Munie de ces instructions, et bien certaine cette fois de ne pas s'égarer dans le palais, Consuelo prit congé de la princesse, qui ne s'amusa nullement à la reconduire le long de la galerie. La jeune fille partit donc seule, à tâtons, et gagna le redoutable escalier sans encombre. Une lanterne suspendue, qui brûlait en bas, l'aida à descendre, ce qu'elle fit sans mauvaise rencontre, et même sans frayeur. Cette fois elle s'était armée de volonté; elle sentait qu'elle remplissait un devoir envers la malheureuse Amélie, et, dans ces cas-là, elle était toujours courageuse et forte. Enfin, elle parvint à sortir du palais par la petite porte mystérieuse dont madame de Kleist lui avait remis la clef, et qui donnait sur un coin d'arrière-cour. Lorsqu'elle fut tout à fait dehors, elle longea le mur extérieur pour chercher le chasseur. Dès qu'elle eut articulé le signal convenu, une ombre, se détachant du mur, vint droit à sa rencontre, et un homme enveloppé d'un large manteau s'inclina devant elle, et lui présenta le bras en silence dans une attitude respectueuse.

XI

Consuelo se souvint que madame de Kleist, pour mieux dissimuler ses fréquentes visites secrètes à la princesse Amélie, venait souvent à pied le soir au château, la tête enveloppée d'une épaisse coiffe noire, la taille d'une mante de couleur sombre, et le bras appuyé sur celui de son domestique. De cette façon, elle n'était point remarquée des gens du château, et pouvait passer pour une de ces personnes dans la détresse qui se cachent de mendier, et qui reçoivent ainsi quelques secours de la libéralité des princes. Mais malgré toutes les précautions de la confidente et de sa maîtresse, leur secret était un peu celui de la comédie ; et si le roi n'en prenait pas d'ombrage, c'est qu'il est de petits scandales qu'il vaut mieux tolérer qu'ébruiter en les combattant. Il savait bien que ces deux dames s'occupaient ensemble de Trenck plus que de magie ; et bien qu'il condamnât presque également ces deux sujets d'entretien, il fermait les yeux et savait gré intérieurement à sa sœur d'y porter une affectation de mystère qui mettait sa responsabilité à couvert aux yeux de certaines gens. Il voulait bien feindre d'être trompé ; il ne voulait pas avoir l'air d'approuver l'amour et les folies de sa sœur. C'était donc sur le malheureux Trenck que sa sévérité s'était appesantie, et encore avait-il fallu l'accuser de crimes imaginaires pour que le public ne pressentît pas les véritables motifs de sa disgrâce.

La Porporina, pensant que le serviteur de madame de Kleist devait aider à son incognito, en lui donnant le bras de même qu'à sa maîtresse, n'hésita point à accepter ses services, et à s'appuyer sur lui pour marcher sur le pavé enduit de glace. Mais elle n'eut pas fait trois pas ainsi, que cet homme lui dit d'un ton dégagé :

« Eh bien, ma belle comtesse, dans quelle humeur avez-vous laissé votre fantasque Amélie ? »

Malgré le froid et la bise, Consuelo sentit le sang lui monter aux joues. Selon toute apparence, ce valet la prenait pour sa maîtresse, et trahissait ainsi une intimité révoltante avec elle. La Porporina, saisie de dégoût, retira son bras de celui de cet homme, en lui disant sèchement :

« Vous vous trompez.

—Je n'ai pas l'habitude de me tromper, reprit

l'homme au manteau avec la même aisance. Le public peut ignorer que la divine Porporina est comtesse de Rudolstadt; mais le comte de Saint-Germain est mieux instruit.

— Qui êtes-vous donc, dit Consuelo bouleversée de surprise; n'appartenez-vous pas à la maison de madame la comtesse de Kleist?

— Je n'appartiens qu'à moi-même, et ne suis serviteur que de la vérité, reprit l'inconnu. Je viens de dire mon nom; mais je vois qu'il est ignoré de madame de Rudolstadt.

— Seriez-vous donc le comte de Saint-Germain en personne?

— Et quel autre pourrait vous donner un nom que le public ignore? Tenez, madame la comtesse, voici deux fois que vous avez failli tomber en deux pas que vous avez faits sans mon aide. Daignez reprendre mon bras. Je sais fort bien le chemin de votre demeure, et je me fais un devoir et un honneur de vous y reconduire saine et sauve.

— Je vous remercie de votre bonté, monsieur le comte, répondit Consuelo, dont la curiosité était trop excitée pour refuser l'offre de cet homme intéressant et bizarre : aurez-vous celle de me dire pourquoi vous m'appelez ainsi?

— Parce que je désire obtenir votre confiance d'emblée en vous montrant que j'en suis digne. Il y a longtemps que je sais votre mariage avec Albert, et je vous ai gardé à tous deux un secret inviolable, comme je le garderai tant que ce sera votre volonté.

— Je vois que ma volonté à cet égard est fort peu respectée par M. Supperville, dit Consuelo qui se pressait d'attribuer à ce dernier les notions de M. de Saint-Germain sur sa position.

—N'accusez pas ce pauvre Supperville, reprit le comte. Il n'a rien dit, si ce n'est à la princesse Amélie, pour lui faire sa cour. Ce n'est pas de lui que je tiens le fait.

— Et de qui donc, en ce cas, Monsieur?

— Je le tiens du comte Albert de Rudolstadt lui-même. Je sais bien que vous allez me dire qu'il est mort pendant qu'on achevait la cérémonie religieuse de votre hyménée; mais je vous répondrai qu'il n'y a pas de mort, que personne, que rien ne meurt, et que l'on peut s'entretenir encore avec ce que le vulgaire appelle les trépassés, quand on connaît leur langage et les secrets de leur vie.

— Puisque vous savez tant de choses, Monsieur, vous n'ignorez peut-être pas que de semblables assertions ne me peuvent aisément convaincre, et qu'elles me font beaucoup de mal, en me présentant sans cesse l'idée d'un malheur que je sais être sans remède, en dépit des promesses menteuses de la magie.

— Vous avez raison d'être en garde contre les magiciens et les imposteurs. Je sais que Cagliostro vous a effrayée d'une apparition au moins intempestive. Il a cédé à la gloriole de vous montrer son pouvoir, sans s'inquiéter de la disposition de votre âme et de la sublimité de sa mission. Cagliostro n'est cependant pas un imposteur, tant s'en faut! Mais c'est un vaniteux, et c'est par là qu'il a mérité souvent le reproche de charlatanisme.

— Monsieur le comte, on vous fait le même reproche; et comme cependant on ajoute que vous êtes un homme supérieur, je me sens le courage de vous dire franchement les préventions qui combattent mon estime pour vous.

— C'est parler avec la noblesse qui convient à Consuelo, répondit M. de Saint-Germain avec calme, et je vous sais gré de faire cet appel à ma loyauté. J'en serai digne, et je vous parlerai sans mystère. Mais nous voici à votre porte, et le froid, ainsi que l'heure avancée, me défendent de vous retenir ici plus longtemps. Si vous voulez apprendre des choses de la dernière importance, et d'où votre avenir dépend, permettez-moi de vous entretenir en liberté.

— Si Votre Seigneurie veut venir me voir dans la journée, je l'attendrai chez moi à l'heure qu'elle m'indiquera.

— Il faut que je vous parle demain; et demain vous recevrez la visite de Frédéric, que je ne veux pas rencontrer, parce que je ne fais aucun cas de lui.

— De quel Frédéric voulez-vous parler, monsieur le comte?

— Oh! ce n'est pas de notre ami Frédéric de Trenck que nous avons réussi à tirer de ses mains. C'est de ce méchant petit roi de Prusse qui vous fait la cour. Tenez, il y aura demain grande redoute à l'Opéra: soyez-y. Quelque déguisement que vous preniez, je vous reconnaîtrai et me ferai reconnaître de vous. Dans cette cohue, nous trouverons l'isolement et la sécurité. Autrement, mes relations avec vous amasseraient de grands malheurs sur des têtes sacrées. A demain donc, madame la comtesse! »

En parlant ainsi, le comte de Saint-Germain salua profondément Consuelo et disparut, la laissant pétrifiée de surprise au seuil de sa demeure.

« Il y a décidément, dans ce royaume de la raison, une conspiration permanente contre la raison, se disait la cantatrice en s'endormant. A peine ai-je échappé à un des périls qui menacent la mienne, qu'un autre se présente. La princesse Amélie m'avait donné l'explication des dernières énigmes, et je me croyais bien tranquille ; mais, au même instant, nous rencontrons, ou du moins nous entendons la balayeuse fantastique, qui se promène dans ce château du doute, dans cette forteresse de l'incrédulité, aussi tranquillement qu'elle l'eût fait il y a deux cents ans. Je me débarrasse de la frayeur que me causait Cagliostro, et voici un autre magicien qui paraît encore mieux instruit de mes affaires. Que ces devins tiennent registre de tout ce qui concerne la vie des rois et des personnages puissants ou illustres, je le conçois ; mais que moi, pauvre fille humble et discrète, je ne puisse dérober aucun fait de ma vie à leurs investigations, voilà qui me confond et m'inquiète malgré moi. Allons, suivons le conseil de la princesse. Comptons que l'avenir expliquera encore ce prodige, et, en attendant, abstenons-nous de juger. Ce qu'il y aurait de plus extraordinaire peut-être dans celui-ci, c'est que la visite du roi, prédite par M. de Saint-Germain, eût lieu effectivement demain. Ce sera la troisième fois seulement que le roi sera venu chez moi. Ce M. de Saint-Germain serait-il son confident? On dit qu'il faut se méfier surtout de ceux qui parlent mal du maître. Je tâcherai de ne pas l'oublier. »

Le lendemain, à une heure précise, une voiture sans livrée et sans armoiries entra dans la cour de la maison qu'habitait la cantatrice, et le roi, qui l'avait fait prévenir, deux heures auparavant, d'être seule et de l'attendre, pénétra dans ses appartements le chapeau sur l'oreille gauche, le sourire sur les lèvres, et un petit panier à la main.

« Le capitaine Kreutz vous apporte des fruits de son jardin, dit-il. Des gens malintentionnés prétendent que cela vient des jardins de Sans-Souci, et que c'était destiné au dessert du roi. Mais le roi ne pense point à nous, Dieu merci, et le petit baron vient passer une heure ou deux avec sa petite amie. »

Cet agréable début, au lieu de mettre Consuelo à son aise, la troubla étrangement. Depuis qu'elle conspirait contre sa volonté en recevant les confidences de la princesse Amélie, elle ne pouvait plus braver avec une impassible franchise le royal inquisiteur. Il eût fallu désormais le ménager, le flatter peut-être, détourner ses soupçons par d'adroites agaceries. Consuelo sentait que ce rôle ne lui convenait pas, qu'elle le jouerait mal, surtout s'il était vrai que Frédéric eût *du goût* pour elle, comme on disait à la cour, où l'on eût cru rabaisser la majesté royale en se servant du mot d'amour à propos d'une comédienne. Inquiète et troublée, Consuelo remercia gauchement le roi de l'excès de ses bontés, et tout aussitôt la physionomie du roi changea, et devint aussi morose qu'elle s'était annoncée radieuse.

« Qu'est-ce, dit-il brusquement en fronçant le sourcil. Avez-vous de l'humeur? êtes-vous malade? pourquoi m'appelez-vous *sire?* Ma visite vous dérange de quelque amourette?

— Non, Sire, répondit la jeune fille en reprenant la sérénité de la franchise. Je n'ai ni amourette ni amour.

— A la bonne heure! Quand cela serait, après tout, que m'importe? mais j'exigerais que vous m'en fissiez l'aveu.

— L'aveu? M. le capitaine veut dire la confidence, sans doute?

— Expliquez la distinction.

— Monsieur le capitaine la comprend de reste.

— Comme vous voudrez; mais distinguer n'est pas répondre. Si vous étiez amoureuse, je voudrais le savoir.

— Je ne comprends pas pourquoi.

— Vous ne le comprenez pas du tout? regardez-moi donc en face. Vous avez le regard bien vague aujourd'hui!

— Monsieur le capitaine, il me semble que vous voulez singer le roi. On dit, que quand il interroge un accusé, il lui lit dans le blanc des yeux. Croyez-moi, ces façons-là ne vont qu'à lui; et encore, s'il venait chez moi pour me les faire subir, je le prierais de retourner à ses affaires.

— C'est cela; vous lui diriez : « Va te promener, Sire. »

— Pourquoi non? La place du roi est sur son cheval ou sur son trône, et s'il avait le caprice de venir chez moi, je serais en droit de ne pas le souffrir maussade.

— Vous auriez raison; mais dans tout cela vous ne me répondez pas. Vous ne voulez pas me prendre pour le confident de vos prochaines amours?

— Il n'y a point de prochaines amours pour moi, je vous l'ai dit souvent, baron.

— Oui, en riant, parce que je vous interrogeais de même; mais si je parle sérieusement à cette heure?

— Je réponds de même.

— Savez-vous que vous êtes une singulière personne?

— Pourquoi cela?

— Parce que vous êtes la seule femme de théâtre qui ne soit pas occupée de belles passions ou de galanterie.

— Vous avez une mauvaise idée des femmes de théâtre, monsieur le capitaine.

— Non! j'en ai connu de sages; mais elles visaient à de riches mariages, et vous, on ne sait à quoi vous songez.

— Je songe à chanter ce soir.

— Ainsi vous vivez au jour le jour?

— Désormais, je ne vis pas autrement.

— Il n'en a donc pas été toujours ainsi?

— Non, Monsieur.

— Vous avez aimé?

— Oui, Monsieur.

— Sérieusement.

—Oui, Monsieur.
— Et longtemps?
—Oui, Monsieur.
—Et qu'est devenu votre amant?
— Mort !
— Mais vous en êtes consolée?
— Non.
—Oh! vous vous en consolerez bien?
— Je crains que non.
—Cela est étrange. Ainsi, vous ne voulez pas vous marier.
— Jamais.
— Et vous n'aurez pas d'amour?
— Jamais.
—Pas même un ami?
—Pas même un ami comme l'entendent les belles dames.
—Baste, si vous alliez à Paris, et que le roi Louis XV, ce galant chevalier...
— Je n'aime pas les rois, monsieur le capitaine, et je déteste les rois galants.
—Ah! je comprends; vous aimez mieux les pages. Un joli cavalier, comme Trenck, par exemple!
—Je n'ai jamais songé à sa figure.
—Et cependant vous avez conservé des relations avec lui!
—Si cela était, elles seraient de pure et honnête amitié.
— Vous convenez donc que ces relations subsistent?
— Je n'ai pas dit cela, répondit Consuelo, qui craignit de compromettre la princesse par ce seul indice.
—Alors vous le niez.
—Je n'aurais pas de raisons pour le nier, si cela était; mais d'où vient que le capitaine Kreutz m'interroge de la sorte? Quel intérêt peut-il prendre à tout cela?

— Le roi en prend apparemment, repartit Frédéric en ôtant son chapeau et en le posant brutalement sur la tête d'une Polymnie en marbre blanc dont le buste antique ornait la console.

— Si le roi me faisait l'honneur de venir chez moi, dit Consuelo en surmontant la terreur qui s'emparait d'elle, je penserais qu'il désire entendre de la musique, et je me mettrais à mon clavecin pour lui chanter l'air d'*Ariane abandonnée*...

— Le roi n'aime pas les prévenances. Quand il interroge, il veut qu'on lui réponde clair et net. Qu'est-ce que vous avez été faire cette nuit dans le palais du roi? Vous voyez bien que le roi a le droit de venir faire le maître chez vous, puisque vous allez chez lui à des heures indues sans sa permission? »

Consuelo trembla de la tête aux pieds; mais elle avait heureusement dans toutes sortes de dangers une présence d'esprit qui l'avait toujours sauvée comme par miracle. Elle se rappela que Frédéric plaidait souvent le faux pour savoir le vrai, et qu'il passait pour arracher les aveux par la surprise plus que par tout autre moyen. Elle se tint sur ses gardes, et, souriant à travers sa pâleur, elle répondit :

« Voilà une singulière accusation, et je ne sais ce qu'on peut répondre à des demandes fantastiques.

— Vous n'êtes plus laconique comme tout à l'heure, reprit le roi; comme on voit bien que vous mentez! Vous n'avez pas été cette nuit au palais? répondez *oui* ou *non*?

— Eh bien, non! dit Consuelo avec courage, préférant la honte d'être convaincue de mensonge, à la lâcheté de livrer le secret d'autrui pour se disculper.

— Vous n'en êtes pas sortie à trois heures du matin, toute seule?

— Non, répondit Consuelo, qui retrouvait ses forces en voyant une imperceptible irrésolution dans la physionomie du roi, et qui jouait déjà la surprise avec supériorité.

— Vous avez osé dire trois fois non ! s'écria le roi d'un air courroucé et avec des regards foudroyants.

— J'oserai le dire une quatrième fois, si Votre Majesté l'exige, répondit Consuelo, résolue de faire face à l'orage jusqu'au bout.

— Oh ! je sais bien qu'une femme soutiendrait le mensonge dans les tortures, comme les premiers chrétiens y soutenaient ce qu'ils croyaient être la vérité. Qui pourra se flatter d'arracher une réponse sincère à un être féminin ? Écoutez, Mademoiselle, j'ai eu jusqu'ici de l'estime pour vous, parce que je pensais que vous faisiez seule exception aux vices de votre sexe. Je ne vous croyais ni intrigante, ni perfide, ni effrontée. J'avais dans votre caractère une confiance qui allait jusqu'à l'amitié...

— Et maintenant, Sire...

— Ne m'interrompez pas. Maintenant, j'ai mon opinion, et vous en sentirez les effets. Mais écoutez-moi bien. Si vous aviez le malheur de vous immiscer dans de petites intrigues de palais, d'accepter certaines confidences déplacées, de rendre certains services dangereux, vous vous flatteriez vainement de me tromper longtemps, et je vous chasserais d'ici aussi honteusement que je vous y ai reçue avec distinction et bonté.

— Sire, répondit Consuelo avec audace, comme le plus cher et le plus constant de mes vœux est de quitter la Prusse, quels que soient le prétexte de mon renvoi et la dureté de votre langage, je reçois avec reconnaissance l'ordre de mon départ.

— Ah ! vous le prenez ainsi, s'écria Frédéric transporté de colère, et vous osez me parler de la sorte! »

En même temps il leva sa canne comme s'il eût voulu frapper Consuelo; mais l'air de mépris tranquille avec lequel elle attendit cet outrage le fit rentrer en lui-même, et il jeta sa canne loin de lui, en disant d'une voix émue :

« Tenez, oubliez les droits que vous avez à la reconnaissance du capitaine Kreutz, et parlez au roi avec le respect convenable; car si vous me poussez à bout, je suis capable de vous corriger comme un enfant mutin.

— Sire, je sais qu'on bat les enfants dans votre auguste famille, et j'ai ouï dire que Votre Majesté, pour se soustraire à de tels traitements, avait autrefois essayé de prendre la fuite. Ce moyen sera plus facile à une zingara comme moi qu'il ne l'a été au prince royal Frédéric. Si Votre Majesté ne me fait pas sortir de ses États dans les vingt-quatre heures, j'aviserai moi-même à la rassurer sur mes intrigues, en quittant la Prusse sans passe-port, fallût-il fuir à pied et en sautant les fossés, comme font les déserteurs et les contrebandiers.

— Vous êtes une folle! dit le roi en haussant les épaules et en marchant à travers la chambre pour cacher son dépit et son repentir. Vous partirez, je ne demande pas mieux, mais sans scandale et sans précipitation. Je ne veux pas que vous me quittiez ainsi, mécontente de moi et de vous-même. Où diable avez-vous pris l'insolence dont vous êtes douée? et quel diable me pousse à la débonnaireté dont j'use avec vous?

— Vous la prenez sans doute dans un scrupule de générosité dont Votre Majesté peut se dispenser. Elle croit m'être redevable d'un service que j'aurais rendu au dernier de ses sujets avec le même zèle. Qu'elle se regarde donc comme quitte envers moi, mille fois, et qu'elle me laisse partir au plus vite : ma liberté sera une récompense suffisante, et je n'en demande pas d'autre.

— Encore? dit le roi confondu de l'obstination hardie de cette jeune fille. Toujours le même langage? Vous n'en changerez pas avec moi? Ah! ce n'est pas du courage, cela! c'est de la haine!

— Et si cela était, reprit Consuelo, est-ce que Votre Majesté s'en soucierait le moins du monde?

— Juste ciel! que dites-vous là, pauvre petite fille! dit le roi avec un accent de douleur naïve. Vous ne comprenez pas ce que vous dites, malheureuse enfant! il n'y a qu'une âme perverse qui puisse être insensible à la haine de son semblable.

— Frédéric le Grand regarde-t-il la Porporina comme un être de la même nature que lui?

— Il n'y a que l'intelligence et la vertu qui élèvent certains hommes au-dessus des autres. Vous avez du génie dans votre art. Votre conscience doit vous dire si vous avez de la loyauté... Mais elle vous dit le contraire dans ce moment-ci, car vous avez l'âme remplie de fiel et de ressentiment.

— Et si cela était, la conscience du grand Frédéric n'aurait-elle rien à se reprocher pour avoir allumé ces mauvaises passions dans une âme habituellement paisible et généreuse?

— Allons! vous êtes en colère? » dit Frédéric en faisant un mouvement pour prendre la main de la jeune fille; mais il s'arrêta, retenu par cette gaucherie qu'un fond de mépris et d'aversion pour les femmes lui avait fait contracter.

Consuelo, qui avait exagéré son dépit pour refouler dans le cœur du roi un sentiment de tendresse prêt à faire explosion au milieu de la colère, remarqua combien il était timide, et perdit toutes ses craintes en voyant qu'il attendait ses avances. C'était une singulière destinée, que la seule femme capable d'exercer sur Frédéric une sorte de prestige ressemblant à l'amour, fût peut-être la seule dans tout son royaume qui n'eût voulu à aucun prix encourager cette disposition. Il est vrai que la répugnance et la fierté de Consuelo étaient peut-être son principal attrait aux yeux du roi. Cette âme rebelle tentait le despote comme la conquête d'une province; et sans qu'il s'en rendît compte, sans qu'il voulût mettre sa gloire à ce genre d'exploits frivoles, il sentait une admiration et une sympathie d'instinct pour un caractère fortement trempé qui lui semblait avoir, à quelques égards, une sorte de parenté avec le sien.

« Voyons, dit-il en fourrant brusquement dans la poche de son gilet la main qu'il avait avancée vers Consuelo, ne me dites plus que je ne me soucie pas d'être haï; car vous me feriez croire que je le suis et cette pensée me serait odieuse !

— Et cependant vous voulez qu'on vous craigne.

— Non, je veux qu'on me respecte.

— Et c'est à coups de canne que vos caporaux inspirent à vos soldats le respect de votre nom.

— Qu'en savez-vous ? De quoi parlez-vous là ? De quoi vous mêlez-vous ?

— Je réponds *clair* et *net* à l'interrogatoire de Votre Majesté.

— Vous voulez que je vous demande pardon d'un moment d'emportement provoqué par votre folie ?

— Au contraire ; si vous pouviez briser sur ma tête la canne-sceptre qui gouverne la Prusse, je prierais Votre Majesté de ramasser ce jonc.

— Bah ! quand je vous aurais un peu caressé les épaules avec, comme c'est une canne que Voltaire m'a

donnée, vous n'en auriez peut-être que plus d'esprit et
de malice. Tenez, j'y tiens beaucoup, à cette canne-là;
mais il vous faut une réparation, je le vois bien. »

En parlant ainsi, le roi ramassa sa canne, et se mit
en devoir de la briser. Mais il eut beau s'aider du genou,
le jonc plia et ne voulut point rompre.

« Voyez, dit le roi en la jetant dans le feu, ma canne
n'est pas, comme vous le prétendez, l'image de mon
sceptre. C'est celle de la Prusse fidèle, qui plie sous ma
volonté, et qui ne sera point brisée par elle. Faites de
même, Porporina, et vous vous en trouverez bien.

— Et quelle est donc la volonté de Votre Majesté à
mon égard? Voilà un beau sujet pour exercer l'autorité
et pour troubler la sérénité d'un grand caractère !

— Ma volonté est que vous renonciez à quitter Berlin,
la trouvez-vous offensante? »

Le regard vif et presque passionné de Frédéric expliquait assez cette espèce de réparation. Consuelo sentit
renaître ses terreurs, et, feignant de ne pas comprendre :

« Pour cela, répondit-elle, je ne m'y résignerai jamais.
Je vois trop qu'il faudrait payer cher l'honneur d'amuser
quelquefois Votre Majesté par mes roulades. Le soupçon
pèse ici sur tout le monde. Les êtres les plus infimes et
les plus obscurs ne sont point à l'abri d'une accusation,
et je ne saurais vivre ainsi.

— Vous êtes mécontente de votre traitement, reprit le
roi. Allons! il sera augmenté.

— Non, Sire. Je suis satisfaite de mon traitement, je
ne suis pas cupide. Votre Majesté le sait.

— C'est vrai. Vous n'aimez pas l'argent, c'est une
justice à vous rendre. On ne sait ce que vous aimez,
d'ailleurs!

— La liberté, Sire.

— Et qui gêne votre liberté? Vous me cherchez querelle, et vous n'avez aucun motif à faire valoir. Vous voulez partir, voilà ce qu'il y a de clair.

— Oui, Sire.
— Oui? c'est bien décidé?
— Oui, Sire.
— En ce cas, allez au diable! »

Le roi prit son chapeau, sa canne qui, en roulant sur les chenets, n'avait pas brûlé, et, tournant le dos, s'avança vers la porte. Mais, au moment de l'ouvrir, il se retourna vers Consuelo, et lui montra un visage si ingénument triste, si paternellement affligé, si différent, en un mot, de son terrible front royal, ou de son amer sourire de philosophe sceptique, que la pauvre enfant se sentit émue et repentante. L'habitude qu'elle avait prise avec le Porpora de ces orages domestiques, lui fit oublier qu'il y avait pour elle dans le cœur de Frédéric quelque chose de personnel et de farouche, qui n'était jamais entré dans l'âme chastement et généreusement ardente de son père adoptif. Elle se détourna pour cacher une larme furtive, qui s'échappait de sa paupière; mais le regard du lynx n'est pas plus rapide que ne le fut celui du roi. Il revint sur ses pas, et, levant de nouveau sa canne sur Consuelo, mais cette fois avec l'air de tendresse dont il eût joué avec l'enfant de ses entrailles :

« Détestable créature! lui dit-il, d'une voix émue et caressante, vous n'avez pas la moindre amitié pour moi!

— Vous vous trompez beaucoup, monsieur le baron, répondit la bonne Consuelo, fascinée par cette demi-comédie, qui réparait si adroitement le véritable accès de colère brutale de Frédéric. J'ai autant d'amitié pour le capitaine Kreutz que j'ai d'éloignement pour le roi de Prusse.

— C'est que vous ne comprenez pas, c'est que vous

ne pouvez pas comprendre le roi de Prusse, reprit Frédéric. Ne parlons donc pas de lui. Un jour viendra, quand vous aurez habité ce pays assez longtemps pour en connaître l'esprit et les besoins, où vous rendrez plus de justice à l'homme qui s'efforce de le gouverner comme il convient. En attendant, soyez un peu plus aimable avec ce pauvre baron, qui s'ennuie si profondément de la cour et des courtisans, et qui venait chercher ici un peu de calme et de bonheur, auprès d'une âme pure et d'un esprit candide. Je n'avais qu'une heure pour en profiter, et vous n'avez fait que me quereller. Je reviendrai une autre fois, à condition que vous me recevrez un peu mieux. J'amènerai *Mopsule* pour vous divertir, et, si vous êtes bien sage, je vous ferai cadeau d'un beau petit lévrier blanc qu'elle nourrit dans ce moment. Il faudra en avoir grand soin! Ah! j'oubliais! Je vous ai apporté des vers de ma façon, des strophes sur la musique; vous pourrez y adapter un air, et ma sœur Amélie s'amusera à le chanter. »

Le roi s'en alla tout doucement, après être revenu plusieurs fois sur ses pas en causant avec une familiarité gracieuse, et en prodiguant à l'objet de sa bienveillance de frivoles cajoleries. Il savait dire des riens quand il le voulait, quoique en général sa parole fût concise, énergique et pleine de sens. Nul homme n'avait plus de ce qu'on appelait *du fond* dans la conversation, et rien n'était plus rare à cette époque que ce ton sérieux et ferme dans les entretiens familiers. Mais avec Consuelo, il eût voulu être bon enfant, et il réussissait assez à s'en donner l'air, pour qu'elle en fût parfois naïvement émerveillée. Quand il fut parti, elle se repentit, comme à l'ordinaire, de ne pas avoir réussi à le dégoûter d'elle et de la fantaisie de ces dangereuses visites. De son côté, le roi s'en alla à demi mécontent de lui-même. Il aimait Consuelo à sa manière, et il eût voulu lui inspirer en réalité l'attachement et l'admiration que ses faux amis les beaux esprits jouaient auprès de lui. Il eût donné peut-être beaucoup, lui qui n'aimait guère à donner, pour connaître une fois dans sa vie le plaisir d'être aimé de bonne foi et sans arrière-pensée. Mais il sentait bien que cela n'était pas facile à concilier avec l'autorité dont il ne voulait pas se départir; et, comme un chat rassasié qui joue avec la souris prête à fuir, il ne savait trop s'il voulait l'apprivoiser ou l'étrangler. « Elle va trop loin, et cela finira mal, se disait-il en remontant dans sa voiture; si elle continue à faire la mauvaise tête, je serai forcé de lui faire commettre quelque faute, et de l'envoyer dans une forteresse pendant quelque temps, afin que le régime émousse ce fier courage. Pourtant j'aimerais mieux l'éblouir et la gouverner par le prestige que j'exerce sur tant d'autres. Il est impossible que je n'en vienne pas à bout avec un peu de patience. C'est un petit travail qui m'irrite et qui m'amuse en même temps. Nous verrons bien! Ce qu'il y a de certain, c'est qu'il ne faut pas qu'elle parte maintenant, pour aller se vanter de m'avoir dit mes vérités impunément. Non, non! elle ne me quittera que soumise ou brisée... » Et puis le roi qui avait bien d'autres choses dans l'esprit, comme on peut croire, ouvrit un livre pour ne pas perdre cinq minutes à d'inutiles rêveries, et descendit de sa voiture sans trop se rappeler dans quelles idées il y était monté.

La Porporina, inquiète et tremblante, se préoccupa un peu plus longtemps des dangers de sa situation. Elle se reprocha beaucoup de n'avoir pas insisté jusqu'au bout sur son départ, et de s'être laissé engager tacitement à y renoncer. Mais elle fut tirée de ses méditations par un envoi d'argent et de lettres que madame de

Kleist lui faisait passer pour M. de Saint-Germain. Tout cela était destiné à Trenck, et Consuelo devait en accepter la responsabilité ; elle devait au besoin accepter aussi le rôle d'amante du fugitif, pour couvrir le secret de la princesse Amélie. Elle se voyait donc embarquée dans une situation désagréable et dangereuse, d'autant plus qu'elle ne se sentait pas très-rassurée sur la loyauté de ces agents mystérieux avec lesquels on la mettait en relation, et qui semblaient vouloir s'immiscer par contre-coup dans ses propres secrets. Elle s'occupa de son déguisement pour le bal de l'Opéra, où elle avait accepté le rendez-vous avec Saint-Germain, tout en se disant avec une terreur résignée qu'elle était sur le bord d'un abîme.

XII.

Aussitôt après l'opéra, la salle fut nivelée, illuminée, décorée suivant l'usage, et le grand bal masqué, appelé à Berlin la *redoute*, fut ouvert à minuit précis. La société y était passablement mêlée, puisque les princes et peut-être même les princesses du sang royal s'y trouvaient confondus avec les acteurs et les actrices de tous les théâtres. La Porporina s'y glissa seule, déguisée en religieuse, costume qui lui permettait de cacher son cou et ses épaules sous le voile, et sa taille sous une robe très-ample. Elle sentait la nécessité de se rendre méconnaissable pour échapper aux commentaires que pourrait faire naître sa rencontre avec M. de Saint-Germain ; et elle n'était pas fâchée d'éprouver la perspicacité de ce dernier, qui s'était vanté à elle de la reconnaître quelque déguisée qu'elle fût. Elle avait donc composé seule, et sans mettre même sa suivante dans la confidence, cet habit simple et facile: et elle était sortie bien enveloppée d'une longue pelisse qu'elle ne déposa qu'en se trouvant au milieu de la foule. Mais elle n'eut pas fait le tour de la salle, qu'elle remarqua une circonstance inquiétante. Un masque de sa taille, et qui paraissait être de son sexe, revêtu d'un costume de nonne exactement semblable au sien, vint se placer devant elle à plusieurs reprises, en lui faisant des plaisanteries sur leur identité.

« Chère sœur, lui disait cette nonne, je voudrais bien savoir laquelle de nous est l'ombre de l'autre ; et comme il me semble que tu es plus légère et plus diaphane que moi, je demande à te toucher la main pour m'assurer si tu es ma sœur jumelle ou mon spectre. »

Consuelo repoussa ces attaques, et s'efforça de gagner sa loge afin d'y changer de costume, ou de faire au sien quelque modification qui empêchât l'équivoque. Elle craignait que le comte de Saint-Germain, au cas où il aurait eu, en dépit de ses précautions, quelque révélation sur son déguisement, n'allât s'adresser à son Sosie et lui parler des secrets qu'il lui avait annoncés la veille. Mais elle n'eut point ce loisir. Déjà un capucin s'était mis à sa poursuite, et bientôt il s'empara, bon gré, mal gré, de son bras.

« Vous ne m'éviterez pas, ma sœur, lui dit-il à voix basse, je suis votre père confesseur, et je vais vous dire vos péchés. Vous êtes la princesse Amélie.

— Tu es un novice, frère, répondit Consuelo en contrefaisant sa voix comme il est d'usage au bal masqué. Tu connais bien mal tes pénitentes.

— Oh! il est très-inutile de contrefaire ta voix, sœur. Je ne sais pas si tu as le costume de ton ordre, mais tu es l'abbesse de Quedlimbourg, et tu peux bien en convenir avec moi qui suis ton frère Henri. »

Consuelo reconnaissait effectivement la voix du prince, qui lui avait parlé souvent, et qui avait une espèce de grasseyement assez remarquable. Pour s'assurer que son Sosie était bien la princesse, elle nia encore, et le prince ajouta :

« J'ai vu ton costume chez le tailleur ; et comme il n'y a pas de secrets pour les princes, j'ai surpris le tien. Allons, ne perdons pas le temps à babiller. Vous ne pouvez avoir la prétention de m'intriguer, ma chère sœur, et ce n'est nullement pour vous tourmenter que je m'attache à vos pas. J'ai des choses sérieuses à vous dire. Venez un peu à l'écart avec moi. »

Consuelo se laissa emmener par le prince, bien résolue à lui montrer ses traits plutôt que d'abuser de sa méprise pour surprendre des secrets de famille. Mais, au premier mot qu'il lui adressa lorsqu'ils eurent gagné une loge, elle devint attentive malgré elle, et crut avoir le droit d'écouter jusqu'au bout.

« Prenez garde d'aller trop vite avec la Porporina, dit le prince à sa prétendue sœur. Ce n'est pas que je doute de sa discrétion ni de la noblesse de son cœur. Les personnages les plus importants de *l'ordre* s'en portent garants ; et dussiez-vous me plaisanter encore sur la nature de mes sentiments pour elle, je vous dirai encore que je partage votre sympathie pour cette aimable personne. Mais ni ces personnages ni moi ne sommes d'avis que vous vous compromettiez vis-à-vis d'elle avant que l'on se soit assuré de ses dispositions. Telle entreprise qui saisira d'emblée une imagination ardente comme la vôtre et un esprit justement irrité comme le mien, peut épouvanter au premier abord une fille timide, étrangère sans doute à toute philosophie et à toute politique. Les raisons qui ont agi sur vous ne sont pas celles qui feront impression sur une femme placée dans une sphère si différente. Laissez donc à Trismégiste ou à Saint-Germain le soin de cette initiation.

— Mais Trismégiste n'est-il pas parti? dit Consuelo, qui était trop bonne comédienne pour ne pas pouvoir imiter la voix rauque et changeante de la princesse Amélie.

— S'il est parti, vous devez le savoir mieux que moi, puisque cet homme n'a de rapports qu'avec vous. Pour moi, je ne le connais pas. Mais M. de Saint-Germain me paraît l'ouvrier le plus habile et le plus extraordinairement versé dans la science qui nous occupe. Il s'est fait fort de nous attacher cette belle cantatrice et de la soustraire aux dangers qui la menacent.

— Est-elle réellement en danger? demanda Consuelo.

— Elle y sera si elle persiste à repousser les soupirs de *M. le Marquis.*

— Quel marquis? demanda Consuelo étonnée.

— Vous êtes bien distraite, ma sœur! Je vous parle de Fritz ou du *grand lama.*

— Oui, du marquis de Bandebourg! reprit la Porporina, comprenant enfin qu'il s'agissait du roi. Mais vous êtes donc bien sûr qu'il pense à cette petite fille?

— Je ne dirai pas qu'il l'aime, mais il en est jaloux. Et puis, ma sœur, il faut bien reconnaître que vous la compromettez, cette pauvre fille, en la prenant pour votre confidente... Allons! je ne sais rien de cela, je n'en veux rien savoir; mais, au nom du ciel, soyez prudente, et ne laissez pas soupçonner à *nos amis* que vous soyez mue par un autre sentiment que celui de la liberté politique. Nous avons résolu d'adopter votre comtesse de Rudolstadt. Quand elle sera initiée et liée par des serments, des promesses et des menaces, vous ne risquerez plus rien avec elle. Jusque-là, je vous en conjure, abstenez-vous de la voir et de lui parler de vos affaires et des nôtres... Et pour commencer, ne restez pas dans ce bal où votre présence n'est guère convenable, et où le *grand lama* saura certainement que vous êtes venue. Donnez-moi le bras jusqu'à la sortie. Je ne puis vous reconduire plus loin. Je suis censé garder les arrêts à Potsdam, et les murailles du palais ont des yeux qui perceraient un masque de fer. »

En ce moment on frappa à la porte de la loge, et comme le prince n'ouvrait pas, on insista.

« Voilà un drôle bien impertinent de vouloir entrer dans une loge où se trouve une dame! » dit le prince en montrant son masque barbu à la lucarne de la loge.

Mais un domino rouge, à face blême, dont l'aspect avait quelque chose d'effrayant, lui apparut, et lui dit avec un geste singulier :

« *Il pleut.* »

Cette nouvelle parut faire grande impression sur le prince.

« Dois-je donc sortir ou rester? demanda-t-il au domino rouge.

— Vous devez chercher, répondit ce domino, une nonne toute semblable à celle-ci, qui erre dans la cohue. Moi, je me charge de madame, » ajouta-t-il en désignant Consuelo, et en entrant dans la loge que le prince lui ouvrait avec empressement.

Ils échangèrent bas quelques paroles, et le prince sortit sans adresser un mot de plus à la Porporina.

« Pourquoi, dit le domino rouge en s'asseyant dans le fond de la loge, et en s'adressant à Consuelo, avez-vous pris un déguisement tout pareil à celui de la princesse? C'est l'exposer, ainsi que vous, à des méprises fatales. Je ne reconnais là ni votre prudence ni votre dévouement.

— Si mon costume est pareil à celui d'une autre personne, je l'ignore entièrement, répondit Consuelo, qui se tenait sur ses gardes avec ce nouvel interlocuteur.

— J'ai cru que c'était une plaisanterie de carnaval arrangée entre vous deux. Puisqu'il n'en est rien, madame la comtesse, et que le hasard seul s'en est mêlé, parlons de vous, et abandonnons la princesse à son destin.

— Mais si quelqu'un est en danger, Monsieur, il ne me semble pas que le rôle de ceux qui parlent de dévouement soit de rester les bras croisés.

— La personne qui vient de vous quitter veillera sur cette auguste tête folle. Sans doute, vous n'ignorez pas que la chose l'intéresse plus que nous, car cette personne vous fait la cour *aussi*.

— Vous vous trompez, Monsieur, et je ne connais pas cette personne plus que vous. D'ailleurs, votre langage n'est ni celui d'un ami, ni celui d'un plaisant. Permettez donc que je retourne au bal.

— Permettez-moi de vous demander auparavant un portefeuille qu'on vous a chargée de me remettre.

— Nullement, je ne suis chargée de rien pour qui que ce soit.

— C'est bien; vous devez parler ainsi. Mais avec moi, c'est inutile: je suis le comte de Saint-Germain.

— Je n'en sais rien.

— Quand même j'ôterais mon masque, comme vous n'avez vu mes traits que par une nuit obscure, vous ne me reconnaîtriez pas. Mais voici une lettre de créance. »

Le domino rouge présenta à Consuelo une feuille de musique accompagnée d'un signe qu'elle ne pouvait méconnaître. Elle remit le portefeuille, non sans trembler, et en ayant soin d'ajouter:

« Prenez acte de ce que je vous ai dit. Je ne suis chargée d'aucun message pour vous; c'est moi, moi seule, qui fais parvenir ces lettres et les traites qui y sont jointes à la personne que vous savez.

— Ainsi, c'est vous qui êtes la maîtresse du baron de Trenck? »

Consuelo, effrayée du mensonge pénible qu'on exigeait d'elle, garda le silence.

« Répondez, madame, reprit le domino rouge; le baron ne nous cache point qu'il reçoive des consolations et des secours d'une personne qui l'aime. C'est donc bien vous qui êtes l'amie du baron?

— C'est moi, répondit Consuelo avec fermeté, et je suis aussi surprise que blessée de vos questions. Ne puis-je être l'amie du baron sans m'exposer aux expressions brutales et aux soupçons outrageants dont il vous plaît de vous servir avec moi?

— La situation est trop grave pour que vous deviez vous arrêter à des mots. Écoutez bien : vous me chargez d'une mission qui me compromet, et qui m'expose à des dangers personnels de plus d'un genre. Il peut y avoir sous jeu quelque trame politique, et je ne me soucie pas de m'en mêler. J'ai donné ma parole aux amis de M. de Trenck de le servir dans une affaire d'amour. Entendons-nous bien: je n'ai pas promis de servir *l'amitié*. Ce mot est trop vague, et me laisse des inquiétudes. Je vous sais incapable de mentir. Si vous me dites positivement que de Trenck est votre amant, et si je puis en informer Albert de Rudolstadt...

— Juste ciel! Monsieur, ne me torturez pas ainsi; Albert n'est plus!...

— Au dire des hommes, il est mort, je le sais; mais pour vous comme pour moi il est éternellement vivant.

— Si vous l'entendez dans un sens religieux et symbolique, c'est la vérité; mais si c'est dans un sens matériel...

— Ne discutons pas. Un voile couvre encore votre esprit, mais ce voile sera soulevé. Ce qu'il m'importe de savoir à présent, c'est votre position à l'égard de Trenck. S'il est votre amant, je me charge de cet envoi d'où sa vie dépend peut-être; car il est privé de toutes ressources. Si vous refusez de vous prononcer, je refuse d'être votre intermédiaire.

— Eh bien, dit Consuelo avec un pénible effort, il est mon amant. Prenez le portefeuille, et hâtez-vous de le lui faire tenir.

— Il suffit, dit M. de Saint-Germain en prenant le portefeuille. Maintenant, noble et courageuse fille, laisse-moi te dire que je t'admire et te respecte. Ceci n'est qu'une épreuve à laquelle j'ai voulu soumettre ton dévouement et ton abnégation. Va, je sais tout! Je sais fort bien que tu mens par générosité, et que tu as été saintement fidèle à ton époux. Je sais que la princesse Amélie, tout en se servant de moi, ne daigne pas m'accorder sa confiance, et qu'elle travaille à s'affranchir de la tyrannie du *grand lama* sans cesser de faire la princesse et la réservée. Elle est dans son rôle, et elle ne rougit pas de t'exposer, toi, pauvre fille sans aveu (comme disent les gens du monde), à un malheur éternel; oui, au plus grand des malheurs! celui d'empêcher la brillante résurrection de ton époux, et de plonger son existence présente dans les limbes du doute et du désespoir. Mais heureusement, entre l'âme d'Albert et la tienne, une chaîne de mains invisibles est tendue incessamment pour mettre en rapport celle qui agit sur la terre à la lumière du soleil, et celle qui travaille dans un monde inconnu, à l'ombre du mystère, loin du regard des vulgaires humains. »

Ce langage bizarre émut Consuelo, bien qu'elle eût

résolu de se méfier des captieuses déclamations des prétendus prophètes.

« Expliquez-vous, Monsieur le comte, dit-elle en s'efforçant de garder un ton calme et froid. Je sais bien que le rôle d'Albert n'est pas fini sur la terre, et que son âme n'a pas été anéantie par le souffle de la mort. Mais les rapports qui peuvent subsister entre elle et moi sont couverts d'un voile que ma propre mort peut seule soulever, s'il plait à Dieu de nous laisser un vague souvenir de nos existences précédentes. Ceci est un point mystérieux, et il n'est au pouvoir de personne d'aider à l'influence céleste qui rapproche dans une vie nouvelle ceux qui se sont aimés dans une vie passée. Que prétendez-vous donc me faire accroire, en disant que certaines sympathies veillent sur moi pour opérer ce rapprochement?

— Je pourrais vous parler de moi seulement, répondit M. de Saint-Germain, et vous dire qu'ayant connu Albert de tout temps, aussi bien lorsque je servais sous ses ordres dans la guerre des Hussites contre Sigismond, que plus tard, dans la guerre de trente ans, lorsqu'il était...

— Je sais, Monsieur, que vous avez la prétention de vous rappeler toutes vos existences antérieures, comme Albert en avait la persuasion maladive et funeste. A Dieu ne plaise que j'aie jamais suspecté sa bonne foi à cet égard! mais cette croyance était tellement liée chez lui à un état d'exaltation délirante, que je n'ai jamais cru à la réalité de cette puissance exceptionnelle et peut-être inadmissible. Épargnez-moi donc l'embarras d'écouter les bizarreries de votre conversation sur ce chapitre. Je sais que beaucoup de gens, poussés par une curiosité frivole, voudraient être maintenant à ma place, et recueillir, avec un sourire d'encouragement et de crédulité simulée, les merveilleuses histoires qu'on dit que vous racontez si bien. Mais moi je ne sais pas jouer la comédie quand je n'y suis pas forcée, et je ne pourrais m'amuser de ce qu'on appelle vos rêveries. Elles me rappelleraient trop celles qui m'ont tant effrayée et tant affligée dans le comte de Rudolstadt. Daignez les réserver pour ceux qui peuvent les partager. Je ne voudrais pour rien au monde vous tromper en feignant d'y croire; et quand même ces rêveries ne réveilleraient en moi aucun souvenir déchirant, je ne saurais pas me moquer de vous. Veuillez donc répondre à mes questions, sans chercher à égarer mon jugement par des paroles vagues et à double sens. Pour aider à votre franchise, je vous dirai que je sais déjà que vous avez sur moi des vues particulières et mystérieuses. Vous devez m'initier à je ne sais quelle redoutable confidence, et des personnes d'un haut rang comptent sur vous pour me donner les premières notions de je ne sais quelle science occulte.

— Les personnes d'un haut rang divaguent parfois étrangement, madame la comtesse, répondit le comte avec beaucoup de calme. Je vous remercie de la loyauté avec laquelle vous me parlez, et je m'abstiendrai de toucher à des choses que vous ne comprendriez pas, faute peut-être de vouloir les comprendre. Je vous dirai seulement qu'il y a, en effet, une science occulte dont je me pique, et dans laquelle je suis aidé par des lumières supérieures. Mais cette science n'a rien de surnaturel, puisque c'est purement et simplement celle du cœur humain, ou, si vous l'aimez mieux, la connaissance approfondie de la vie humaine, dans ses ressorts les plus intimes et dans ses actes les plus secrets. Et pour vous prouver que je ne me vante pas, je vous dirai exactement ce qui se passe dans votre propre cœur depuis que vous êtes séparée du comte de Rudolstadt, si toutefois vous m'y autorisez.

— J'y consens, répondit Consuelo, car sur ce point je sais que vous ne pourrez m'abuser.

—Eh bien, vous aimez pour la première fois de votre vie, vous aimez complétement, véritablement : et celui que vous aimez ainsi, dans les larmes du repentir, car vous ne l'aimiez pas il y a un an, celui dont l'absence vous est amère, et dont la disparition a décoloré votre vie et désenchanté votre avenir, ce n'est pas le baron de Trenck, pour lequel vous n'avez qu'une amitié de reconnaissance et de sympathie tranquille ; ce n'est pas Joseph Haydn, qui n'est pour vous qu'un jeune frère en Apollon ; ce n'est pas le roi Frédéric, qui vous effraie et vous intéresse en même temps ; ce n'est pas même le bel Anzoleto, que vous ne pouvez plus estimer ; c'est celui que vous avez vu couché sur un lit de mort et revêtu des ornements que l'orgueil des nobles familles place jusque dans la tombe, sur le linceul des trépassés : c'est Albert de Rudolstadt. »

Consuelo fut un instant frappée de cette révélation de ses sentiments intimes dans la bouche d'un homme qu'elle ne connaissait pas. Mais en songeant qu'elle avait raconté toute sa vie et mis à nu son propre cœur la nuit précédente, devant la princesse Amélie, en se rappelant tout ce que le prince Henri venait de lui faire pressentir des relations de la princesse avec une affiliation mystérieuse où le comte de Saint-Germain jouait un des principaux rôles, elle cessa de s'étonner, et avoua ingénument à ce dernier qu'elle ne lui faisait pas un grand mérite de savoir des choses récemment confiées à une amie indiscrète.

« Vous voulez parler de l'abbesse de Quedlimbourg, dit M. de Saint-Germain. Eh bien, voulez-vous croire à ma parole d'honneur?

— Je n'ai pas le droit de la révoquer en doute, répondit la Porporina.

— Je vous donne donc ma parole d'honneur, reprit le comte, que la princesse ne m'a pas dit un mot de vous, par la raison que jamais je n'ai eu l'avantage d'échanger une seule parole avec elle, non plus qu'avec sa confidente madame de Kleist.

— Cependant, Monsieur, vous avez des rapports avec elle, au moins indirectement?

— Quant à moi, tous ces rapports consistent à lui faire passer les lettres de Trenck et à recevoir les siennes pour lui par des tiers. Vous voyez que sa confiance en moi ne va pas bien loin, puisqu'elle se persuade que j'ignore l'intérêt qu'elle prend à notre fugitif. Du reste, cette princesse n'est point perfide; elle n'est que folle, comme les natures tyranniques le deviennent lorsqu'elles sont opprimées. Les serviteurs de la vérité ont beaucoup espéré d'elle, et lui ont accordé leur protection. Fasse le ciel qu'ils n'aient point à s'en repentir!

— Vous jugez mal une princesse intéressante et malheureuse, Monsieur le comte, et peut-être connaissez-vous mal ses affaires. Quant à moi, je les ignore...

— Ne mentez pas inutilement, Consuelo. Vous avez soupé avec elle la nuit dernière, et je puis vous dire toutes les circonstances. »

Ici le comte de Saint-Germain rapporta les moindres détails du souper de la veille, depuis les discours de la princesse et de madame de Kleist jusqu'à la parure qu'elles portaient, le menu du repas, la rencontre de la *balayeuse*, etc. Il ne s'arrêta pas là, et raconta de même la visite que le roi avait faite le matin à notre héroïne, les paroles échangées entre eux, la canne levée sur Consuelo, les menaces et le repentir de Frédéric, tout, jusqu'aux moindres gestes et à l'expression des physionomies, comme s'il eût assisté à cette scène. Il termina en disant:

« Et vous avez eu grand tort, naïve et généreuse enfant, de vous laisser prendre à ces retours d'amitié et de bonté que le roi sait avoir dans l'occasion. Vous vous en repentirez. Le tigre royal vous fera sentir ses ongles, à moins que vous n'acceptiez une protection plus efficace et plus honorable, une protection vraiment paternelle et toute-puissante, qui ne se bornera pas aux étroites limites du marquisat de Brandebourg, mais qui planera sur vous sur toute la surface de la terre, et qui vous suivrait jusque dans les déserts du nouveau monde.

— Je ne sache que Dieu, répondit Consuelo, qui puisse exercer une telle protection, et qui veuille l'étendre jusque sur un être aussi insignifiant que moi. Si je cours quelque danger ici, c'est en lui que je mets mon espoir. Je me méfierais de toute autre sollicitude dont je ne connaîtrais ni les moyens ni les motifs.

— La méfiance sied mal aux grandes âmes, reprit le comte; et c'est parce que madame de Rudolstadt est une grande âme, qu'elle a droit à la protection des véritables serviteurs de Dieu. Voilà donc le seul motif de celle qui vous est offerte. Quant à ses moyens, ils sont immenses, et diffèrent autant par leur puissance et leur moralité de ceux que possèdent les rois et les princes, que la cause de Dieu diffère, par sa sublimité, de celle des despotes et des glorieux de ce monde. Si vous n'avez d'amour et de confiance que dans la justice divine, vous êtes forcée de reconnaître son action dans les hommes de bien et d'intelligence, qui sont ici-bas les ministres de sa volonté et les exécuteurs de sa loi suprême. Redresser les torts, protéger les faibles, réprimer la tyrannie, encourager et récompenser la vertu, répandre les principes de la morale, conserver le dépôt sacré de l'honneur, telle a été de tout temps la mission d'une phalange illustre et vénérable, qui, sous divers noms et diverses formes, s'est perpétuée depuis l'origine des sociétés jusqu'à nos jours. Voyez les lois grossières et antihumaines qui régissent les nations, voyez les préjugés et les erreurs des hommes, voyez partout les traces monstrueuses de la barbarie! Comment concevriez-vous que, dans un monde si mal géré par l'ignorance des masses et la perfidie des gouvernements, il pût éclore quelques vertus et circuler quelques doctrines vraies? Cela est, pourtant, et on voit des lis sans tache, des fleurs sans souillure, des âmes comme la vôtre, comme celle d'Albert, croître et briller sur la fange terrestre. Mais croyez-vous qu'elles pussent conserver leur parfum, se préserver des morsures immondes des reptiles, et résister aux orages, si elles n'étaient soutenues et préservées par des forces secourables, par des mains amies? Croyez-vous qu'Albert, cet homme sublime, étranger à toutes les turpitudes vulgaires, supérieur à l'humanité jusqu'à paraître insensé aux profanes, ait puisé en lui seul toute sa grandeur et toute sa foi? Croyez-vous qu'il fût un fait isolé dans l'univers, et qu'il ne se soit jamais retrempé à un foyer de sympathie et d'espérance? Et vous-même, pensez-vous que vous seriez ce que vous êtes, si le souffle divin n'eût passé de l'esprit d'Albert dans le vôtre? Mais maintenant que vous voilà séparée de lui, jetée dans une sphère indigne de vous, exposée à tous les périls, à toutes les séductions; fille de théâtre, confidente d'une princesse amoureuse, et réputée maîtresse d'un roi usé par la débauche et glacé par l'égoïsme, espérez-vous conserver la pureté immaculée de votre candeur primitive, si les ailes mystérieuses des archanges ne s'étendent sur vous comme une égide céleste? Prenez-y garde, Consuelo! ce n'est pas en vous-même, en vous seule, du moins, que vous puiserez la force dont vous avez besoin. La prudence même dont vous vous vantez sera facilement déjouée par les ruses de l'esprit de malice qui erre dans les ténèbres, autour de votre chevet virginal. Apprenez donc à respecter la sainte milice, l'invisible armée de la foi qui déjà forme un rempart autour de vous. On ne vous demande ni engagements, ni services ; on vous ordonne seulement d'être docile et confiante quand vous sentirez les effets inattendus de l'adoption bienfaisante. Je vous en ai dit assez. C'est à vous de réfléchir mûrement à mes paroles ; et lorsque le temps viendra, lorsque vous verrez des prodiges s'accomplir autour de vous, ressouvenez-vous que tout est possible à ceux qui croient et qui travaillent en commun, à ceux qui sont égaux et libres ; oui, à ceux-là, rien n'est impossible pour récompenser le mérite ; et si le vôtre s'élevait assez haut pour obtenir d'eux un prix sublime, sachez qu'ils pourraient même ressusciter Albert et vous le rendre. »

Ayant ainsi parlé d'un ton animé par une conviction enthousiaste, le domino rouge se leva, et, sans attendre la réponse de Consuelo, il s'inclina devant elle et sortit de la loge, où elle resta quelques instants immobile et comme perdue dans d'étranges rêveries.

XIII.

Ne songeant plus qu'à se retirer, Consuelo descendit enfin, et rencontra dans les corridors deux masques qui l'accostèrent, et dont l'un lui dit à voix basse :

« Méfie-toi du comte de Saint-Germain. »

Elle crut reconnaître la voix d'Uberti Porporino, son camarade, et le saisit par la manche de son domino en lui disant :

« Qui est le comte de Saint-Germain? je ne le connais pas. »

Mais l'autre masque, sans chercher à déguiser sa voix, que Consuelo reconnut aussitôt pour celle du jeune Benda, le mélancolique violoniste, lui prit l'autre main en lui disant:

« Méfie-toi des aventures et des aventuriers. »

Et ils passèrent outre assez précipitamment, comme s'ils eussent voulu éviter ses questions.

Consuelo s'étonna d'être si facilement reconnue après s'être donné tant de soins pour se bien déguiser; en conséquence, elle se hâta pour sortir. Mais elle vit bientôt qu'elle était observée et suivie par un masque qu'à sa démarche et à sa taille elle crut reconnaître pour M. de Pœlnitz, le directeur des théâtres royaux et le chambellan du roi. Elle n'en douta plus lorsqu'il lui adressa la parole, quelque soin qu'il prît pour changer son organe et sa prononciation. Il lui tint des discours oiseux, auxquels elle ne répondit pas, car elle vit bien qu'il désirait la faire parler. Elle réussit à se débarrasser de lui, et traversa la salle, afin de le dérouter s'il songeait à la suivre encore. Il y avait foule, et elle eut beaucoup de peine à gagner la sortie. En ce moment, elle se retourna pour s'assurer qu'elle n'était point remarquée, et fut assez surprise de voir, dans un coin, Pœlnitz, ayant l'air de causer confidemment avec le domino rouge qu'elle supposait être le comte de Saint-Germain. Elle ignorait que Pœlnitz l'eût connu en France; et, craignant quelque trahison de la part de *l'aventurier*, elle rentra chez elle dévorée d'inquiétude, non pas tant pour elle-même que pour la princesse, dont elle venait de livrer le secret, malgré elle, à un homme fort suspect.

A son réveil le lendemain, elle trouva une couronne de roses blanches suspendue au-dessus de sa tête, au crucifix qui lui venait de sa mère, et dont elle ne s'était jamais séparée. Elle remarqua en même temps que la branche de cyprès qui, depuis une certaine soirée de triomphe à Vienne, où elle lui avait été jetée sur le théâtre par une main inconnue, n'avait jamais cessé d'orner le crucifix, avait disparu. Elle la chercha en vain de tous côtés. Il semblait qu'en posant à la place cette fraîche et riante couronne, on eût enlevé à dessein ce lugubre trophée. Sa suivante ne put lui dire comment ni à quelle heure cette substitution avait été opérée. Elle prétendait n'avoir pas quitté la maison la veille, et n'avoir ouvert à personne. Elle n'avait pas remarqué, en préparant le lit de sa maîtresse, si la couronne y était déjà. En un mot, elle était si ingénument étonnée de cette circonstance, qu'il était difficile de suspecter sa bonne foi. Cette fille avait l'âme fort désintéressée; Consuelo en avait eu plus d'une preuve, et le seul défaut qu'elle lui connût, c'était une grande démangeaison de parler, et de prendre sa maîtresse pour confidente de toutes ses billevesées. Elle n'eût pas manqué cette occasion pour la fatiguer d'un long récit et des plus fastidieux détails, si elle eût pu lui apprendre quelque chose. Elle ne fit que se lancer dans des commentaires à perte de vue sur la mystérieuse galanterie de cette couronne; et Consuelo en fut bientôt si ennuyée, qu'elle la pria de ne pas s'en inquiéter davantage et de la laisser tranquille. Restée seule, elle examina la couronne avec le plus grand soin. Les fleurs étaient aussi fraîches que si on les eût cueillies un instant auparavant, et aussi parfumées que si l'on n'eût pas été en plein hiver. Consuelo soupira amèrement en songeant qu'il n'y avait guère d'aussi belles roses dans cette saison que dans les serres des résidences royales, et que sa soubrette pourrait bien avoir eu raison en attribuant cet hommage au roi. « Il ne savait pourtant pas combien je tenais à mon cyprès, pensa-t-elle, pourquoi me l'aurait-il fait enlever? N'importe; quelle que soit la main qui a commis cette profanation, maudite soit-elle! » Mais comme la Porporina jetait avec chagrin cette couronne loin d'elle, elle en vit tomber une petite bande de parchemin qu'elle ramassa, et sur laquelle elle lut ces mots d'une écriture inconnue :

« Toute noble action mérite une récompense, et la
« seule récompense digne des grandes âmes, c'est l'hom-
« mage des âmes sympathiques. Que le cyprès disparaisse
« de ton chevet, généreuse sœur, et que ces fleurs cei-
« gnent ta tête, ne fût-ce qu'un instant. C'est ton dia-
« dème de fiancée, c'est le gage de ton éternel hymen
« avec la vertu, et celui de ton admission à la commu-
« nion des croyants. »

Consuelo, stupéfaite, examina longtemps ces caractères, où son imagination s'efforçait en vain de saisir quelque vague ressemblance avec l'écriture du comte Albert. Malgré la méfiance que lui inspirait l'espèce d'initiation à laquelle on semblait la convier, malgré la répulsion qu'elle éprouvait pour les promesses de la magie, alors si répandues en Allemagne et dans toute l'Europe philosophique, enfin malgré les avertissements que ses amis lui avaient donnés de se tenir sur ses gardes, les dernières paroles du domino rouge et les expressions de ce billet anonyme enflammaient son imagination de cette curiosité riante qu'on pourrait appeler plutôt une attente poétique. Sans trop savoir pourquoi, elle obéissait à l'injonction affectueuse de ces amis inconnus. Elle posa la couronne sur ses cheveux épars, et fixa ses yeux sur une glace comme si elle se fût attendue à voir apparaître derrière elle une ombre chérie.

Elle fut tirée de sa rêverie par un coup de sonnette sec et brusque qui la fit tressaillir, et on vint l'avertir que M. de Buddenbrock avait un mot à lui dire sur-le-champ. Ce mot fut prononcé avec toute l'arrogance que l'aide du camp du roi mettait dans ses manières et dans son langage, lorsqu'il n'était plus sous les yeux de son maître.

« Mademoiselle, dit-il, lorsqu'elle l'eut rejoint dans le salon, vous allez me suivre tout de suite chez le roi. Dépêchez-vous, le roi n'attend pas.

— Je n'irai pas chez le roi en pantoufles et en robe de chambre, répondit la Porporina.

— Je vous donne cinq minutes pour vous habiller décemment, reprit Buddenbrock en tirant sa montre, et en lui faisant signe de rentrer dans sa chambre. »

Consuelo, effrayée, mais résolue d'assumer sur sa tête tous les dangers et tous les malheurs qui pourraient menacer la princesse et le baron de Trenck, s'habilla en moins de temps qu'on lui en avait donné, et reparut devant Buddenbrock avec une tranquillité apparente. Celui-ci avait vu au roi un air irrité, en donnant l'ordre d'amener la délinquante, et l'ire royale avait passé aussitôt en lui, sans qu'il sût de quoi il s'agissait. Mais en trouvant Consuelo si calme, il se rappela que le roi avait un grand faible pour cette fille : il se dit qu'elle pourrait bien sortir victorieuse de la lutte qui allait s'engager, et lui garder rancune de ses mauvais traitements. Il jugea à propos de redevenir humble avec elle, pensant qu'il serait toujours temps de l'accabler lorsque sa disgrâce serait consommée. Il lui offrit la main avec une courtoisie gauche et guindée, pour la faire monter dans la voiture qu'il avait amenée ; et, prenant un air judicieux et fin :

« Voilà, Mademoiselle, lui dit-il en s'asseyant vis-à-vis d'elle, le chapeau à la main, une magnifique matinée d'hiver !

— Certainement, monsieur le baron, répondit Consuelo d'un air moqueur, le temps est magnifique pour faire une promenade hors des murs. »

En parlant ainsi, Consuelo pensait, avec un enjouement stoïque qu'elle pourrait bien passer, en effet, le reste de cette magnifique journée sur la route de quelque forteresse. Mais Buddenbrock, qui ne concevait pas la sérénité d'une résignation héroïque, crut qu'elle le menaçait de le faire disgracier et enfermer si elle triomphait de l'épreuve orageuse qu'elle allait affronter. Il pâlit, s'efforça d'être agréable, n'en put venir à bout, et resta soucieux et décontenancé, se demandant avec angoisse en quoi il avait pu déplaire à la Porporina.

Consuelo fut introduite dans un cabinet, dont elle eut le loisir d'admirer l'ameublement couleur de rose, fané, éraillé par les petits chiens qui s'y vautraient sans cesse, saupoudré de tabac, en un mot très-malpropre. Le roi n'y était pas encore, mais elle entendit sa voix dans la chambre voisine, et c'était une affreuse voix lorsqu'elle était en colère :

« Je vous dis que je ferai un exemple de ces canailles, et que je purgerai la Prusse de cette vermine qui la ronge depuis trop longtemps, criait-il en faisant craquer ses bottes, comme s'il eût arpenté l'appartement avec agitation.

— Et Votre Majesté rendra un grand service à la raison et à la Prusse, répondit son interlocuteur ; mais ce n'est pas un motif pour qu'une femme...

— Si, c'est un motif, mon cher Voltaire. Vous ne savez donc pas que les pires intrigues et les plus infernales machinations éclosent dans ces petites cervelles-là ?

— Une femme, Sire, une femme!...

— Eh bien, quand vous le répéterez encore une fois ! Vous aimez les femmes, vous ! vous avez eu le malheur de vivre sous l'empire d'un cotillon, et vous ne savez pas qu'il faut les traiter comme des soldats, comme des esclaves, quand elles s'ingèrent dans les affaires sérieuses.

— Mais Votre Majesté ne peut croire qu'il y ait rien de sérieux dans toute cette affaire? Ce sont des calmants et des douches qu'il faudrait employer avec les fabricants de miracles et adeptes du grand œuvre.

— Vous ne savez de quoi vous parlez, monsieur de Voltaire ! Si je vous disais, moi, que ce pauvre La Mettrie a été empoisonné !

— Comme le sera quiconque mangera plus que son estomac ne peut contenir et digérer. Une indigestion est un empoisonnement.

— Je vous dis, moi, que ce n'est pas sa gourmandise seulement qui l'a tué. On lui a fait manger un pâté d'aigle, en lui disant que c'était du faisan.

— L'aigle prussienne est fort meurtrière, je le sais; mais c'est avec la foudre, et non avec le poison qu'elle frappe.

— Bien, bien ! épargnez-vous les métaphores. Je gagerais cent contre un que c'est un empoisonnement. La Mettrie avait donné dans leurs extravagances, le pauvre diable, et il racontait à qui voulait l'entendre, moitié sérieusement, moitié en se moquant, qu'on lui avait fait voir de revenants et des démons. Ils avaient frappé de folie cet esprit si incrédule et si léger. Mais, comme il avait abandonné Trenck, après avoir été son ami, ils l'ont châtié à leur manière. A mon tour, je les châtierai, moi ! et ils s'en souviendront. Quant à ceux qui veulent, à l'abri de ces supercheries infâmes, tramer des conspirations et déjouer la vigilance des lois... »

Ici le roi poussa la porte, qui était restée légèrement entr'ouverte, et Consuelo n'entendit plus rien. Au bout d'un quart d'heure d'attente et d'angoisse, elle vit enfin paraître le terrible Frédéric, affreusement vieilli et enlaidi par la colère. Il ferma toutes les portes avec soin, sans la regarder et sans lui parler; et quand il revint vers elle, il avait dans les yeux quelque chose de si diabolique, qu'elle crut un instant qu'il avait dessein de l'étrangler. Elle savait que, dans ses accès de fureur, il retrouvait, comme malgré lui, les farouches instincts de son père, et qu'il ne se faisait pas faute de meurtrir les jambes de ses fonctionnaires publics à coups de botte, lorsqu'il était mécontent de leur conduite. La Mettrie riait de ces lâches brutalités, et assurait que cet exercice était excellent pour la goutte, dont le roi était prématurément attaqué. Mais La Mettrie ne devait plus faire rire le roi ni rire à ses dépens. Jeune, alerte, gras et fleuri, il était mort deux jours auparavant, à la suite d'un excès de table, et je ne sais quelle sombre fantaisie suggérait au roi le soupçon dans lequel il se complaisait, d'attribuer sa mort tantôt à la haine des jésuites, tantôt aux machinations des sorciers à la mode. Frédéric lui-même était, sans se l'avouer, sous le coup de cette vague et puérile terreur que les sciences occultes inspiraient à toute l'Allemagne.

« Écoutez-moi bien, vous! dit-il à Consuelo, en la foudroyant de son regard. Vous êtes démasquée, vous êtes perdue; vous n'avez qu'un moyen de vous sauver, c'est de tout confesser à l'instant même, sans détour, sans restriction. » Et comme Consuelo s'apprêtait à répondre : « A genoux, malheureuse, à genoux ! s'écria-t-il en lui montrant le parquet : ce n'est pas debout que vous pouvez faire de pareils aveux. Vous devriez être déjà le front dans la poussière. A genoux, vous dis-je, ou je ne vous écoute pas.

— Comme je n'ai absolument rien à vous dire, répondit Consuelo d'un ton glacial, vous n'avez pas à m'écouter; et quant à me mettre à genoux, c'est ce que vous n'obtiendrez jamais de moi. »

Le roi songea pendant un instant à renverser par terre et à fouler aux pieds cette fille insensée. Consuelo regarda involontairement les mains de Frédéric qui s'étendaient vers elle convulsivement, et il lui sembla voir ses ongles s'allonger et sortir de ses doigts comme ceux des chats au moment de s'élancer sur leur proie. Mais les griffes royales rentrèrent aussitôt. Frédéric, au milieu de ses petitesses, avait trop de grandeur dans l'esprit, pour ne pas admirer le courage chez les autres. Il sourit en affectant un mépris qu'il était loin d'éprouver.

« Malheureuse enfant! dit-il d'un air de pitié, ils ont réussi à faire de toi une fanatique. Mais écoute! les moments sont précieux. Tu peux encore racheter ta vie; dans cinq minutes il sera trop tard. Je te les donne, ces cinq minutes; mets-les à profit. Décide-toi à tout révéler, ou bien prépare-toi à mourir.

— J'y suis toute préparée, répondit Consuelo, indignée d'une menace qu'elle jugeait irréalisable et mise en avant pour l'effrayer.

— Taisez-vous, et faites vos réflexions, » dit le roi, en s'asseyant devant son bureau et en ouvrant un livre avec une affectation de tranquillité qui ne cachait pas entièrement une émotion pénible et profonde.

Consuelo, tout en se rappelant comme M. de Buddenbrock avait singé grotesquement le roi, en lui donnant aussi, montre en main, cinq minutes pour s'habiller, prit le parti de mettre, comme on lui prescrivait, le temps à profit pour se tracer un plan de conduite. Elle sentait que ce qu'elle devait le plus éviter, c'était l'interrogatoire habile et pénétrant dont le roi allait l'envelopper comme d'un filet. Qui pouvait se flatter de déjouer un pareil juge criminel? Elle risquait de tomber dans ses piéges, et de perdre la princesse en croyant la sauver. Elle prit donc la généreuse résolution de ne pas chercher à se justifier, de ne pas même demander de quoi on l'accusait, et d'irriter le juge par son audace, jusqu'à ce qu'il eût prononcé sans lumière et sans équité sa sentence *ab irato*. Dix minutes se passèrent sans que le roi levât les yeux de dessus son livre. Peut-être voulait-il lui donner le temps de se raviser; peut-être sa lecture avait-elle réussi à l'absorber.

« Avez-vous pris votre parti? dit-il en posant enfin le livre, et en croisant ses jambes, le coude appuyé sur la table.

— Je n'ai point de parti à prendre, répondit Consuelo. Je suis sous l'empire de l'injustice et de la violence. Il ne me reste qu'à en subir les inconvénients.

— Est-ce moi que vous taxez de violence et d'injustice?

— Si ce n'est vous, c'est le pouvoir absolu que vous exercez, qui corrompt votre âme, et qui égare votre jugement.

— Fort bien : c'est vous qui vous posez en juge de ma conduite, et vous oubliez que vous n'avez que peu d'instants pour vous racheter de la mort.

— Vous n'avez pas le droit de disposer de ma vie; je ne suis pas votre sujette, et si vous violez le droit des gens, tant pis pour vous. Quant à moi, j'aime mieux mourir que de vivre un jour de plus sous vos lois.

— Vous me haïssez ingénument! dit le roi, qui semblait pénétrer le dessein de Consuelo, et qui le faisait échouer en s'armant d'un sang-froid méprisant. Je vois que vous avez été à bonne école, et ce rôle de vierge spartiate, que vous jouez si bien, accuse vos complices, et révèle leur conduite plus que vous ne pensez. Mais vous connaissez mal le droit des gens et les lois humaines. Tout souverain a le droit de faire périr quiconque vient dans ses États conspirer contre lui.

— Moi, je conspire? s'écria Consuelo, emportée par la conscience de la vérité; et, trop indignée pour se disculper, elle haussa les épaules et tourna le dos comme pour s'en aller sans trop savoir ce qu'elle faisait.

— Où allez-vous? dit le roi, frappé de son air de candeur irrésistible.

— Je vais en prison, à l'échafaud, où bon vous semblera, pourvu que je sois dispensée d'entendre cette absurde accusation.

— Vous êtes fort en colère, reprit le roi avec un rire sardonique; voulez-vous que je vous dise pourquoi? C'est que vous êtes venue ici avec la résolution de vous draper en Romaine devant moi, et que vous voyez que votre comédie me sert de divertissement. Rien n'est mortifiant, surtout pour une actrice, comme de ne pas faire de l'effet dans un rôle. »

Consuelo, dédaignant de répondre, se croisa les bras et regarda fixement le roi avec une assurance qui faillit le déconcerter. Pour échapper à la colère qui se réveillait en lui, il fut forcé de rompre le silence et de revenir à ses railleries accablantes, espérant toujours qu'il irriterait l'accusée, et que pour se défendre elle perdrait sa réserve et sa méfiance.

« Oui, dit-il, comme s'il eût répondu au langage muet de cette physionomie altière, je sais fort bien qu'on vous a fait accroire que j'étais amoureux de vous, et que vous pensez pouvoir me braver impunément. Tout cela serait fort comique, si des personnes auxquelles je tiens un peu plus qu'à vous n'étaient en cause dans l'affaire. Exaltée par la vanité de jouer une belle scène, vous devriez pourtant savoir que les confidents subalternes sont toujours sacrifiés par ceux qui les emploient. Aussi n'est-ce pas ceux-là que je compte châtier : ils me tiennent de trop près pour que je puisse les punir autrement qu'en vous châtiant sévèrement vous-même, sous leurs yeux. C'est à vous de voir si vous devez subir ce malheur pour des personnes qui ont trahi vos intérêts, et qui ont mis tout le mal sur le compte de votre zèle indiscret et ambitieux.

— Sire, répondit Consuelo, je ne sais pas ce que vous voulez dire ; mais la manière dont vous parlez des confidents et de ceux qui les emploient me fait frémir pour vous.

— C'est-à-dire ?

— C'est-à-dire que vous me donneriez à penser que, dans un temps où vous étiez la première victime de la tyrannie, vous auriez livré le major Katt à l'inquisition paternelle. »

Le roi devint pâle comme la mort. Tout le monde sait qu'après une tentative de fuite en Angleterre dans sa jeunesse, il avait vu trancher la tête de son confident par les ordres de son père. Enfermé dans une prison, il avait été conduit et tenu de force devant la fenêtre, pour voir couler le sang de son ami sur l'échafaud. Cette scène horrible, dont il était aussi innocent que possible, avait fait sur lui une épouvantable impression. Mais il est dans la destinée des princes de suivre l'exemple du despotisme, même quand ils en ont le plus cruellement souffert. L'esprit de Frédéric s'était assombri dans le malheur, et, à la suite d'une jeunesse enchaînée et douloureuse, il était monté sur le trône plein des principes et des préjugés de l'autorité absolue. Aucun reproche ne pouvait être plus sanglant que celui que feignait de lui adresser Consuelo pour lui rappeler ses anciennes infortunes et lui faire sentir son injustice présente. Il en fut frappé jusqu'au cœur ; mais l'effet de la blessure fut aussi peu salutaire à son âme endurcie que le supplice du major Katt l'avait été jadis. Il se leva, et dit d'une voix altérée :

« C'est assez, vous pouvez vous retirer. »

Il sonna, et durant le peu de secondes qui s'écoulèrent avant l'arrivée de ses gens, il rouvrit son livre, et feignit de s'y replonger. Mais un tremblement nerveux agitait sa main et faisait crier la feuille qu'il s'efforçait de retourner.

Un valet entra, le roi lui fit un signe, et Consuelo fut emmenée dans une autre pièce. Une des petites levrettes du roi qui n'avait cessé de la regarder en remuant la queue, et de gambader autour d'elle pour provoquer ses caresses, se mit en devoir de la suivre; et le roi, qui n'avait d'entrailles paternelles que pour ces petits animaux, fut forcé de rappeler Mopsule, au moment où elle franchissait la porte sur les traces de la condamnée. Le roi avait la manie, non dénuée de raison peut-être, de croire ses chiens doués d'une espèce de divination instinctive des sentiments de ceux qui l'approchaient. Il prenait de la méfiance lorsqu'il les voyait s'obstiner à faire mauvais accueil à certaines gens, et au contraire il se persuadait qu'il pouvait compter sur les personnes que ses chiens caressaient volontiers. Malgré son agitation intérieure, la sympathie bien marquée de Mopsule pour la Porporina ne lui avait pas échappé, et lorsqu'elle revint vers lui en baissant la tête d'un air de tristesse et de regret, il frappa sur la table en se disant à lui-même et en pensant à Consuelo : « Et pourtant, elle n'a pas de mauvaises intentions contre moi! »

« Votre Majesté m'a fait demander ? dit Buddenbrock en se présentant à une autre porte.

— Non ! dit le roi, indigné de l'empressement avec lequel le courtisan venait s'abattre sur sa proie ; sortez, je vous sonnerai. »

Blessé d'être traité comme un valet, Buddenbrock sortit, et pendant quelques instants que le roi passa à méditer, Consuelo fut gardée à vue dans la salle des Gobelins. Enfin, la sonnette se fit entendre, et l'aide de camp mortifié n'en fut pas moins prompt à s'élancer vers son maître. Le roi paraissait adouci et communicatif.

« Buddenborck, dit-il, cette fille est un admirable caractère ! A Rome, elle eût mérité le triomphe, le char à huit chevaux et les couronnes de chêne ! Fais atteler une chaise de poste, conduis-la toi-même hors de la ville et mets-la sous bonne escorte sur la route de Spandaw, pour y être enfermée et soumise au régime des prisonniers d'État, non le plus doux, tu m'entends ?

— Oui, Sire.

— Attends un peu ! Tu monteras dans la voiture avec elle pour traverser la ville, et tu l'effraieras par tes discours. Il sera bon de lui donner à penser qu'elle va être livrée au bourreau et fouettée à tous les carrefours de la ville, comme cela se pratiquait du temps du roi mon père. Mais, tout en lui faisant ces contes-là, tu te souviendras que tu ne dois pas déranger un cheveu de sa tête, et tu mettras ton gant pour lui offrir la main. Va, et apprends en admirant son dévouement stoïque, comment on doit se conduire envers ceux qui vous honorent de leur confiance. Cela ne te fera point de mal. »

XIV.

Consuelo fut reconduite chez elle dans la même voiture qui l'avait amenée au palais. Deux factionnaires furent posés devant chaque porte de son appartement, dans l'intérieur de la maison, et M. de Buddenbrock lui donna, *montre en main*, suivant son habitude imitée de la rigide ponctualité du maître, une heure pour faire ses préparatifs, non sans l'avertir que ses paquets seraient soumis à l'examen des employés de la forteresse qu'elle allait habiter. En rentrant dans sa chambre, elle trouva tous ses effets dans un désordre pittoresque. Pendant sa conférence avec le roi, des agents de la police secrète étaient venus, par ordre, forcer toutes les serrures et s'emparer de tous les papiers. Consuelo, qui ne possédait, en fait d'écritures, que de la musique, éprouva quelque chagrin en pensant qu'elle ne reverrait peut-être jamais ses précieux et chers auteurs, la seule richesse qu'elle eût amassée dans sa vie. Elle regretta beaucoup moins quelques bijoux, qui lui avaient été donnés par divers grands personnages à Vienne et à Berlin, comme récompense de ses soirées de chant. On les lui prenait, sous prétexte qu'ils pouvaient contenir des bagues à poison ou des emblèmes séditieux. Le roi n'en sut jamais rien, et Consuelo ne les revit jamais. Les employés aux basses œuvres de Frédéric se livraient sans pudeur à ces honnêtes spéculations, étant peu payés d'ailleurs, et sachant que le roi aimait mieux fermer les yeux sur leurs rapines que d'augmenter leurs salaires.

Le premier regard de Consuelo fut pour son crucifix; et en voyant qu'on n'avait pas songé à le saisir, sans doute à cause de son peu de valeur, elle le décrocha bien vite et le mit dans sa poche. Elle vit la couronne de roses flétrie et gisante sur le plancher ; puis, en la ramassant pour l'examiner, elle remarqua avec effroi que la bande de parchemin qui contenait de mystérieux encouragements n'y était plus attachée. C'était la seule preuve qu'on pût avoir contre elle de sa complicité avec une prétendue conspiration : mais à combien de commentaires pouvait donner lieu ce faible indice ! Tout en le cherchant avec anxiété, elle porta la main à sa poche et l'y trouva. Elle l'y avait mis machinalement au moment où Buddenbrock était venu la chercher une heure auparavant.

Rassurée sur ce point, et sachant bien que l'on ne trouverait rien dans ses papiers qui pût compromettre qui que ce fût, elle se hâta de rassembler les effets nécessaires à un éloignement dont elle ne se dissimulait pas la durée possible. Elle n'avait personne pour l'aider, car on avait arrêté sa servante pour l'interroger ; et, au milieu de ses costumes arrachés des armoires et jetés en désordre sur tous les meubles, elle avait, outre le trouble que lui causait sa situation, quelque peine à se reconnaître. Tout à coup le bruit d'un objet sonore, tombant au milieu de sa chambre, attira son attention ; c'était un gros clou qui traversait un mince billet.

Le style était laconique :

« Voulez-vous fuir ? Montrez-vous à la fenêtre. Dans « trois minutes vous serez en sûreté. »

Le premier mouvement de Consuelo fut de courir à la fenêtre. Mais elle s'arrêta à moitié chemin ; car elle pensa que sa fuite, au cas qu'elle pût l'effectuer, serait comme l'aveu de sa culpabilité, et un tel aveu, en pareil cas, fait toujours supposer des complices. O princesse Amélie ! pensa-t-elle, s'il est vrai que vous m'ayez trahie, moi, je ne vous trahirai pas ! Je paierai ma dette envers Trenck. Il m'a sauvé la vie; s'il le faut, je la perdrai pour lui.

Ranimée par cette idée généreuse, elle acheva son paquet avec beaucoup de présence d'esprit, et se trouva prête lorsque Buddenbroch vint la prendre pour partir. Elle lui trouva l'air encore plus hypocrite et plus méchant que de coutume. A la fois rampant et rogue, Buddenbrock était jaloux des sympathies de son maître, comme les vieux chiens qui mordent tous les amis de la maison. Il avait été blessé de la leçon que le roi lui avait donnée, tout en le chargeant de faire souffrir la victime, et il ne demandait qu'à s'en venger sur elle.

« Vous me voyez tout en peine, Mademoiselle, lui dit-il, d'avoir à exécuter des ordres aussi rigoureux. Il y avait bien longtemps qu'on n'avait vu à Berlin pareille chose... Non, cela ne s'était pas vu depuis le temps du roi Frédéric-Guillaume l'auguste père de Sa Majesté régnante. Ce fut un cruel exemple de la sévérité de nos lois et du pouvoir terrible de nos princes. Je m'en souviendrai toute ma vie.

— De quel exemple voulez-vous parler, Monsieur? dit Consuelo qui commençait à croire qu'on en voulait à sa vie.

— D'aucun en particulier, reprit Buddenbrock; je voulais parler du règne de Frédéric-Guillaume qui fut, d'un bout à l'autre, un exemple de fermeté, à ne jamais l'oublier. Dans ce temps-là, on ne respectait ni âge ni sexe, quand on pensait avoir une faute grave à punir. Je me souviens d'une jeune personne fort jolie, fort bien née et fort aimable, qui, pour avoir reçu quelquefois la visite d'un auguste personnage contre le gré du roi, fut livrée au bourreau et chassée de la ville après avoir été battue de verges.

— Je sais cette histoire, Monsieur, répondit Consuelo partagée entre la terreur et l'indignation. La jeune personne était sage et pure. Tout son crime fut d'avoir fait de la musique avec Sa Majesté aujourd'hui régnante, comme vous dites, et alors prince royal. Ce même Frédéric a-t-il donc si peu souffert des catastrophes attirées par lui sur la tête des autres, qu'il veuille maintenant m'épouvanter par la menace de quelque infamie semblable?

— Je ne le pense pas, Signora. Sa Majesté ne fait rien que de grand et de juste ; et c'est à vous de savoir si votre innocence vous met à l'abri de sa colère. Je voudrais le croire ; cependant j'ai vu tout à l'heure le roi irrité comme cela ne lui était peut-être jamais arrivé. Il s'est écrié qu'il avait tort de vouloir régner avec indulgence, et que jamais, du vivant de son père, une femme n'eût montré l'audace que vous affichiez. Enfin quelques autres paroles de Sa Majesté me font craindre pour vous quelque peine avilissante, j'ignore laquelle... Je ne veux pas le pressentir. Mon rôle, en ceci, est fort pénible ; et si, à la porte de la ville, il se trouvait que le roi eût donné des ordres contraires à ceux que j'ai reçus de vous conduire immédiatement à Spandaw, je me hâterais de m'éloigner, la dignité de mes fonctions ne me permettant pas d'assister... »

M. de Buddenbrock, voyant que l'effet était produit, et que la malheureuse Consuelo était près de s'évanouir, s'arrêta. En cet instant, elle faillit se repentir de son dévouement, et ne put s'empêcher d'invoquer, dans son cœur, ses protecteurs inconnus. Mais comme elle fixait d'un œil hagard les traits de Buddenbrock, elle y trouva l'hésitation du mensonge, et commença à se rassurer. Son cœur battit pourtant à lui rompre la poitrine, lorsqu'un agent de police se présenta à la porte de Berlin pour échanger quelques mots avec M. de Buddenbrock.

Pendant ce temps, un des grenadiers qui l'accompagnaient à cheval s'approcha de la portière opposée, et lui dit rapidement et à demi-voix :

« Soyez tranquille, Signora, il y aurait bien du sang de versé avant qu'on vous fît aucun mal. »

Dans son trouble, Consuelo ne distingua pas les traits de cet ami inconnu, qui s'éloigna aussitôt. La voiture prit, au grand galop, la route de la forteresse; et au bout d'une heure, la Porporina fut incarcérée dans le château de Spandaw avec toutes les formalités d'usage ou plutôt avec le peu de formalités dont un pouvoir absolu a besoin pour procéder.

Cette citadelle, réputée alors inexpugnable, est bâtie au milieu d'un étang formé par le confluent de la Havel et de la Sprée. La journée était devenue sombre et brumeuse, et Consuelo, ayant accompli son sacrifice, ressentit cet épuisement apathique qui suit les actes d'énergie et d'enthousiasme. Elle se laissa donc conduire dans le triste domicile qu'on lui assignait, sans rien regarder autour d'elle. Elle se sentait épuisée; et, bien qu'on fût à peine au milieu du jour, elle se jeta, tout habillée, sur son lit, et s'y endormit profondément. A la fatigue qu'elle éprouvait se joignait cette sorte de sécurité délicieuse dont une bonne conscience recueille les fruits; et quoique son lit fût bien dur et bien étroit, elle y goûta le meilleur sommeil.

Depuis quelque temps, elle ne faisait plus que dormir à demi, lorsqu'elle entendit sonner minuit à l'horloge de la citadelle. La répercussion du son est si vive pour les oreilles musicales, qu'elle en fut éveillée tout à fait. En se soulevant sur son lit, elle comprit qu'elle était en prison, et qu'il fallait y passer la première nuit à réfléchir, puisqu'elle avait dormi tout le jour. La perspective d'une pareille insomnie dans l'inaction et l'obscurité n'était pas très-riante ; elle se dit qu'il fallait s'y résigner et travailler tout de suite à s'y habituer. Elle s'étonnait de ne pas souffrir du froid, et s'applaudissait du moins de ne pas subir ce malaise physique qui paralyse la pensée. Le vent mugissait au dehors d'une façon lamentable, la pluie fouettait les vitres, et Consuelo n'apercevait, par son étroite fenêtre, que le grillage serré se dessinant sur le bleu sombre et voilé d'une nuit sans étoiles.

La pauvre captive passa la première heure de ce supplice tout à fait nouveau et inconnu pour elle dans une grande lucidité d'esprit et dans des pensées pleines de logique, de raison et de philosophie. Mais peu à peu cette tension fatigua son cerveau, et la nuit commença à lui sembler lugubre. Ses réflexions positives se changèrent en rêveries vagues et bizarres. Des images fantastiques, des souvenirs pénibles, des appréhensions effrayantes l'assaillirent, et elle se trouva dans un état qui n'était ni la veille ni le sommeil, et où toutes ses idées prenaient une forme et semblaient flotter dans les ténèbres de sa cellule. Tantôt elle se croyait sur le théâtre, et elle chantait mentalement tout un rôle qui la fatiguait, et dont le souvenir l'obsédait, sans qu'elle pût s'en débarrasser; tantôt elle se voyait dans les mains du bourreau, les épaules nues, devant une foule stupide et curieuse, et déchirée par les verges, tandis que le roi la regardait d'un air courroucé du haut d'un balcon, et qu'Anzoleto riait dans un coin. Enfin, elle tomba dans une sorte de torpeur, et n'eut plus devant les yeux que le spectre d'Albert couché sur son cénotaphe, et faisant de vains efforts pour se relever et venir à son secours. Puis cette image s'effaça, et elle se crut endormie par terre dans la grotte du Schreckenstein, tandis que le chant sublime et déchirant du violon d'Albert exprimait, dans le lointain de la caverne, une prière éloquente et douloureuse. Consuelo dormait effectivement à moitié, et le son de l'instrument caressait son oreille et ramenait le calme dans son âme. Les phrases en étaient si suivies, quoique affaiblies par l'éloignement, et les modulations si distinctes, qu'elle se persuadait l'entendre réellement, sans songer à s'en étonner. Il lui sembla que cette audition fantastique durait depuis plus d'une heure, et qu'elle finissait par se perdre dans les airs en dégradations insensibles. Consuelo s'était rendormie tout de bon, et le jour commençait à poindre lorsqu'elle rouvrit les yeux.

Son premier soin fut d'examiner sa chambre, qu'elle n'avait pas même regardée la veille, tant la vie morale avait absorbé en elle le sentiment de la vie physique. C'était une cellule toute nue, mais propre et bien chauffée par un poêle en briques qu'on allumait à l'extérieur, et qui ne jetait aucune clarté dans l'appartement, mais qui entretenait une température très-supportable. Une seule ouverture cintrée éclairait cette pièce, qui n'était cependant pas trop sombre; les murs étaient blanchis à la chaux et peu élevés.

On frappa trois coups à la porte, et le gardien cria à travers, d'une voix forte :

« Prisonnière numéro trois, levez-vous et habillez-vous; on entrera chez vous dans un quart d'heure. »

Consuelo se hâta d'obéir et de refaire son lit avant le retour du gardien, qui lui apporta du pain et de l'eau pour sa journée, d'un air très-respectueux. Il avait la tournure empesée d'un ancien majordome de bonne maison, et il posa ce frugal ordinaire de la prison sur la table, avec autant de soin et de propreté qu'il en eût mis à servir un repas des plus recherchés.

Consuelo examina cet homme, qui était d'un âge avancé, et dont la physionomie fine et douce n'avait rien de repoussant au premier abord. On l'avait choisi pour servir les femmes, à cause de ses mœurs, de sa bonne tenue, et de sa discrétion à toute épreuve. Il s'appelait Schwartz, et déclina son nom à Consuelo.

« Je demeure au-dessous de vous, dit-il, et si vous veniez à être malade, il suffira que vous m'appeliez par votre fenêtre.

— N'avez-vous pas une femme? lui demanda Consuelo.

— Sans doute, répondit-il, et si vous avez absolument besoin d'elle, elle sera à vos ordres. Mais il lui est défendu de communiquer avec les dames prisonnières, sauf le cas de maladie. C'est le médecin qui en décide. J'ai aussi un fils, qui partagera avec moi l'honneur de vous servir...

— Je n'ai pas besoin de tant de serviteurs, et si vous voulez bien le permettre, monsieur Schwartz, je n'aurai affaire qu'à vous ou à votre femme.

— Je sais que mon âge et ma physionomie rassurent les dames. Mais mon fils n'est pas plus à craindre que moi; c'est un excellent enfant, plein de piété, de douceur et de fermeté. »

Le gardien prononça ce dernier mot avec une netteté expressive que la prisonnière entendit fort bien.

« Monsieur Schwartz, lui dit-elle, ce n'est pas avec moi que vous aurez besoin de faire usage de votre fermeté. Je suis venue ici presque volontairement, et je n'ai aucune intention de m'échapper. Tant que l'on me traitera avec décence et convenance, comme on paraît disposé à le faire, je supporterai sans me plaindre le régime de la prison, quelque rigoureux qu'il puisse être. »

En parlant ainsi, Consuelo, qui n'avait rien pris depuis vingt-quatre heures, et qui avait souffert de la faim toute la nuit, se mit à rompre le pain bis et à le manger avec appétit.

Elle remarqua alors que sa résignation faisait impression sur le vieux gardien, et qu'il en était à la fois émerveillé et contrarié.

« Votre Seigneurie n'a donc pas de répugnance pour cette nourriture grossière? lui dit-il avec un peu d'embarras.

— Je ne vous cacherai pas que, dans l'intérêt de ma santé, à la longue, j'en désirerais une plus substantielle; mais si je dois me contenter de celle-ci, ce ne sera pas pour moi une grande contrariété.

— Vous étiez cependant habituée à bien vivre? Vous aviez chez vous une bonne table, je suppose?

— Eh! mais, sans doute.

— Et alors, reprit Schwartz d'un air insinuant, pourquoi ne vous feriez-vous pas servir ici, à vos frais, un ordinaire convenable?

— Cela est donc permis?

— A coup sûr! s'écria Schwartz, dont les yeux brillèrent à l'idée d'exercer son trafic, après avoir eu la crainte de trouver une personne trop pauvre ou trop sobre pour lui assurer ce profit. Si Votre Seigneurie a eu la précaution de cacher quelque argent sur elle en entrant ici... il ne m'est pas défendu de lui fournir la nourriture qu'elle aime. Ma femme fait fort bien la cuisine, et nous possédons une vaisselle plate fort propre.

— C'est fort aimable de votre part, dit Consuelo, qui découvrait la cupidité de M. Schwartz avec plus de dégoût que de satisfaction. Mais la question est de savoir si j'ai de l'argent en effet. On m'a fouillée en entrant ici; je sais qu'on m'a laissé un crucifix auquel je tenais beaucoup, mais je n'ai pas remarqué si on me prenait ma bourse.

— Votre Seigneurie ne l'a pas remarqué?

— Non; cela vous étonne?

—Mais Votre Seigneurie sait sans doute ce qu'il y avait dans sa bourse?

—A peu de chose près. » Et en parlant ainsi, Consuelo faisait la revue de ses poches, et n'y trouvait pas une obole. « M. Schwartz, lui dit-elle avec une gaieté courageuse, on ne m'a rien laissé, à ce que je vois. Il faudra donc que je me contente du régime des prisonniers. Ne vous faites pas d'illusions là-dessus.

—Eh bien, Madame, reprit Schwartz, non sans faire un visible effort sur lui-même, je vais vous prouver que ma famille est honnête, et que vous avez affaire à des gens estimables. Votre bourse est dans ma poche; la voici! » Et il fit briller la bourse aux yeux de la Porporina, puis il la remit tranquillement dans son gousset.

« Puisse-t-elle vous profiter! dit Consuelo étonnée de son impudence.

—Attendez! reprit l'avide et méticuleux Schwartz. C'est ma femme qui vous a fouillée. Elle a ordre de ne point laisser d'argent aux prisonnières, de crainte qu'elles ne s'en servent pour corrompre leurs gardiens. Mais quand les gardiens sont incorruptibles, la précaution est inutile. Elle n'a donc pas jugé qu'il fût de son devoir de remettre votre argent au gouverneur. Mais comme il y a une consigne à la lettre de laquelle on est obligé, en conscience, de se conformer, votre bourse ne saurait retourner directement dans vos mains.

—Gardez-la donc! dit Consuelo, puisque tel est votre bon plaisir.

—Sans aucun doute, je la garderai, et vous m'en remercierez. Je suis dépositaire de votre argent, et je l'emploierai, pour vos besoins comme vous l'entendrez. Je vous apporterai les mets qui vous seront agréables;

j'entretiendrai votre poêle avec soin; je vous fournirai même un meilleur lit et du linge à discrétion. J'établirai mon compte chaque jour, et je me paierai sur votre avoir jusqu'à due concurrence.

— A la bonne heure! dit Consuelo; je vois qu'il est avec le ciel des accommodements; et j'apprécie l'honnêteté de M. Schwartz comme je le dois. Mais quand cette somme, qui n'est pas bien considérable, sera épuisée, vous me fournirez donc les moyens de me procurer de nouveaux fonds?

— Que Votre Seigneurie ne s'exprime pas ainsi! ce serait manquer à mon devoir, et je ne le ferai jamais. Mais Votre Seigneurie n'en souffrira pas; elle me désignera, soit à Berlin, soit ailleurs, la personne dépositaire de ses fonds, et je ferai passer mes comptes à cette personne pour qu'ils soient régulièrement soldés. Ma consigne ne s'oppose point à cela.

— Fort bien. Vous avez trouvé la manière de corriger cette consigne, qui est fort inconséquente, puisqu'elle vous permet de nous bien traiter, et qu'elle nous ôte cependant les moyens de vous y déterminer. Quand mes ducats d'or seront à bout, j'aviserai à vous satisfaire. Commencez donc par m'apporter du chocolat; vous me servirez à dîner un poulet et des légumes; dans la journée vous me procurerez des livres, et le soir vous me fournirez de la lumière.

— Pour le chocolat, Votre Seigneurie va l'avoir dans cinq minutes; le dîner ira comme sur des roulettes; j'y ajouterai une bonne soupe, des friandises que les dames ne dédaignent pas, et du café, qui est fort salutaire pour combattre l'air humide de cette résidence. Quant aux livres et à la lumière, c'est impossible. Je serais chassé sur-le-champ, et ma conscience me défend de manquer à ma consigne.

— Mais les aliments recherchés et les friandises sont également prohibés?

— Non. Il nous est permis de traiter les dames, et particulièrement Votre Seigneurie, avec humanité, dans tout ce qui a rapport à la santé et au bien-être.

— Mais l'ennui est également préjudiciable à la santé!

— Votre Seigneurie se trompe. En se nourrissant bien et en laissant reposer l'esprit, on engraisse toujours ici. Je pourrais vous citer telle dame qui y est entrée svelte comme vous voilà, et qui en est sortie, au bout de vingt ans, pesant au moins cent quatre-vingts livres.

— Grand merci, monsieur Schwartz. Je ne désire pas cet embonpoint formidable, et j'espère que vous ne me refuserez pas les livres et la lumière.

— J'en demande humblement pardon à Votre Seigneurie, je n'enfreindrai pas mes devoirs. D'ailleurs, Votre Seigneurie ne s'ennuiera pas; elle aura ici son clavecin et sa musique.

— En vérité! Est-ce à vous que je devrai cette consolation, monsieur Schwartz?

— Non, Signora, ce sont les ordres de Sa Majesté, et j'ai là un ordre du gouverneur pour laisser passer et déposer dans votre chambre lesdits objets. »

Consuelo, enchantée de pouvoir faire de la musique, ne songea plus à rien demander. Elle prit gaiement son chocolat, tandis que M. Schwartz mettait en ordre son mobilier, composé d'un pauvre lit, de deux chaises de paille et d'une petite table de sapin.

« Votre Seigneurie aura besoin d'une commode, dit-il de cet air caressant que prennent les gens disposés à nous combler de soins et de douceurs pour notre argent; et puis d'un meilleur lit, d'un tapis, d'un bureau, d'un fauteuil, d'une toilette...

— J'accepte la commode et la toilette, répondit Consuelo, qui songeait à ménager ses ressources. Quant au reste, je vous en tiens quitte. Je ne suis pas délicate, et je vous prie de ne me fournir que ce que je vous demande. »

Maître Schwartz hocha la tête d'un air d'étonnement et presque de mépris; mais il ne répliqua pas; et lorsqu'il eut rejoint sa très-digne épouse :

« Ce n'est pas méchant, lui dit-il en lui parlant de la nouvelle prisonnière, mais c'est pauvre. Nous n'aurons pas grands profits avec ça.

— Qu'est-ce que tu veux que ça dépense? repri madame Schwartz en haussant les épaules. Ce n'est pas une grande dame, celle-là! c'est une comédienne à ce qu'on dit!

— Une comédienne, s'écria Schwartz. Ah bien! j'en suis charmé pour notre fils Gottlieb.

— Fi donc! reprit madame Schwartz en fronçant le sourcil. Veux-tu en faire un saltimbanque?

— Tu ne m'entends pas, femme. Il sera pasteur. Je n'en démordrai pas. Il a étudié pour cela, et il est du bois dont on les fait. Mais comme il faudra bien qu'il prêche et comme il ne montre pas jusqu'ici grande éloquence, cette comédienne lui donnera des leçons de déclamation.

— L'idée n'est pas mauvaise. Pourvu qu'elle ne veuille pas rabattre le prix de ses leçons sur nos mémoires!

— Sois donc tranquille! Elle n'a pas le moindre esprit. » répondit Schwartz en ricanant et en se frottant les mains.

XV.

Le clavecin arriva dans la journée. C'était le même que Consuelo louait à Berlin à ses frais. Elle fut fort aise de n'avoir pas à risquer avec un autre instrument une nouvelle connaissance moins agréable et moins sûre. De son côté, le roi, qui veillait aux moindres détails d'affaires, s'était informé, en donnant l'ordre d'expédier le clavecin à la prison, si celui-là appartenait à la primadonna; et, en apprenant que c'était un *locatis*, il avait fait savoir au luthier propriétaire qu'il lui en garantissait la restitution, mais que la location resterait aux frais de la prisonnière. Sur quoi le luthier s'était permis d'observer qu'il n'avait point de recours contre une personne en prison, surtout si elle venait à y mourir. M. de Pœlnitz, chargé de cette importante négociation, avait répliqué en riant :

« Mon cher Monsieur, vous ne voudriez pas chicaner le roi sur une semblable vétille, et d'ailleurs cela ne servirait à rien. Votre clavecin est décrété de prise de corps, pour être écroué aujourd'hui même à Spandaw. »

Les manuscrits et les partitions de la Porporina lui furent également apportés ; et, comme elle s'étonnait de tant d'aménité dans le régime de sa prison, le commandant major de place vint lui rendre visite pour lui expliquer qu'elle aurait à continuer ses fonctions de première chanteuse au théâtre royal.

« Telle est la volonté de Sa Majesté, lui dit-il. Toutes les fois que le semainier de l'Opéra vous portera sur le programme pour une représentation, une voiture escortée vous conduira au théâtre à l'heure dite, et vous ramènera coucher à la forteresse immédiatement après le spectacle. Ces déplacements se feront avec la plus grande exactitude et avec les égards qui vous sont dus. J'espère, Mademoiselle, que vous ne nous forcerez, par aucune tentative d'évasion, à redoubler la rigueur de votre captivité. Conformément aux ordres du roi, vous avez été placée dans une chambre à feu, et il vous sera permis de vous promener sur le rempart que vous voyez, aussi souvent qu'il vous sera agréable. En un mot, nous sommes responsables, non-seulement de votre personne, mais de votre santé et de votre voix. La seule contrariété que vous éprouverez de notre part sera d'être tenue au secret, et de ne pouvoir communiquer avec personne, soit de l'intérieur, soit de l'extérieur. Comme nous avons ici peu de dames, et qu'un seul gardien suffit pour le corps de logis qu'elles occupent, vous n'aurez pas le désagrément d'être servie par des gens grossiers. L'honnête figure et les bonnes manières de monsieur Schwartz doivent vous tranquilliser sur ce point. Un peu d'ennui sera donc le seul mal que vous aurez à supporter, et je conçois qu'à votre âge et dans la situation brillante où vous étiez...

— Soyez tranquille, monsieur le major, répondit Consuelo avec un peu de fierté. Je ne m'ennuie jamais quand je peux m'occuper. Je ne demande qu'une grâce; c'est d'avoir de quoi écrire, et de la lumière pour pouvoir faire de la musique le soir.

— Cela est tout à fait impossible. Je suis au désespoir de refuser l'unique demande d'une personne aussi courageuse. Mais je puis, en compensation, vous donner l'autorisation de chanter à toutes les heures du jour et de la nuit, si bon vous semble. Votre chambre est la seule habitée dans cette tour isolée. Le logement du gardien est au-dessous, il est vrai; mais M. Schwartz est trop bien élevé pour se plaindre d'entendre une aussi belle voix, et quant à moi, je regrette de n'être pas à portée d'en jouir. »

Ce dialogue, auquel assistait maître Schwartz, fut terminé par de grandes révérences, et le vieil officier se retira, convaincu, d'après la tranquillité de la cantatrice, qu'elle était là pour quelque infraction à la discipline du théâtre, et pour quelques semaines tout au plus. Consuelo ne savait pas elle-même si elle y était sous la prévention de complicité dans une conspiration politique, ou pour le seul crime d'avoir rendu service à Frédéric de Trenck, ou enfin pour avoir été tout simplement la confidente discrète de la princesse Amélie.

Pendant deux ou trois jours, notre captive éprouva plus de malaise, de tristesse et d'ennui qu'elle ne voulait se l'avouer. La longueur des nuits, qui était encore de quatorze heures dans cette saison, lui fut particulièrement désagréable, tant qu'elle espéra pouvoir s'y soustraire en obtenant de M. Schwartz la lumière, l'encre et les plumes. Mais il ne lui fallut pas beaucoup de temps pour se convaincre que cet homme obséquieux était doué d'une ténacité inflexible. Schwartz n'était pas méchant, il n'avait pas, comme la plupart des gens de son espèce, le goût de faire souffrir. Il était même pieux et dévot à sa manière, croyant servir Dieu et faire son salut, pourvu qu'il se conformât à ceux des engagements de sa profession qu'il ne pouvait point éluder. Il est vrai que ces cas réservés étaient en petit nombre, et portaient sur les articles où il avait moins de chance de profit avec les prisonniers que de chances de danger relativement à sa place.

« Est-elle simple, disait-il en parlant de Consuelo à sa femme, de s'imaginer que pour gagner tous les jours quelques *groschen* sur une bougie, je vais m'exposer à être chassé !

— Fais bien attention, lui répondait son épouse, qui était l'Égérie de ses inspirations cupides, de ne pas lui avancer un seul dîner quand sa bourse sera épuisée.

— Ne t'inquiète pas. Elle a des économies, elle me l'a dit, et M. Porporino, chanteur du théâtre, en est le dépositaire.

— Mauvaise créance! reprenait la femme. Relis donc le code de nos lois prussiennes; tu en verras une relative aux comédiens, qui dégage tout débiteur de toute réclamation de leur part. Prends donc garde que le dépositaire de ladite demoiselle n'invoque la loi, et ne retienne l'argent quand tu lui présenteras tes comptes.

— Mais puisque son engagement avec le théâtre n'est pas rompu par l'emprisonnement, puisqu'elle doit continuer ses fonctions, je ferai une saisie sur la caisse du théâtre.

— Et qui t'assure qu'elle touchera ses appointements? Le roi connaît la loi mieux que personne, et si c'est son bon plaisir de l'invoquer...

— Tu penses à tout, femme! disait M. Schwartz. Je serai sur mes gardes. Pas d'argent? pas de cuisine, pas de feu, le mobilier de rigueur. La consigne à la lettre. »

C'est ainsi que le couple Schwartz devisait sur le sort de Consuelo. Quant à elle, lorsqu'elle se fut bien assurée que l'honnête gardien était incorruptible à l'endroit de la bougie, elle prit son parti, et arrangea ses journées de manière à ne point trop souffrir de la longueur des nuits. Elle s'abstint de chanter durant le jour, afin de se réserver cette occupation pour le soir. Elle s'abstint même autant que possible de penser à la musique et d'entretenir son esprit de réminiscences ou d'inspirations musicales avant les heures de l'obscurité. Au contraire, elle donna la matinée et la journée aux réflexions que lui suggérait sa position, au souvenir des événements de sa vie, et à la recherche rêveuse des éventualités de l'avenir. De cette manière, elle réussit, en peu de temps, à faire deux parts de sa vie, une toute philosophique, une toute musicale; et elle reconnut qu'avec de l'exactitude et de la persévérance on peut, jusqu'à un certain point, faire fonctionner régulièrement et soumettre à la volonté ce coursier capricieux et rétif de la fantaisie, cette muse fantasque de l'imagination. En vivant sobrement, en dépit des prescriptions et des insinuations de M. Schwartz, et en faisant beaucoup d'exercice, même sans plaisir, sur le rempart, elle parvint à se sentir très-calme le soir, et à employer agréablement ces heures de ténèbres que les prisonniers, en voulant forcer le sommeil pour échapper à l'ennui, remplissent de fantômes et d'agitations. Enfin, en ne donnant que six heures au sommeil, elle fut bientôt assurée de dormir paisiblement toutes les nuits, sans que jamais un excès de repos empiétât sur la tranquillité de la nuit suivante.

Au bout de huit jours, elle s'était déjà si bien faite à sa prison, qu'il lui semblait qu'elle n'eût jamais vécu autrement. Ses soirées, si redoutables d'abord, étaient devenues ses heures les plus agréables; et les ténèbres, loin de lui causer l'effroi qu'elle en attendait, lui révélèrent des trésors de conception musicale, qu'elle portait en elle depuis longtemps sans avoir pu en faire usage et les formuler, dans l'agitation de sa profession de virtuose. Lorsqu'elle sentit que l'improvisation, d'une part, et de l'autre l'exécution de mémoire suffiraient à remplir ses soirées, elle se permit de consacrer quelques heures de la journée à noter ses inspirations, et à étudier ses auteurs avec plus de soin encore qu'elle n'avait pu le faire au milieu de mille émotions, ou sous l'œil d'un professeur impatient et systématique. Pour écrire la musique, elle se servit d'abord d'une épingle, au moyen de laquelle elle piquait les notes dans les interlignes, puis de petits éclats de bois enlevés à ses meubles, qu'elles faisait ensuite noircir contre le poêle, au moment où il était le plus ardent. Mais comme ces procédés prenaient du temps, et qu'elle avait une très-petite provision de papier réglé, elle reconnut qu'il valait mieux exercer encore la robuste mémoire dont elle était douée, et y loger avec ordre les nombreuses compositions que chaque soir faisait éclore. Elle en vint à bout, et, en pratiquant, elle put revenir de l'une à l'autre sans les avoir écrites et sans les confondre.

Cependant, comme sa chambre était fort chaude, grâce au surcroît de combustibles que M. Schwartz ajoutait bénévolement à la ration de l'établissement, et comme le rempart où elle se promenait était sans cesse rasé par un vent glacial, elle ne put échapper à quelques jours d'enrouement, qui la privèrent de la distraction d'aller chanter au théâtre de Berlin. Le médecin de la prison, qui avait été chargé de la voir deux fois par semaine, et de rendre compte de l'état de sa santé à M. de Pœlnitz, écrivit qu'elle avait une extinction de voix, précisément le jour où le baron se proposait, avec l'agrément du roi, de la faire reparaître devant le public. Sa sortie fut donc retardée, sans qu'elle en eût le moindre chagrin; elle ne désirait pas respirer l'air de la liberté, avant de s'être assez familiarisée avec sa prison pour y rentrer sans regret.

En conséquence, elle ne soigna pas son rhume avec tout l'amour et toute la sollicitude qu'une cantatrice nourrit ordinairement pour le précieux organe de son gosier. Elle ne s'abstint pas de la promenade, et il en résulta un peu de fièvre durant plusieurs nuits. Elle éprouva alors un petit phénomène que tout le monde connaît. La fièvre amène dans le cerveau de chaque individu une illusion plus ou moins pénible. Les uns s'imaginent que l'angle formé par les murailles de l'appartement se rapproche d'eux, en se rétrécissant, jusqu'à leur presser et leur écraser la tête. Ils sentent peu à peu l'angle se desserrer, s'élargir, les laisser libres, retourner à sa place, pour revenir encore, se resserrer de nouveau et recommencer continuellement la même alternative de gêne et de soulagement. D'autres prennent leur lit pour une vague qui les soulève, les porte jusqu'au baldaquin, et les laisse retomber, pour se soulever encore et les ballotter obstinément. Le narrateur de cette véridique histoire subit la fièvre sous la forme bizarre d'une grosse ombre noire, qu'il voit se dessiner horizontalement sur une surface brillante au milieu de laquelle il se trouve placé. Cette tache d'ombre, nageant sur le sol imaginaire, est dans un continuel mouvement de contraction et de dilatation. Elle s'élargit jusqu'à couvrir entièrement la surface brillante, et tout aussitôt elle diminue, se resserre, et arrive à n'être plus qu'une ligne déliée comme un fil, après quoi elle s'étend de nouveau pour se développer et s'atténuer sans cesse. Cette vision n'aurait rien de désagréable pour le rêveur, si, par une sensation maladive assez difficile à faire comprendre, il ne s'imaginait être lui-même ce reflet obscur d'un objet inconnu flottant sans repos sur une arène embrasée par les feux d'un soleil invisible : à tel point que lorsque l'ombre imaginaire se contracte, il lui semble que son être s'amoindrit et s'allonge jusqu'à devenir l'ombre d'un cheveu; tandis que lorsqu'elle se dilate, il sent sa substance se dilater également jusqu'à figurer l'ombre d'une montagne enveloppant une vallée. Mais il n'y a dans le rêve ni montagne ni vallée. Il n'y a rien que le reflet d'un corps opaque faisant sur un reflet de soleil le même exercice que la prunelle noire du chat dans son iris transparente, et cette hallucination, qui n'est point accompagnée de sommeil, devient une angoisse des plus étranges.

Nous pourrions citer une personne qui, dans la fièvre, voit tomber le plafond à chaque instant; une autre qui se croit devenue un globe flottant dans l'espace; une troisième qui prend la ruelle de son lit pour un précipice, et qui croit toujours tomber à gauche, tandis qu'une quatrième se sent toujours entraînée à droite. Mais chaque lecteur pourrait fournir ses observations et les phénomènes de sa propre expérience; ce qui n'avancerait point la question, et n'expliquerait pas plus que nous ne pouvons le faire, pourquoi chaque individu, durant toute sa vie, ou tout au moins durant une longue série d'années, retombe, la nuit, dans un certain rêve qui est le sien et non celui d'un autre, et subit, à chaque accès de fièvre, une certaine hallucination qui lui présente toujours les mêmes caractères et le même genre d'angoisses. Cette question est du ressort de la physiologie; et nous pensons que le médecin y trouverait peut-être quelques indications, je ne dis pas sur le siége du mal patent, lequel se révèle par d'autres symptômes non moins évidents, mais sur celui d'un mal latent, provenant, chez le malade, du côté faible de son organisation, et qu'il est dangereux de provoquer par certains réactifs.

Mais cette question n'est pas de mon ressort, et je demande pardon au lecteur d'avoir osé l'effleurer.

Quant à notre héroïne, l'hallucination que lui causait la fièvre devait naturellement présenter un caractère musical, et porter sur ses organes auditifs. Elle retomba donc dans le rêve qu'elle avait eu tout éveillée, ou du moins à demi éveillée, la première nuit qu'elle avait passée dans la prison. Elle s'imagina entendre le son plaintif et les phrases éloquentes du violon d'Albert, tantôt forts et distincts, comme si l'instrument eût résonné dans sa chambre, tantôt faibles, comme s'il fût parti de l'horizon. Il y avait, dans cette fluctuation de l'intensité des sons imaginaires, quelque chose d'étrangement pénible. Lorsque la vibration lui semblait se rapprocher, Consuelo éprouvait un sentiment de terreur;

lorsqu'elle paraissait éclater, c'était avec une vigueur qui foudroyait la malade. Puis le son faiblissait, et elle en ressentait peu de soulagement ; car la fatigue d'écouter avec une attention toujours croissante ce chant qui se perdait dans l'espace lui causait bientôt une sorte de défaillance, durant laquelle il lui semblait ne plus saisir aucun bruit. Mais le retour incessant de la rafale harmonieuse lui apportait le frisson, l'épouvante, et les bouffées d'une chaleur insupportable, comme si le vigoureux coup de l'archet fantastique eût embrasé l'air, et déchaîné l'orage autour d'elle.

XVI.

Cependant, comme Consuelo ne s'alarma pas de son état et ne changea presque rien à son régime, elle fut promptement rétablie. Elle put reprendre ses soirées de chant, et elle retrouva le profond sommeil de ses nuits paisibles.

Un matin, c'était le douzième de sa captivité, elle reçut de M. de Pœlnitz un billet qui lui donnait avis d'une sortie pour le lendemain soir :

« J'ai obtenu du roi, disait-il, la permission d'aller
« moi-même vous chercher avec une voiture de sa mai-
« son. Si vous me donnez votre parole de ne point vous
« envoler par une des glaces, j'espère même pouvoir
« vous dispenser de l'escorte, et vous faire reparaître au
« théâtre sans ce lugubre attirail. Croyez que vous
« n'avez pas d'ami plus dévoué que moi, et que je dé-
« plore la rigueur du traitement, peut-être injuste, que
« vous subissez. »

La Porporina s'étonna un peu de l'amitié soudaine et de l'attention délicate du baron. Jusque-là dans ses fréquents rapports d'administration théâtrale avec la primadonna. M. de Pœlnitz, qui, en qualité d'ex-*roué*, n'aimait pas les filles vertueuses, lui avait témoigné beaucoup de froideur et de sécheresse. Il lui avait même parlé souvent de sa conduite régulière et de ses manières réservées avec une ironie désobligeante. On savait bien à la cour que le vieux chambellan était le mouchard du roi, mais Consuelo n'était pas initiée aux secrets de cour, et elle ne savait pas qu'on pût faire cet odieux métier sans perdre les avantages d'une apparente considération dans le grand monde. Cependant un vague instinct de répulsion disait à Consuelo que Pœlnitz avait contribué plus que tout autre à son malheur. Elle veilla donc à toutes ses paroles lorsqu'elle se trouva seule avec lui le lendemain, dans la voiture qui les conduisait rapidement à Berlin, vers le déclin du jour.

« Eh bien, ma pauvre recluse, lui dit-il, vous voilà diablement matée! Sont-ils farouches ces cuistres de vétérans qui vous gardent! Jamais ils n'ont voulu me permettre d'entrer dans la citadelle, sous prétexte que je n'avais point de permission, et voilà, sans reproche, un quart d'heure que je gèle en vous attendant. Allons, enveloppez-vous bien de cette fourrure que j'ai apportée pour préserver votre voix, et contez-moi donc un peu vos aventures. Que diable s'est-il donc passé à la dernière redoute du carnaval? Tout le monde se le demande, et personne ne le sait. Plusieurs originaux qui, selon moi, ne faisaient de mal à personne, ont disparu comme par enchantement. Le comte de Saint-Germain, qui est de vos amis, je crois; un certain Trismégiste, qu'on disait caché chez M. de Golowkin, et que vous connaissez peut-être aussi, car on dit que vous êtes au mieux avec tous ces enfants du diable…

— Ces personnes ont été arrêtées? demanda Consuelo.

— Ou elles ont pris la fuite : les deux versions ont cours à la ville.

— Si ces personnes ne savent pas mieux que moi pourquoi on les persécute, elles eussent mieux fait d'attendre de pied ferme leur justification.

— Ou la nouvelle lune qui peut changer l'humeur du monarque; c'est encore le plus sûr, et je vous conseille de bien chanter ce soir. Cela fera plus d'effet sur lui que de belles paroles. Comment diable avez-vous été assez maladroite, ma belle amie, pour vous laisser envoyer à Spandaw? Jamais, pour des vétilles pareilles à celles dont on vous accuse, le roi n'eût prononcé une condamnation aussi discourtoise envers une dame; il faut que vous lui ayez répondu avec arrogance, le bonnet sur l'oreille et la main sur la garde de votre épée, comme une petite folle que vous êtes. Qu'aviez-vous fait de criminel? Voyons, racontez-moi ça. Je parie arranger vos affaires, et, si vous voulez suivre mes conseils, vous ne retournerez pas dans cette humide souricière de Spandaw; vous irez coucher ce soir dans votre joli appartement de Berlin. Allons, confessez-vous. On dit que vous avez fait un souper fin dans le palais avec la princesse Amélie, et que vous vous êtes amusée, au beau milieu de la nuit, à faire le revenant et à jouer du balai dans les corridors, pour effrayer les filles d'honneur de la reine. Il paraît que plusieurs de ces demoiselles en ont fait fausse-couche, et que les plus vertueuses mettront au monde des enfants marqués d'un petit balai sur le nez. On dit aussi que vous vous êtes fait dire votre bonne aventure par le *planétaire* de madame de Kleist, et que M. de Saint-Germain vous a révélé les secrets de la politique de Philippe le Bel. Êtes-vous assez simple pour croire que le roi veuille faire autre chose que de rire avec sa sœur de ces folies? Le roi est d'ailleurs, pour madame l'abbesse, d'une faiblesse qui va jusqu'à l'enfantillage; et quant aux devins, il veut seulement savoir s'ils prennent de l'argent pour débiter leurs sornettes, auquel cas il les prie de quitter le pays, et tout est dit. Vous voyez bien que vous vous abusez sur l'importance de votre rôle, et que si vous aviez voulu répondre tranquillement à quelques questions sans conséquence, vous n'auriez point passé un si triste carnaval dans les prisons de l'État. »

Consuelo laissa babiller le vieux courtisan sans l'interrompre, et lorsqu'il la pressa de répondre, elle persista à dire qu'elle ne savait de quoi il voulait lui parler. Elle sentait un piège sous cette frivolité bienveillante, et elle ne s'y laissa point prendre.

Alors Pœlnitz changea de tactique, et d'un ton sérieux :

« C'est bien! lui dit-il, vous vous méfiez de moi. Je ne vous en veux pas, et, au contraire, je fais grand cas de la prudence. Puisque vous êtes ainsi, Mademoiselle, je vais, moi, vous parler à découvert. Je vois bien qu'on peut se fier à vous, et que notre secret est en bonnes mains. Apprenez donc, signora Porporina, que je suis votre ami plus que vous ne pensez, car je suis un des vôtres; je suis du parti du prince Henry.

— Le prince Henry a donc un parti? dit la Porporina, curieuse d'apprendre dans quelle intrigue elle se trouvait enveloppée.

— Ne faites pas semblant de l'ignorer, reprit le baron. C'est un parti que l'on persécute beaucoup en ce moment, mais qui est loin d'être désespéré. Le *grand lama*, ou, si vous aimez mieux, *M. le marquis,* n'est pas si solide sur son trône qu'on ne puisse le faire dégringoler. La Prusse est un bon cheval de bataille; mais il ne faut pas le pousser à bout.

— Ainsi, vous conspirez, monsieur le baron? Je ne m'en serais jamais doutée!

— Qui ne conspire pas à l'heure qu'il est? Le tyranneau est environné de serviteurs dévoués en apparence, mais qui ont juré sa perte.

— Je vous trouve fort léger, monsieur le baron, de me faire une pareille confidence.

— Si je vous la fais, c'est parce que j'y suis autorisé par le prince et la princesse.

— De quelle princesse parlez-vous?

— De celle que vous savez. Je ne pense pas que les autres conspirent!... A moins que ce ne soit la margrave de Bareith, qui est mécontente de sa chétive position, et en colère contre le roi, depuis qu'il l'a rabrouée, au sujet de ses intelligences avec le cardinal de Fleury. C'est déjà une vieille histoire; mais rancune de femme est de longue durée, et la margrave *Guillemette*[1] n'est pas un esprit ordinaire : que vous en semble?

— Je n'ai jamais eu l'honneur de lui entendre dire un seul mot.

— Mais vous l'avez vue chez l'abbesse de Quedlimbourg!

— Je n'ai jamais été qu'une seule fois chez la princesse Amélie, et la seule personne de la famille royale que j'y aie rencontrée, c'est le roi.

— N'importe! le prince Henry m'a donc chargé de vous dire...

— En vérité, monsieur le baron! dit Consuelo d'un ton méprisant; le prince vous a chargé de me dire quelque chose?

— Vous allez voir que je ne plaisante pas. Il vous fait savoir que ses affaires ne sont point gâtées, comme on

[1]. Sophie Wilhelmine. Elle signait *sœur Guillemette*, en écrivant à Voltaire.

veut vous le persuader; qu'aucun de ses confidents ne l'a trahi; que Saint-Germain est déjà en France, où il travaille à former une alliance entre notre conjuration et celle qui va replacer incessamment Charles-Édouard sur le trône d'Angleterre; que Trismégiste seul a été arrêté, mais qu'il le fera évader, et qu'il est sûr de sa discrétion. Quant à vous, il vous conjure de ne point vous laisser intimider par les menaces du *marquis*, et surtout de ne point croire à ceux qui feindraient d'être dans vos intérêts, pour vous faire parler. Voilà pourquoi, tout à l'heure, je vous ai soumise à une petite épreuve, dont vous êtes sortie victorieuse; et je dirai à notre héros, à notre brave prince, à notre roi futur, que vous êtes un des plus solides champions de sa cause! »

Consuelo, émerveillée de l'aplomb de M. de Pœlnitz, ne put réprimer un éclat de rire; et quand le baron, piqué de son mépris, lui demanda le motif de cette gaieté déplacée, elle ne put lui rien répondre, sinon:

« Vous êtes admirable, sublime, monsieur le baron! »

Et elle recommença à rire malgré elle. Elle eût ri sous le bâton, comme la Nicole de M. Jourdain.

« Quand cette attaque de nerfs sera finie, dit Pœlnitz sans se déconcerter, vous daignerez peut-être m'expliquer vos intentions. Voudriez-vous trahir le prince? Croiriez-vous, en effet, que la princesse vous eût livrée à la colère du roi? Vous regarderiez-vous comme dégagée de vos serments? Prenez garde, Mademoiselle! vous vous en repentiriez peut-être bientôt. La Silésie ne tardera pas à être livrée par nous à Marie-Thérèse, qui n'a point abandonné ses projets, et qui deviendra dès lors notre puissante alliée. La Russie, la France, donneraient certainement les mains au prince Henry; madame de Pompadour n'a point oublié les dédains de

Frédéric. Une puissante coalition, quelques années de lutte, peuvent facilement précipiter du trône ce fier souverain qui ne tient encore qu'à un fil... Avec l'amour du nouveau monarque, vous pourriez prétendre à une haute fortune. Le moins qu'il puisse arriver de tout cela, c'est que l'électeur de Saxe soit dépossédé de la royauté polonaise, et que le prince Henry aille régner à Varsovie... Ainsi...

— Ainsi, monsieur le baron, il existe, selon vous, une conspiration qui, pour satisfaire le prince Henry, veut mettre, encore une fois, l'Europe à feu et à sang? Et ce prince, pour assouvir son ambition, ne reculerait pas devant la honte de livrer son pays à l'étranger? J'ai beaucoup de peine à croire de pareilles lâchetés possibles; et si, par malheur, vous dites vrai, je suis fort humiliée de passer pour votre complice. Mais finissons cette comédie, je vous en conjure. Voilà un quart d'heure que vous vous évertuez fort ingénieusement à me faire avouer des crimes imaginaires. Je vous ai écouté pour savoir de quel prétexte on se servait pour me tenir en prison; il me reste à apprendre en quoi j'ai pu mériter la haine qui s'acharne si bassement après moi. Si vous voulez me le dire, je tâcherai de me disculper. Jusque là je ne puis rien répondre à toutes les belles choses que vous m'apprenez, sinon qu'elles me surprennent fort, et que de semblables projets n'ont aucune de mes sympathies.

— En ce cas, Mademoiselle, si vous n'êtes pas plus au courant que cela, reprit Pœlnitz très-mortifié, je m'étonne de la légèreté du prince, qui m'engage à vous parler sans détour, avant de s'être assuré de votre adhésion à tous ses projets.

— Je répète, monsieur le baron, que j'ignore absolument les projets du prince; mais je suis bien certaine d'une chose : c'est qu'il ne vous a jamais chargé de m'en dire un seul mot. Pardonnez-moi de vous donner ce démenti. Je respecte votre âge; mais je ne puis m'empêcher de mépriser le rôle affreux que vous jouez auprès de moi en ce moment.

—Les soupçons absurdes d'une tête féminine ne m'atteignent guère, répondit Pœlnitz, qui ne pouvait plus reculer devant ses mensonges. Un temps viendra où vous me rendrez justice. Dans le trouble que cause la persécution, et avec les idées chagrines que la prison doit nécessairement engendrer, il n'est pas étonnant que vous manquiez tout à coup de pénétration et de clairvoyance. Dans les conspirations, on doit s'attendre à de pareilles lubies, surtout de la part des dames. Je vous plains et vous pardonne. Il est possible, d'ailleurs, que vous ne soyez en tout ceci que l'amie dévouée de Trenck et la confidente d'une auguste princesse... Ces secrets sont d'une nature trop délicate pour que je veuille vous en parler. Le prince Henry lui-même ferme les yeux là-dessus, quoiqu'il n'ignore pas que le seul motif qui ait décidé sa sœur à entrer dans la conspiration soit l'espérance de voir Trenck réhabilité, et peut-être celle de l'épouser.

—Je ne sais rien de cela non plus, monsieur le baron, et je pense que si vous étiez sincèrement dévoué à quelque auguste princesse, vous ne me raconteriez pas de si étranges choses sur son compte. »

Le bruit des roues sur le pavé mit fin à cette conversation, au grand contentement du baron, qui ne savait plus quel expédient inventer pour se tirer d'affaire. On entrait dans la ville. La cantatrice, escortée jusqu'à la porte de sa loge et dans les coulisses par deux factionnaires qui ne la perdaient presque pas de vue, reçut de ses camarades un accueil assez froid. Elle en était aimée, mais aucun d'eux ne se sentait le courage de protester par des témoignages extérieurs contre la disgrâce prononcée par le roi. Ils étaient tristes, contraints, et comme frappés de la peur de la contagion. Consuelo qui ne voulut pas attribuer cette manière d'être à la lâcheté, mais à la compassion, crut lire dans leur contenance abattue l'arrêt d'une longue captivité. Elle s'efforça de leur montrer qu'elle n'en s'en effrayait pas, et parut sur la scène avec une confiance courageuse.

Il se passa en ce moment quelque chose d'assez bizarre dans la salle. L'arrestation de la Porporina ayant fait beaucoup de bruit, et l'auditoire n'étant composé que de personnes dévouées par conviction ou par position à la volonté royale, chacun mit ses mains dans ses poches, afin de résister au désir et à l'habitude d'applaudir la cantatrice disgraciée. Tout le monde avait les yeux sur le monarque, qui, de son côté, promenait des regards investigateurs sur la foule et semblait lui imposer le silence le plus profond. Tout à coup une couronne de fleurs, partie on ne sait d'où, vint tomber aux pieds de la cantatrice, et plusieurs voix prononcèrent simultanément et assez haut pour être entendues des divers points de la salle où elles s'étaient distribuées, les mots : *C'est le roi! c'est le pardon du roi!* Cette singulière assertion passa de bouche en bouche avec la rapidité de l'éclair; et chacun croyant faire son devoir et complaire à Frédéric, une tempête d'applaudissements, telle que de mémoire d'homme on n'en avait ouï à Berlin, se déchaîna depuis les combles jusqu'au parterre. Pendant plusieurs minutes, la Porporina, interdite et confondue d'une si audacieuse protestation, ne put commencer son rôle. Le roi, stupéfait, se retourna vers les spectateurs avec une expression terrible, qu'on prit pour un signe d'adhésion et d'encouragement. Buddenbrock lui-même, placé non loin de lui, ayant demandé au jeune Benda de quoi il s'agissait, et celui-ci lui ayant répondu que la couronne était partie de la place du roi, se mit à battre des mains d'un air de mauvaise humeur vraiment comique. La Porporina croyait rêver; le roi se tâtait pour savoir s'il était bien éveillé.

Quels que fussent la cause et le but de ce triomphe, Consuelo en ressentit l'effet salutaire; elle se surpassa elle-même, et fut applaudie avec le même transport durant tout le premier acte. Mais pendant l'entr'acte, la méprise s'étant peu à peu éclaircie, il n'y eut plus qu'une partie de l'auditoire, la plus obscure et la moins à portée d'être redressée par les confidences des courtisans, qui s'obstinât à donner des signes d'approbation. Enfin, au deuxième entr'acte, les orateurs des corridors et du foyer apprirent à tout le monde que le roi paraissait fort mécontent de l'attitude insensée du public; qu'une cabale avait été montée par la Porporina avec une audace inouïe; enfin que quiconque serait signalé comme ayant pris part à cette échauffourée s'en repentirait certainement. Quand vint le troisième acte, le silence fut si profond dans la salle, en dépit des merveilles que fit la prima-donna, qu'on aurait entendu voler une mouche à la fin de chaque morceau chanté par elle, et qu'en revanche les autres chanteurs recueillirent tous les fruits de la réaction.

Quant à la Porporina, elle avait été bientôt désillusionnée de son triomphe.

« Ma pauvre amie, lui avait dit Conciolini en lui présentant la couronne dans la coulisse après la première scène, je te plains d'avoir des amis si dangereux. Ils achèveront de te perdre. »

Dans l'entr'acte, le Porporino vint dans sa loge, et lui parlant à demi-voix :

« Je t'avais dit de te méfier de M. de Saint-Germain, lui dit-il ; mais il était trop tard. Chaque parti a ses traîtres. N'en sois pas moins fidèle à l'amitié et docile à la voix de ta conscience. Tu es protégée par un bras plus puissant que celui qui t'opprime.

—Que veux-tu dire, s'écria la Porporina? es-tu de ceux...

—Je dis que Dieu te protégera, répondit le Porporino, qui semblait craindre d'avoir été entendu, et il lui montra la cloison qui séparait les loges d'acteurs les unes des autres. Ces cloisons avaient dix pieds de haut; mais elles laissaient entre leur sommité et le plafond commun un espace assez considérable, de sorte qu'on pouvait facilement entendre d'une loge à l'autre ce qui se passait.

« J'ai prévu, lui dit-il en parlant encore plus bas et en lui remettant une bourse, que tu aurais besoin d'argent, et je t'en apporte.

—Je te remercie, répondit Consuelo ; si le gardien, qui me vend chèrement les vivres, venait te réclamer quelque paiement, comme voici de quoi le satisfaire pour longtemps, refuse de solder ses comptes. C'est un usurier.

—Il suffit, répliqua le bon et loyal Porporino. Je te quitte; j'aggraverais ta position si je paraissais avoir des secrets avec toi. »

Il s'esquiva, et Consuelo reçut la visite de madame de Cocceï (la Barberini), qui lui témoigna courageusement beaucoup d'intérêt et d'affection. La marquise d'Argens (la Cochois) vint les rejoindre d'un air plus empesé, et avec les belles paroles d'une reine qui protége le malheur. Consuelo ne lui en sut pas moins de gré de sa démarche, et la supplia de ne pas compromettre la faveur de son époux en prolongeant sa visite.

Le roi dit à Pœlnitz :

« Eh bien, l'as-tu interrogée? As-tu trouvé moyen de la faire parler?

— Pas plus qu'une borne, répondit le baron.

— Lui as-tu fait entendre que je pardonnerais tout, si elle voulait seulement me dire ce qu'elle sait de *la balayeuse*, et ce que Saint-Germain lui a dit?

— Elle s'en soucie comme de l'an quarante.

— L'as-tu effrayée sur la longueur de sa captivité?

— Pas encore. Votre Majesté m'avait dit de la prendre par la douceur.

— Tu l'effraieras en la reconduisant.

— J'essaierai, mais je ne réussirai pas.

— C'est donc une sainte, une martyre?

— C'est une fanatique, une possédée, peut-être le diable en cotillons.

— En ce cas, malheur à elle! je l'abandonne. La saison de l'opéra italien finit dans quelques jours; arrange-toi pour qu'on n'ait plus besoin de cette fille jusque là, et que je n'entende plus parler d'elle jusqu'à l'année prochaine.

— Un an! Votre Majesté n'y tiendra pas.

— Mieux que ta tête ne tient sur ton cou, Pœlnitz! »

XVII.

Pœlnitz avait assez de motifs de ressentiment contre la Porporina pour saisir cette occasion de se venger. Il n'en fit rien pourtant; son caractère était éminemment lâche, et il n'avait la force d'être méchant qu'avec ceux qui s'abandonnaient à lui. Pour peu qu'on le remît à sa place, il devenait craintif, et on eût dit qu'il éprouvait un respect involontaire pour ceux qu'il ne réussissait pas à tromper. On l'avait vu même se détacher de ceux qui caressaient ses vices pour suivre, l'oreille basse, ceux qui le foulaient aux pieds. Était-ce le sentiment de sa faiblesse, ou le souvenir d'une jeunesse moins avilie? On aimerait à croire que, dans les âmes les plus corrompues, quelque chose accuse encore de meilleurs instincts étouffés et demeurés seulement à l'état de souffrance et de remords. Il est certain que Pœlnitz s'était attaché longtemps aux pas du prince Henry, en feignant de prendre part à ses chagrins; que souvent il l'avait excité à se plaindre des mauvais traitements du roi et lui en avait donné l'exemple, afin d'aller ensuite rapporter ses paroles à Frédéric, même en les envenimant, pour augmenter la colère de ce dernier. Pœlnitz avait fait cet infâme métier pour le plaisir de le faire; car, au fond, il ne haïssait pas le prince. Il ne haïssait personne, si ce n'est le roi, qui le déshonorait de plus en plus sans vouloir l'enrichir. Pœlnitz aimait donc la ruse pour elle-même. Tromper était un triomphe flatteur à ses yeux. Il avait d'ailleurs un plaisir réel à dire du mal du roi et à en faire dire; et quand il venait rapporter ces malédictions à Frédéric, tout en se vantant de les avoir provoquées, il se réjouissait intérieurement de pouvoir jouer le même tour à son maître, en lui cachant le bonheur qu'il avait goûté à le railler, à le trahir, à révéler ses travers, ses ridicules et ses vices à ses ennemis. Ainsi, chaque partie lui servait de dupe, et cette vie d'intrigue où il fomentait la haine sans servir précisément celle de personne avait pour lui des voluptés secrètes.

Cependant le prince Henry avait fini par remarquer que chaque fois qu'il laissait paraître son aigreur devant le complaisant Pœlnitz, il trouvait, quelques heures après, le roi plus courroucé et plus outrageant avec lui qu'à l'ordinaire. S'était-il plaint devant Pœlnitz d'être aux arrêts pour vingt-quatre heures, il voyait le lendemain sa condamnation doublée. Ce prince, aussi franc que brave, aussi confiant que Frédéric était ombrageux, avait enfin ouvert les yeux sur le caractère misérable du baron. Au lieu de le ménager prudemment, il l'avait accablé de son indignation; et depuis ce temps-là, Pœlnitz, courbé jusqu'à terre devant lui, ne l'avait plus desservi. Il semblait même qu'il l'aimât au fond du cœur, autant qu'il était capable d'aimer. Il s'attendrissait en parlant de lui avec admiration, et ces témoignages de respect paraissaient si sincères qu'on s'en étonnait comme d'une bizarrerie incompréhensible de la part d'un tel homme.

Le fait est que Pœlnitz, le trouvant plus généreux et plus tolérant mille fois que Frédéric, eût préféré l'avoir pour maître; pressentant ou devinant vaguement, ainsi que le faisait le roi, une sorte de conjuration mystérieuse autour du prince, il eût voulu pour beaucoup en tenir les fils et savoir s'il pouvait compter assez sur le succès pour s'y associer. C'était donc avec l'intention de s'éclairer pour son propre compte qu'il avait tâché de surprendre la religion de Consuelo. Si elle lui eût révélé le peu qu'elle en savait, il ne l'eût pas rapporté au roi, à moins pourtant que ce dernier ne lui eût donné beaucoup d'argent. Mais Frédéric était trop économe pour avoir de grands scélérats à ses ordres.

Pœlnitz avait arraché quelque chose de ce mystère au comte de Saint-Germain. Il lui avait dit, avec tant de conviction, tant de mal du roi, que cet habile aventurier ne s'était pas assez méfié de lui. Disons, en passant, que l'aventurier avait un grain d'enthousiasme et de folie; que s'il était charlatan et même jésuitique à beaucoup d'égards, il avait au fond de tout cela une conviction fanatique qui présentait de singuliers contrastes et lui faisait commettre beaucoup d'inconséquences.

En ramenant Consuelo à la forteresse, Pœlnitz, qui était un peu blasé sur le mépris qu'on avait pour lui, et qui ne se souvenait déjà plus guère de celui qu'elle lui avait témoigné, se conduisit assez naïvement avec elle. Il lui confessa, sans se faire prier, qu'il ne savait rien, et que tout ce qu'il avait dit des projets du prince, à l'égard des puissances étrangères, n'était qu'un commentaire gratuit de la conduite bizarre et des relations secrètes du prince et de sa sœur avec des gens suspects.

« Ce commentaire ne fait pas honneur à la loyauté de Votre Seigneurie, répondit Consuelo, et peut-être ne devrait-elle pas s'en vanter.

— Le commentaire n'est pas de moi, répondit tranquillement Pœlnitz; il est éclos dans la cervelle du roi notre maître, cervelle maladive et chagrine, s'il en fut, quand le soupçon s'en empare. Quant à donner des suppositions pour des certitudes, c'est une méthode tellement consacrée par l'usage des cours et par la science des diplomates, que vous êtes tout à fait pédante de vous en scandaliser. Au reste, ce sont les rois qui me l'ont apprise; ce sont eux qui ont fait mon éducation, et tous mes vices viennent, de père en fils, des deux monarques prussiens que j'ai eu l'honneur de servir. Plaider le faux pour savoir le vrai! Frédéric n'en fait jamais d'autre, et on le tient pour un grand homme; ce que c'est que d'avoir la vogue! tandis qu'on me traite de scélérat parce que je suis ses errements; quel préjugé! »

Pœlnitz tourmenta Consuelo, tant qu'il put, pour savoir ce qui se passait entre elle, le prince, l'abbesse, Trenck, les aventuriers Saint-Germain et Trismégiste, et un grand nombre de personnages très-importants, disait-il, qui étaient mêlés à une intrigue inexplicable. Il lui avoua naïvement que si cette affaire avait quelque consistance, il n'hésiterait pas à s'y jeter. Consuelo vit bien qu'il parlait enfin à cœur ouvert; mais comme elle ne savait réellement rien, elle n'eut pas de mérite à persister dans ses dénégations.

Quand Pœlnitz eut vu les portes de la citadelle se refermer sur Consuelo et sur son prétendu secret, il rêva à la conduite qu'il devait tenir à son égard; et en fin de cause, espérant qu'elle se laisserait pénétrer si, grâce à lui, elle revenait à Berlin, il résolut de la disculper auprès du roi. Mais dès le premier mot qu'il lui en dit le lendemain, le roi l'interrompit :

« Qu'a-t-elle révélé?

— Rien, Sire.

— En ce cas, laissez-moi tranquille. Je vous ai défendu de me parler d'elle.

— Sire, elle ne sait rien.

— Tant pis pour elle! Qu'il ne vous arrive plus jamais de prononcer son nom devant moi. »

Cet arrêt fut proclamé d'un ton qui ne permettait pas de répliquer. Frédéric souffrait certainement en songeant à la Porporina. Il y avait au fond de son cœur et de sa conscience un tout petit point très-douloureux qui tressaillait alors, comme lorsqu'on passe le doigt sur une mince épine enfoncée dans les chairs. Pour se soustraire à cette pénible sensation, il prit le parti d'en oublier irrévocablement la cause, et il n'eut pas de peine à y réussir. Huit jours ne s'étaient pas écoulés, que grâce à son robuste tempérament royal et à la servile soumission de tous ceux qui l'approchaient, il ne se souvenait pas que Consuelo eût jamais existé. Cependant l'infortunée était à Spandaw. La saison du théâtre était finie, et on lui avait retiré son clavecin. Le roi avait eu cette attention pour elle le soir où on l'avait applaudie à sa barbe, croyant lui complaire. Le prince Henry était aux arrêts indéfiniment. L'abbesse de Quedlimbourg était gravement malade; le roi avait eu la cruauté de lui faire croire que Trenck avait été repris et replongé dans les cachots. Trismégiste et Saint-Germain avaient réellement disparu, et la balayeuse avait cessé de hanter le palais. Ce que son apparition présageait semblait avoir reçu une sorte de confirmation. Le plus jeune des frères du roi était mort d'épuisement à la suite d'infirmités prématurées.

A ces chagrins domestiques vint se joindre la brouille définitive de Voltaire avec le roi. Presque tous les biographes ont déclaré que, dans cette lutte misérable, l'honneur était demeuré à Voltaire. En examinant mieux les pièces du procès, on s'aperçoit qu'il ne fait honneur au caractère d'aucune des parties, et que le rôle le moins mesquin est peut-être même celui de Frédéric. Plus froid, plus implacable, plus égoïste que Voltaire, Frédéric ne connaissait ni l'envie ni la haine; et ces brûlantes petites passions ôtaient à Voltaire la fierté et la dignité dont Frédéric savait prendre au moins l'apparence. Parmi les amères bisbilles qui amenèrent goutte à goutte l'explosion, il y en eut une où Consuelo ne fut pas nommée, mais qui aggrava la sentence d'oubli volontaire prononcée sur elle. D'Argens lisait un soir les gazettes parisiennes à Frédéric, Voltaire présent. On y rapportait l'aventure de mademoiselle Clairon, interrompue au beau milieu de son rôle par un spectateur mal placé qui lui avait crié : « *Plus haut;* » sommée de faire des excuses au public pour avoir répondu royalement : « *Et vous plus bas;* » enfin envoyée à la Bastille pour avoir soutenu son rôle avec autant d'orgueil que de fermeté. Les papiers publics ajoutaient que cette aventure ne priverait pas le théâtre de mademoiselle Clairon, parce que, durant sa séquestration, elle serait amenée de la Bastille sous escorte, pour jouer Phèdre ou Chimène, après quoi elle retournerait coucher en prison jusqu'à l'expiration de sa peine qu'on présumait et qu'on espérait devoir être de courte durée.

Voltaire était fort lié avec Hippolyte Clairon, qui avait puissamment contribué au succès de ses œuvres dramatiques. Il fut indigné de cet événement, et oubliant qu'il s'en passait un analogue et plus grave encore sous ses yeux :

« Voici qui ne fait guère honneur à la France! s'écriat-il en interrompant d'Argens à chaque mot: le manant! interpeller si bêtement et si grossièrement une actrice comme mademoiselle Clairon! butor de public! lui vouloir faire faire des excuses! à une femme! à une femme charmante, les cuistres! les Welches!... La Bastille? jour de Dieu! n'avez-vous pas la berlue, marquis? Une femme à la Bastille, dans ce temps-ci? pour un mot plein d'esprit, de goût et d'à-propos? pour une repartie ravissante? et cela en France?

— Sans doute, dit le roi, la Clairon jouait Électre ou Sémiramis, et le public, qui ne voulait pas en perdre un seul mot, devrait trouver grâce devant M. de Voltaire. »

En un autre temps, cette réflexion du roi eût été flatteuse; mais elle fut prononcée avec un ton d'ironie qui frappa le philosophe et lui rappela tout à coup quelle maladresse il venait de faire. Il avait tout l'esprit nécessaire pour la réparer: il ne le voulut point. Le dépit du roi rallumait le sien, et il répliqua :

« Non, Sire, mademoiselle Clairon eût-elle abîmé un rôle écrit par moi, je ne concevrai jamais qu'il y ait au monde une police assez brutale pour traîner la beauté, le génie et la faiblesse dans les prisons de l'État. »

Cette réponse, jointe à cent autres, et surtout à des mots sanglants, à des railleries cyniques, rapportés au roi par plus d'un *Pœlnitz* officieux, amena la rupture que tout le monde sait, et fournit à Voltaire les plaintes les plus piquantes, les imprécations les plus comiques, les reproches les plus acérés. Consuelo n'en fut que plus *oubliée* à Spandaw, tandis qu'au bout de trois jours, mademoiselle Clairon sortait triomphante et adorée de la Bastille. Privée de son clavecin, la pauvre enfant s'arma de tout son courage pour continuer à chanter le soir et à composer de la musique. Elle en vint à bout et ne tarda pas à s'apercevoir que sa voix et son exquise justesse d'oreille gagnaient encore à cet exercice aride et difficile. La crainte de s'égarer la rendait beaucoup plus circonspecte : elle s'écoutait davantage, ce qui nécessitait un travail de mémoire et d'attention excessif. Sa manière devenait plus large, plus sérieuse, plus parfaite. Quant à ses compositions, elles prirent un caractère plus simple, et elle composa dans sa prison des airs d'une beauté remarquable et d'une tristesse grandiose. Elle ne tarda pourtant pas à ressentir le préjudice que la perte du clavecin portait à sa santé et au calme de son esprit. Éprouvant le besoin de s'occuper sans relâche, et ne pouvant se reposer du travail émouvant et orageux de la production et de l'exécution par un travail plus tranquille de lectures et de recherches, elle sentit la fièvre s'allumer lentement dans ses veines, et la douleur envahir toutes ses pensées. Ce caractère actif, heureux et plein d'affectueuse expansion, n'était pas fait pour l'isolement et pour l'absence de sympathies. Elle eût succombé peut-être à quelques semaines de ce cruel régime, si la Providence ne lui eût envoyé un ami, là où certainement elle ne s'attendait pas à le trouver.

XVIII.

Au-dessous de la cellule qu'occupait notre recluse, une grande pièce enfumée, dont la voûte épaisse et lugubre ne recevait jamais d'autre clarté que celle du feu allumé dans une vaste cheminée toujours remplie de marmites de fer, bouillant et grondant sur tous les tons, renfermait pendant toute la journée la famille Schwartz, et ses savantes opérations culinaires. Tandis que la femme combinait mathématiquement le plus grand nombre de dîners possible avec le moins de comestibles et d'ingrédients imaginables, le mari, assis devant une table noircie d'encre et d'huile, composait artistement, à la lueur d'une lampe toujours allumée dans ce sombre sanctuaire, les mémoires les plus formidables, chargés des détails les plus fabuleux. Les maigres dîners étaient pour le bon nombre de prisonniers que l'officieux gardien avait su mettre sur la liste de ses pensionnaires : les mémoires devaient être présentés à leurs banquiers ou à leurs parents, sans toutefois être soumis au contrôle des expérimentateurs de cette fastueuse alimentation. Pendant que le couple spéculateur se livrait ardemment à son travail, deux personnages plus paisibles, enfoncés sous le manteau de la cheminée, vivaient là en silence, parfaitement étrangers aux douceurs et aux profits de l'opération. Le premier était un grand chat maigre, roux, pelé, dont l'existence se consumait à lécher ses pattes et à se rouler sur la cendre. Le second était un jeune homme, ou plutôt un enfant, encore plus laid dans son espèce, dont la vie immobile et contemplative était partagée entre la lecture d'un vieux bouquin plus gras que les marmites de sa mère, et d'éternelles rêveries qui ressemblaient à la béatitude de l'idiotisme plus qu'à la méditation d'un être pensant. Le chat avait été baptisé par l'enfant du nom de Belzébuth, par antithèse sans doute à celui que l'enfant avait reçu de monsieur et madame Schwartz, ses père et mère, le nom pieux et sacré de Gottlieb.

Gottlieb, destiné à l'état ecclésiastique, avait fait jusqu'à l'âge de quinze ans de bonnes études et de rapides progrès dans la liturgie protestante. Mais, depuis quatre ans, il vivait inerte et malade, près des tisons, sans vouloir se promener, sans désirer de voir le soleil, sans pouvoir continuer son éducation. Une crue rapide et désordonnée l'avait réduit à cet état de langueur et d'indolence. Ses longues jambes grêles pouvaient à peine supporter cette stature démesurée et quasi disloquée. Ses bras étaient si faibles et ses mains si gauches, qu'il ne touchait à rien sans le briser. Aussi sa mère avare lui en avait-elle interdit l'usage, et il n'était que trop porté à lui obéir en ce point. Sa face bouffie et imberbe, terminée par un front élevé et découvert, ne ressemblait pas mal à une poire molle. Ses traits étaient aussi peu réguliers que les proportions de son corps. Ses yeux semblaient complétement égarés, tant ils étaient louches et divergents. Sa bouche épaisse avait un sourire niais; son nez était informe, son teint blême, ses oreilles plates et plantées beaucoup trop bas : des cheveux rares et raides couronnaient tristement cette insipide figure, plus semblable à un navet mal épluché qu'à la mine d'un chrétien; du moins telle était la poétique comparaison de madame sa mère.

Malgré les disgrâces que la nature avait prodiguées à ce pauvre être, malgré la honte et le chagrin que madame Schwartz éprouvait en le regardant, Gottlieb, fils unique, malade inoffensif et résigné, n'en était pas moins le seul amour et le seul orgueil des auteurs de ses jours.

13.

On s'était flatté, alors qu'il était moins laid, qu'il pourrait devenir joli garçon. On s'était réjoui de son enfance studieuse et de son avenir brillant. Malgré l'état précaire où on le voyait réduit, on espérait qu'il reprendrait de la force, de l'intelligence, de la beauté, lorsqu'il aurait fini son interminable croissance. D'ailleurs, il n'est pas besoin d'expliquer que l'amour maternel s'accommode de tout, et se contente de peu. Madame Schwartz, tout en le brusquant et en le raillant, adorait son vilain Gottlieb, et si elle ne l'eût pas vu à toute heure planté *comme une statue de sel* (c'é'ait son expression) dans le coin de sa cheminée, elle n'aurait plus eu le courage d'allonger ses sauces ni d'enfler ses mémoires. Le père Schwartz, qui mettait comme beaucoup d'hommes, plus d'amour-propre que de tendresse dans son sentiment paternel, persistait à rançonner et à voler ses prisonniers dans l'espérance qu'un jour Gottlieb serait ministre et fameux prédicateur, ce qui était son idée fixe, parce que, avant sa maladie, l'enfant s'était exprimé avec facilité. Mais il y avait bien quatre ans qu'il n'avait dit une parole de bon sens; et s'il lui arrivait d'en coudre deux ou trois ensemble, ce n'était jamais qu'à son chat Belzébuth qu'il daignait les adresser. En somme, Gottlieb avait été déclaré idiot par les médecins, et ses parents seuls croyaient à la possibilité de sa guérison.

Un jour cependant, Gottlieb, sortant tout à coup de son apathie, avait manifesté à ses parents le désir d'apprendre un métier pour se désennuyer, et utiliser ses tristes années de langueur. On avait accédé à cette innocente fantaisie quoiqu'il ne fût guère de la dignité d'un futur membre de l'Église réformée de travailler de ses mains. Mais l'esprit de Gottlieb paraissait si bien déterminé à se reposer, qu'il fallut bien lui permettre d'aller étudier l'art de la chaussure dans une boutique de cordonnier. Son père eût souhaité qu'il choisît une profession plus élégante ; mais on eut beau passer en revue devant lui toutes les branches de l'industrie, il s'arrêta obstinément à l'œuvre de saint Crépin, et déclara même qu'il se sentait appelé par la Providence à embrasser cette partie. Comme ce désir devint chez lui une idée fixe, et que la seule crainte d'en être empêché le jetait dans une profonde mélancolie, on le laissa passer un mois dans l'atelier d'un maître, après quoi il revint un beau matin, muni de tous les outils et matériaux nécessaires, et se réinstalla sous le manteau de sa chère cheminée, déclarant qu'il en savait assez, et qu'il n'avait plus besoin de leçons. Cela n'était guère vraisemblable ; mais ses parents, espérant que cette tentative l'avait dégoûté, et qu'il allait peut-être se remettre à l'étude de la théologie, acceptèrent son retour sans reproche et sans raillerie. Alors commença dans la vie de Gottlieb une ère nouvelle, qui fut entièrement remplie et charmée par la confection imaginaire d'une paire de souliers. Trois ou quatre heures par jour, il prenait sa forme et son alêne, et travaillait à une chaussure qui ne chaussa jamais personne ; car elle ne fut jamais terminée. Tous les jours recoupée, tendue, battue, piquée, elle prit toutes les figures possibles, excepté celle d'un soulier, ce qui n'empêcha pas le paisible artisan de poursuivre son œuvre avec un plaisir, une attention, une lenteur, une patience et un contentement de lui-même, au-dessus des atteintes de toute critique. Les Schwartz s'effrayèrent un peu d'abord de cette monomanie ; puis ils s'y habituèrent comme au reste, et le soulier interminable, alternant dans les mains de Gottlieb avec son volume de sermons et de prières, ne fut plus compté dans sa vie que pour une infirmité de plus. On n'exigea de lui autre chose que d'accompagner de temps en temps son père dans les galeries et les cours, afin de prendre l'air. Mais ces promenades chagrinaient beaucoup M. Schwartz, parce que les enfants des autres gardiens et employés de la citadelle ne cessaient de courir après Gottlieb, en contrefaisant sa démarche nonchalante et disgracieuse, et en criant sur tous les tons :

« Des souliers ! des souliers ! cordonnier, fais-nous des souliers ! »

Gottlieb ne prenait point ces huées en mauvaise part ; il souriait à cette méchante engeance avec une sérénité angélique, et même il s'arrêtait pour répondre :

« Des souliers ? certainement, de tout mon cœur : venez chez moi, vous faire prendre mesure. Qui veut des souliers ? »

Mais M. Schwartz l'entraînait pour l'empêcher de se compromettre avec la canaille, et le *cordonnier* ne paraissait ni fâché ni inquiet d'être ainsi arraché à l'empressement de ses pratiques.

Dès les premiers jours de sa captivité, Consuelo avait été humblement requise par M. Schwartz, d'entrer en conférence avec Gottlieb pour essayer de réveiller en lui le souvenir et le goût de cette éloquence dont il avait paru être doué dans son enfance. Tout en avouant l'état maladif et l'apathie de son héritier, M. Schwartz, fidèle à la loi de nature si bien exprimée par La Fontaine :

« Nos petits sont mignons
Beaux, bien faits, et jolis sur tous leurs compagnons. »

n'avait pas décrit très-fidèlement les agréments du pauvre Gottlieb, sans quoi Consuelo n'eût peut-être pas refusé, comme elle le fit, de recevoir dans sa cellule un jeune homme de dix-neuf ans, qu'on lui dépeignait ainsi qu'il suit : « Un grand gaillard de cinq pieds huit pouces, qui eût fait venir l'eau à la bouche de tous les recruteurs du pays, si malheureusement pour sa santé, et heureusement pour son indépendance, un peu de faiblesse dans les bras et dans les jambes ne l'eût rendu impropre au métier des armes. » La captive pensa que la société d'un *enfant* de cet âge et de cette taille, était peu convenable dans sa situation, et elle refusa net de le recevoir; désobligeance que la mère Schwartz lui fit expier en ajoutant une pinte d'eau chaque jour à son bouillon.

Pour se promener sur l'esplanade où on lui avait permis d'aller prendre l'air tous les jours, Consuelo était forcée de descendre dans la résidence nauséabonde de la famille Schwartz et de la traverser, le tout avec la permission et l'escorte de son gardien, qui, du reste, ne se faisait pas prier, l'article *complaisance infatigable* (dans tout ce qui tient aux services autorisés par la consigne) étant porté en compte et coté à un prix fort élevé. Il arriva donc qu'en traversant cette cuisine dont une porte s'ouvrait sur l'esplanade, Consuelo finit par apercevoir et remarquer Gottlieb. Cette figure d'enfant avorté sur le corps d'un géant mal bâti la frappa de dégoût d'abord, et ensuite de pitié. Elle lui adressa la parole, l'interrogea avec bonté, et s'efforça de le faire causer. Mais elle trouva son esprit paralysé soit par la maladie, soit par une excessive timidité; car il ne la suivait sur le rempart que poussé de force par ses parents, et ne répondait à ses questions que par monosyllabes. Elle craignit donc, en s'occupant de lui, d'aggraver l'ennui qu'elle lui supposait, et s'abstint de lui parler, et même de le regarder, après avoir déclaré à son père qu'elle ne lui trouvait pas la moindre disposition pour l'art oratoire.

Consuelo avait été de nouveau fouillée par madame Schwartz, le soir où elle avait revu son camarade Porporino et le public de Berlin pour la dernière fois. Mais elle avait réussi à tromper la vigilance du cerbère femelle. L'heure était avancée, la cuisine était sombre, et madame Schwartz de mauvaise humeur d'être réveillée dans son premier sommeil. Tandis que Gottlieb dormait dans une chambre, ou plutôt dans une niche donnant sur l'atelier culinaire, et que M. Schwartz montait pour ouvrir d'avance la double porte de fer de la cellule, Consuelo s'était approchée du feu qui dormait sous la cendre, et, tout en feignant de caresser Belzébuth, elle avait cherché un moyen de sauver ses ressources des griffes de la *fouilleuse*, afin de n'être plus à sa discrétion absolue. Pendant que madame Schwartz rallumait sa lampe et mettait ses lunettes, Consuelo avait remarqué, au fond de la cheminée, à la place où Gottlieb se tenait habituellement, un enfoncement dans la muraille, à la hauteur de son bras, et, dans cette case mystérieuse, le livre des sermons et le soulier éternel du pauvre idiot. C'était là sa bibliothèque et son atelier. Ce trou noirci par la suie et la fumée contenait toutes les richesses, toutes les délices de Gottlieb. D'un mouvement prompt et adroit, Consuelo y posa sa bourse, et se laissa ensuite examiner patiemment par la vieille parque, qui l'importuna longtemps en passant ses doigts huileux et crochus sur tous les plis de son vêtement, surprise et courroucée de n'y rien trouver. Le sang-froid de Consuelo qui, après tout, ne mettait pas beaucoup d'importance à réussir dans sa petite entreprise, finit par persuader à la geôlière qu'elle n'avait rien; et elle put, dès que l'examen fut fini, reprendre lestement sa bourse et la garder dans sa main sous sa pelisse jusque chez elle. Là elle s'occupa de la cacher, sachant bien que, pendant sa promenade, on venait chaque jour examiner sa cellule avec soin. Elle ne trouva rien de mieux que de porter toujours sa petite fortune sur elle, cousue dans une ceinture, madame Schwartz n'ayant pas le droit de la fouiller, hors le cas de sortie.

Cependant la première somme que madame Schwartz avait saisie sur sa prisonnière le jour de son arrivée était déjà épuisée depuis longtemps, grâce à la rédaction ingénieuse des mémoires de M. Schwartz. Lorsqu'il eut fait de nouveaux frais assez maigres, et un nouveau mémoire assez rond, selon sa prudente et lucrative coutume, trop timoré pour parler d'affaires et pour demander de l'argent à une personne condamnée à n'en point avoir, mais bien renseigné par elle, dès le premier jour, sur les économies qu'elle avait confiées au Porporino, ledit Schwartz s'était rendu, sans lui rien dire, à Berlin, et avait présenté sa note à ce fidèle dépositaire. Le Porporino, averti par Consuelo, avait refusé de solder la note avant qu'elle fût approuvée par la consommatrice, et avait renvoyé le créancier à son amie, qu'il savait munie par lui d'une nouvelle somme.

Schwartz rentra pâle et désespéré, criant à la banqueroute, et se regardant comme volé, bien que les cent premiers ducats saisis sur la prisonnière eussent payé le quadruple de toute la dépense qu'elle avait faite depuis deux mois. Madame Schwartz supporta ce prétendu dommage avec la philosophie d'une tête plus forte et d'un esprit plus persévérant.

« Sans doute nous sommes pillés comme dans un bois, dit-elle; mais est-ce que tu as jamais compté sur cette prisonnière pour gagner ta pauvre vie? Je t'avais averti de ce qui t'arrive. Une comédienne! cela n'a pas d'économies. Un comédien pour mandataire? cela n'a pas d'honneur. Allons, nous avons fait une perte de deux cents ducats. Mais nous nous rattraperons sur les autres pratiques qui sont bonnes. Cela t'apprendra seulement à ne pas offrir inconsidérément tes services aux premiers venus. Je ne suis pas fâchée, Schwartz, que tu reçoives cette petite leçon. Maintenant je vais me donner le plaisir de mettre au pain sec, et même au pain moisi, cette péronnelle, qui n'a pas même l'attention de mettre un frédéric d'or dans sa poche en rentrant, pour payer la peine de la fouilleuse, et qui a l'air de regarder Gottlieb comme un imbécile sans ressources, parce qu'il ne lui fait pas la cour. *Espèce*, va !... »

En grommelant ainsi, et en haussant les épaules, madame Schwartz reprit le cours de ses occupations, et, se trouvant sous la cheminée auprès de Gottlieb, elle lui dit, tout en écumant ses pots :

« Qu'est-ce que tu dis de cela, toi, petit futé ? »

Elle parlait ainsi pour parler, car elle savait bien que Gottlieb entendait tout de la même oreille que son chat Belzébuth.

« Mon soulier avance, mère ! répondit Gottlieb avec un sourire égaré. Je vais bientôt en recommencer une nouvelle paire !

— Oui ! dit la vieille en hochant la tête d'un air de pitié. Comme cela tu en fais une paire tous les jours ? Continue mon garçon... cela te fera un beau revenu !... Mon Dieu, mon Dieu !... » ajouta-t-elle en recouvrant ses marmites, et d'un ton de plainte résignée, comme si l'indulgence maternelle eût donné des entrailles pieuses à ce cœur pétrifié à tous égards.

Ce jour-là, Consuelo, ne voyant point paraître son dîner, se douta de ce qui était arrivé, bien qu'elle eût peine à croire que cent ducats eussent été absorbés en si peu de temps et par un si chétif ordinaire. Elle s'était tracé d'avance un plan de conduite à l'égard des Schwartz. N'ayant pas encore reçu une obole du roi de Prusse, et craignant fort de rester sur les promesses du passé pour tout salaire (Voltaire s'en allait payé de la même monnaie), elle savait bien que le peu d'argent qu'elle avait gagné en charmant les oreilles de quelques personnages moins avares, mais moins riches, ne la mènerait pas loin, pour peu que sa captivité se prolongeât, et que M. Schwartz ne modifiât pas ses prétentions. Elle voulait le forcer à en rabattre, et, pendant deux ou trois jours, elle se contenta du pain et de l'eau qu'il lui apportait, sans faire mine de s'apercevoir de ce changement dans son régime. Le poêle commençait à être aussi négligé que les autres soins, et Consuelo souffrit le froid sans se plaindre. Heureusement il n'était plus d'une rigueur insupportable; on était au mois d'avril, saison moins printanière en Prusse que chez nous, mais où la température commençait pourtant à s'adoucir.

Avant d'entrer en pourparler avec son tyran cupide, elle songeait à mettre ses fonds en sûreté; car elle ne pouvait pas trop se flatter de n'être pas soumise à un examen arbitraire et à une saisie nouvelle aussitôt qu'elle avouerait ses ressources. La nécessité rend clairvoyant quand elle ne peut nous rendre ingénieux. Consuelo n'avait aucun outil avec lequel elle pût creuser le bois ou soulever la pierre. Mais le lendemain, en examinant, avec la minutieuse patience dont les prisonniers sont seuls capables, tous les recoins de sa cellule, elle finit par découvrir une brique qui ne paraissait pas être aussi bien jointe au mur que les autres. A force d'en gratter les contours avec ses ongles, elle enleva l'enduit, et remarqua qu'il n'était pas formé de ciment, comme dans les autres endroits, mais d'une matière friable qu'elle présuma être de la mie de pain desséchée. Elle réussit à détacher la brique, et trouva, derrière, un petit espace, ménagé certainement par quelque prisonnier, entre cette pièce mobile et les briques adhérentes qui formaient l'épaisseur de la muraille. Elle n'en douta plus, lorsqu'en fouillant cette cachette, ses doigts y rencontrèrent plusieurs objets, véritables trésors pour un prisonnier: un paquet de crayons, un canif, une pierre à fusil, de l'amadou et plusieurs rouleaux de cette mince bougie tortillée qu'on appelle chez nous *rat de cave*. Ces objets n'étaient nullement altérés, le mur étant fort sec; et d'ailleurs ils pouvaient avoir été laissés là peu de jours avant sa prise de possession de la cellule. Elle y joignit sa bourse, son petit crucifix de filigrane, que plusieurs fois M. Schwartz avait regardé avec convoitise, en disant que ce *joujou* serait bien du goût de Gottlieb. Puis elle replaça la brique et la cimenta avec la mie de pain de son déjeuner, qu'elle noircit un peu en la frottant sur le plancher, pour lui donner la même couleur que le reste de l'enduit. Tranquille pour quelque temps sur ses moyens d'existence et sur l'emploi de ses soirées, elle attendit de pied ferme la visite domiciliaire des Schwartz, et se sentit aussi fière et aussi joyeuse que si elle eût découvert un nouveau monde.

Cependant Schwartz se lassa bientôt de ne pas trouver matière à spéculer. Dût-il faire, comme il disait, de petites affaires, mieux valait peu que rien, et il rompit le premier le silence pour demander à sa *prisonnière* n° 3 si elle n'avait rien désormais à lui commander. Alors Consuelo se décida à lui déclarer, non qu'elle avait de l'argent, mais qu'elle en recevait régulièrement toutes les semaines par une voie qu'il serait impossible de découvrir.

« Si pourtant cela vous arrivait, dit-elle, le résultat serait de m'empêcher de faire aucune dépense, et c'est à vous de voir si vous préférez la rigueur de votre consigne à d'honnêtes bénéfices. »

Après avoir beaucoup bataillé et avoir examiné sans

succès, pendant quelques jours, les vêtements, la paillasse, le plancher, les meubles, Schwartz commença à penser que Consuelo recevait de quelque fonctionnaire supérieur de la prison même les moyens de correspondre avec l'extérieur. La corruption était partout dans la hiérarchie guichetière, et les subalternes trouvaient leur profit à ne pas contrôler leurs confrères plus puissants.

« Prenons ce que Dieu nous envoie ! » dit Schwartz en soupirant.

Et il se résigna à compter toutes les semaines avec la Porporina. Elle ne le contraria point sur l'emploi des premiers fonds ; mais elle régla l'avenir de manière à ne payer chaque objet que le double de sa valeur, procédé qui parut bien mesquin à madame Schwartz, mais qui ne l'empêcha pas de recevoir son salaire et de le gagner tant bien que mal.

XIX.

Pour quiconque s'est attaché à la lecture des histoires de prisonniers, la simplicité de cette cachette échappant toutefois à l'avide examen des gardiens intéressés à la découvrir ne paraîtra point un fait miraculeux. Le petit secret de Consuelo ne fut pas découvert, et lorsqu'elle regarda ses trésors en rentrant de la promenade, elle les retrouva intacts. Son premier soin fut de placer son matelas devant la fenêtre dès que la nuit fut venue, d'allumer sa petite bougie, et de se mettre à écrire. Nous la laisserons parler elle-même ; car nous sommes possesseur de ce manuscrit, qui est demeuré longtemps après sa mort dans les mains du chanoine ***. Nous le traduisons de l'italien.

JOURNAL DE CONSUELO,

DITE PORPORINA.

Prisonnière à Spandaw, avril 175*.

Le 2. — « Je n'ai jamais écrit que de la musique, et quoique je puisse parler facilement plusieurs langues, j'ignore si je saurais m'exprimer d'un style correct dans aucune. Il ne m'a jamais semblé que je dusse peindre ce qui occuperait mon cœur et ma vie dans une autre langue que celle de l'art divin que je professe. Des mots, des phrases, cela me paraissait si froid au prix de ce que je pouvais exprimer avec le chant! Je compterais les lettres, ou plutôt les billets que j'ai tracés à la hâte, et sans savoir comment, dans les trois ou quatre circonstances les plus décisives de ma vie. C'est donc la première fois, depuis que j'existe, que je sens le besoin de retracer par des paroles ce que j'éprouve et ce qui m'arrive. C'est même un grand plaisir pour moi de l'essayer. Illustre et vénéré Porpora, aimable et cher Haydn, excellent et respectable chanoine***, vous, mes seuls amis, et peut-être vous aussi, noble et infortuné baron de Trenck, c'est à vous que je songe en écrivant; c'est à vous que je raconte mes revers et mes épreuves. Il me semble que je vous parle, que je suis avec vous, et que dans ma triste solitude j'échappe au néant de la mort en vous initiant au secret de ma vie. Peut-être mourrai-je ici d'ennui et de misère, quoique jusqu'à présent ma santé ni mon courage ne soient sensiblement altérés. Mais j'ignore les maux que me réserve l'avenir, et si j'y succombe, du moins une trace de moi et une peinture de mon agonie resteront dans vos mains: ce sera l'héritage de quelque prisonnier qui me succédera dans cette cellule, et qui retrouvera la cachette de la muraille où j'ai trouvé moi-même le papier et le crayon qui me servent à vous écrire. Oh! maintenant, je remercie ma mère de m'avoir fait apprendre à écrire, elle qui ne le savait pas! Oui, c'est un grand soulagement que d'écrire en prison. Mon triste chant ne perçait pas l'épaisseur de ces murailles et ne pouvait aller jusqu'à vous. Mon écriture vous parviendra un jour... et qui sait si je ne trouverai pas un moyen de vous l'envoyer bientôt? J'ai toujours compté sur la Providence.

Le 3. — « J'écrirai brièvement et sans m'arrêter à de longues réflexions. Cette petite provision de papier, fin comme de la soie, ne sera pas éternelle, et ma captivité le sera peut-être. Je vous dirai quelques mots chaque soir avant de m'endormir. Je veux aussi ménager ma bougie. Je ne puis écrire le jour, je risquerais d'être surprise. Je ne vous raconterai pas pourquoi j'ai été envoyée ici : je ne le sais pas, et, en tâchant de le deviner avec vous, je compromettrais peut-être des personnes qui ne m'ont pourtant rien confié. Je ne me plaindrai pas non plus des auteurs de mon infortune. Il me semble que si je me laissais aller au reproche et au ressentiment, je perdrais la force qui me soutient. Je ne veux penser ici qu'à ceux que j'aime, et à celui que j'ai aimé.

« Je chante tous les soirs pendant deux heures, et il me semble que je fais des progrès. A quoi cela me servira-t-il? Les voûtes de mon cachot me répondent, elles ne m'entendent pas... Mais Dieu m'entend, et quand j'ai composé un cantique que je lui chante dans la ferveur de mon âme, j'éprouve un calme céleste, et je m'endors presque heureuse. Il me semble que du ciel on me répond, et qu'une voix mystérieuse me chante dans mon sommeil un autre cantique plus beau que le mien, que j'essaie le lendemain de me rappeler et de chanter à mon tour. A présent que j'ai des crayons, comme il me reste un peu de papier réglé, je vais écrire mes compositions. Un jour peut-être, vous les essaierez, mes chers amis, et je ne serai pas morte tout entière.

Le 4. — « Ce matin le rouge-gorge est entré dans ma chambre, et il est resté plus d'un quart d'heure. Il y a quinze jours que je l'invite à me faire cet honneur, et enfin il s'y est décidé aujourd'hui. Il demeure dans un vieux lierre qui se traîne jusqu'à ma fenêtre, et que mes gardiens épargnent, parce qu'il donne un peu de verdure à leur porte située à quelques pieds au-dessous. Le joli petit oiseau me regardait depuis longtemps d'un air curieux et méfiant. Attiré par la mie de pain que je lui roule en forme de petits vers, et que je fais tourner dans mes doigts pour l'agacer par l'aspect d'une proie vivante, il venait légèrement, et comme porté par un coup de vent, jusque auprès de mes barreaux; mais dès qu'il s'apercevait de la tromperie, il s'en allait d'un air de reproche, et faisait entendre un petit râlement qui ressemblait à une injure. Et puis ces vilains barreaux de fer, si serrés et si noirs, à travers lesquels nous avons fait connaissance, ressemblent tant à une cage, qu'il en avait horreur. Cependant aujourd'hui, comme je ne pensais plus à lui, il s'est déterminé à les traverser, et il est venu, sans penser à moi, je le crois bien aussi, se poser sur un barreau de chaise, dans ma chambre. Je n'ai pas bougé afin de ne pas l'effaroucher, et il s'est mis à regarder autour de lui d'une manière étonnée. Il avait l'air d'un voyageur qui vient de découvrir un pays inconnu, et qui fait ses observations afin de raconter des choses merveilleuses à ses amis. C'était moi qui l'étonnais le plus, et tant que je n'ai pas remué, il a eu l'air de me trouver fort comique. Avec son grand œil rond et son bec en l'air comme un petit nez retroussé, il a une physionomie étourdie et impertinente qui est la plus spirituelle du monde. Enfin j'ai toussé un peu pour entamer la conversation, et il s'est envolé tout effrayé. Mais dans sa précipitation, il n'a pas su retrouver la fenêtre. Il s'est élevé jusqu'au plafond, et il a tourné en rond pendant une minute comme un être qui a perdu la tête. Enfin il s'est calmé, en voyant que je ne songeais pas à le poursuivre, et, fatigué de sa peur plus que de son vol, il est venu s'abattre sur le poêle. Il a paru fort agréablement surpris de cette chaleur, car c'est un oiseau très-frileux; et après avoir fait encore quelques tours au hasard, il est revenu à plusieurs reprises y réchauffer ses pieds mignons avec une secrète volupté. Il a pris courage jusqu'à becqueter mes petits vers en mie de pain qui étaient sur la table, et après les avoir secoués d'un air de mépris, et éparpillés autour de lui, il a fini, pressé de la faim sans doute, par en avaler un qu'il n'a pas trouvé trop mauvais. En ce moment M. Schwartz (mon gardien) est entré, et le cher petit visiteur a retrouvé la fenêtre pour se sauver. Mais j'espère qu'il reviendra, car il ne s'est guère éloigné de la journée, et il n'a cessé de me regarder comme pour me le promettre et me dire qu'il n'a plus si mauvaise opinion de moi et de mon pain.

« En voilà bien long sur un rouge-gorge. Je ne me croyais pas si enfant. Est-ce que la prison conduirait à l'idiotisme? ou bien y a-t-il un mystère de sympathie et d'affection entre tout ce qui respire sous le ciel? J'ai eu ici mon clavecin pendant quelques jours. J'ai pu travailler, étudier, composer, chanter... rien de tout cela ne m'a émue jusqu'ici autant que la visite de ce petit oiseau, de cet être! Oui, c'est un être, et c'est pour cela que mon cœur a battu en le voyant près de moi. Cependant mon gardien est un être aussi, un être de mon espèce; sa femme, son fils que je vois plusieurs fois le jour, la sentinelle qui se promène jour et nuit sur le rempart et qui ne me perd pas de vue, ce sont des êtres mieux organisés, des amis naturels, des frères devant Dieu; pourtant leur aspect m'est beaucoup plus pénible qu'agréable. Ce gardien me fait l'effet d'un guichet, sa femme d'un cadenas, son fils d'une pierre scellée dans le mur. Dans le soldat qui me garde je ne vois qu'un fusil braqué sur moi. Il me semble que ces gens-là n'ont rien d'humain, rien de vivant, que ce sont des machines, des instruments de torture et de mort. Si ce n'était la crainte d'être impie, je les haïrais... O mon rouge-gorge! toi, je t'aime, il n'y a pas à dire, je le sens. Explique qui pourra ce genre d'amour. »

Le 5. — « Autre événement. Voilà le billet que j'ai reçu ce matin, d'une écriture peu lisible, sur un morceau de papier fort malpropre :

« Ma sœur, puisque l'esprit te visite, tu es une sainte,
« j'en étais bien sûr. Je suis ton ami et ton serviteur.
« Dispose de moi, et commande tout ce que tu voudras à
« ton frère. »

« Quel est cet ami, ce frère improvisé? Impossible de deviner. J'ai trouvé cela sur ma fenêtre ce matin, en l'ouvrant pour dire bonjour au rouge-gorge. Serait-ce lui qui me l'aurait apporté? Je suis tentée de croire que c'est lui qui me l'a écrit. Tant il y a qu'il me connaît, le cher petit être, et qu'il commence à m'aimer. Il ne s'approche presque jamais de la cuisine des Schwartz, dont la lucarne exhale une odeur de graisse chaude qui monte chez moi, et qui n'est pas le moindre désagrément de mon habitation. Mais je ne désire plus d'en changer depuis que mon petit oiseau l'adopte. Il a trop bon goût pour se familiariser avec ce porte clefs gargotier, sa méchante femme et sa laide progéniture[1]. C'est à moi décidément qu'il accorde sa confiance et son amitié. Il est rentré dans ma chambre aujourd'hui. Il y a déjeuné avec appétit, et quand je me suis promenée à midi sur l'esplanade, il est descendu de son lierre, et il est venu voltiger autour de moi. Il faisait entendre son petit râle, comme pour m'agacer et attirer mon attention. Le vilain Gottlieb était sur le pas de sa porte, et me regardait, en ricanant, avec ses yeux égarés. Cet être est toujours accompagné d'un affreux chat roux qui regarde mon rouge-gorge d'un œil plus horrible encore que celui de son maître. Cela me fait frémir. Je hais ce chat presque autant que madame Schwartz la fouilleuse. »

Le 6. — « Encore un billet ce matin ! Voilà qui devient bizarre. Même écriture crochue, pointue, parafée, malpropre; même papier à sucre. Mon Lindor n'est pas un hidalgo, mais il est tendre et enthousiaste : « Chère « sœur, âme élue et marquée du doigt de Dieu, tu te « méfies de moi. Tu ne veux pas me parler. N'as-tu rien « à me commander ? Ne puis-je te servir en rien ? Ma vie « t'appartient. Commande donc à ton frère. » Je regarde la sentinelle. C'est un butor de soldat qui tricote son bas en se promenant de long en large, le fusil sur l'épaule. Il me regarde aussi, et semble plus disposé à m'envoyer une balle qu'un poulet. De quelque côté que je tourne les yeux, je ne vois que d'immenses murailles grises, hérissées d'orties, bordées d'un fossé, lequel est bordé

---

[1]. Consuelo donnait quelques détails, dans un paragraphe précédent, sur la famille Schwartz. On a supprimé de son manuscrit tout ce qui serait une répétition pour le lecteur.

lui-même d'un autre ouvrage de fortification, dont je ne sais ni le nom ni l'usage, mais qui me prive de la vue de l'étang; et sur le haut de cet ouvrage avancé, une autre sentinelle dont j'aperçois le bonnet et le bout du fusil, et dont j'entends le cri sauvage à chaque barque qui rase la citadelle : *Passez au large!* Si je voyais au moins ces barques, et un peu d'eau courante, et un coin de paysage! J'entends seulement le clapotement de la rame, quelquefois une chanson de pêcheur, et au loin, quand le vent souffle de ce côté, le bouillonnement des deux rivières qui se réunissent à une certaine distance de la prison. Mais d'où me viennent ces billets mystérieux et ce beau dévouement dont je ne sais que faire? Peut-être que mon rouge-gorge le sait, mais le rusé ne voudra pas me le dire. »

Le 7. — « En regardant de tous mes yeux, pendant que je me promenais sur mon rempart, j'ai aperçu une petite ouverture étroite pratiquée dans le flanc de la tour que j'habite, à une dizaine de pieds au-dessus de ma fenêtre, et presque entièrement cachée par les dernières branches du lierre qui montent jusque là. Un si petit jour ne peut éclairer la demeure d'un vivant, pensais-je en frémissant. J'ai pourtant voulu savoir à quoi m'en tenir, et j'ai essayé d'attirer Gottlieb sur le rempart en flattant sa monomanie ou plutôt sa passion malheureuse, qui est de faire des souliers. Je lui ai demandé s'il pourrait bien me fabriquer une paire de pantoufles; et, pour la première fois, il s'est approché de moi sans y être forcé, et il m'a répondu sans embarras. Mais sa manière de parler est aussi étrange que sa figure, et je commence à croire qu'il n'est pas idiot, mais fou:

« — Des souliers pour toi? m'a-t-il dit (car il tutoie tout le monde); non, je n'oserais. Il est écrit : *Je ne suis pas digne de délier les cordons de ses souliers.* »

« Je voyais sa mère à trois pas de la porte et prête à venir se mêler à la conversation. N'ayant donc pas le temps de m'arrêter à comprendre le motif de son humilité ou de sa vénération, je me suis hâtée de lui demander si l'étage au-dessus de moi était habité, n'espérant guère, cependant, obtenir une réponse raisonnable.

« — Il n'est pas habité, m'a répondu très-judicieusement Gottlieb; il ne pourrait pas l'être, il n'y a qu'un escalier qui conduit à la plate-forme.

« — Et la plate-forme est isolée? Elle ne communique avec rien?

« — Pourquoi me demandes-tu cela, puisque tu le sais?

« — Je ne le sais pas et ne tiens guère à le savoir. C'est pour te faire parler, Gottlieb, et pour voir si tu as autant d'esprit qu'on le dit.

« — J'ai beaucoup, beaucoup d'esprit, m'a répondu le pauvre Gottlieb d'un ton grave et triste, qui contrastait avec le comique de ses paroles.

« — En ce cas, tu peux m'expliquer, ai-je repris (car les moments étaient précieux), comment cette cour est construite.

« — Demande-le au rouge-gorge, a-t-il répondu avec un étrange sourire. Il le sait, lui qui vole et qui va partout. Moi je ne sais rien, puisque je ne vais nulle part.

« — Quoi! pas même jusqu'au haut de cette tour où tu demeures? Tu ne sais pas ce qu'il y a derrière cette muraille?

« — J'y ai peut-être passé, mais je n'y ai pas fait attention. Je ne regarde presque jamais rien ni personne.

« — Cependant tu regardes le rouge-gorge; tu le vois, tu le connais.

« — Oh! lui, c'est différent. On connaît bien les anges : ce n'est pas une raison pour regarder les murs.

« — C'est très-profond ce que tu dis là, Gottlieb. Pourrais-tu me l'expliquer?

« — Demande au rouge-gorge, je te dis qu'il sait tout, lui ; il peut aller partout, mais il n'entre jamais que chez ses pareils. C'est pourquoi il entre dans ta chambre.

« — Grand merci, Gottlieb, tu me prends pour un oiseau.

« — Le rouge-gorge n'est pas un oiseau.

« — Qu'est-ce donc?

« — C'est un ange, tu le sais.

« — En ce cas, j'en suis un aussi?

« — Tu l'as dit.

« — Tu es galant, Gottlieb.

« — *Galant!* a dit Gottlieb en me regardant d'un air profondément étonné; qu'est-ce que c'est que *galant?*

« — Tu ne connais pas ce mot-là?

« — Non.

« — Comment sais-tu que le rouge-gorge entre dans ma chambre?

« — Je l'ai vu; et d'ailleurs il me l'a dit.

« — Il te parle donc?

« — Quelquefois, a dit Gottlieb en soupirant, bien rarement! Mais hier il m'a dit : « Non! je n'entrerai jamais dans ton enfer de cuisine. Les anges n'ont pas commerce avec les méchants esprits. »

« — Est-ce que tu serais un méchant esprit, Gottlieb?

« — Oh! non, pas moi; mais... »

« Gottlieb a posé un doigt sur ses grosses lèvres, d'un air mystérieux.

« — Mais qui? »

« Il n'a rien répondu, mais il m'a montré son chat à la dérobée et comme s'il craignait d'en être aperçu.

« — C'est donc pour cela que tu l'appelles d'un si vilain nom? Belzébuth, je crois?

« — Chut! a repris Gottlieb, c'est son nom et il le connaît bien. Il le porte depuis que le monde existe. Mais il ne le portera pas toujours.

« — Sans doute; quand il sera mort!

« — Il ne mourra pas, lui! Il ne peut pas mourir, et il en est bien fâché, parce qu'il ne sait pas qu'un jour viendra où il sera pardonné. »

« Ici nous fûmes interrompus par l'approche de madame Schwartz, qui s'émerveillait de voir Gottlieb causer enfin librement avec moi. Elle en était toute joyeuse, et me demanda si j'étais contente de lui.

« — Très-contente, je vous assure. Gottlieb est fort intéressant, et j'aurai maintenant du plaisir à le faire parler.

« — Ah! Mademoiselle, vous nous rendrez grand service, car le pauvre enfant n'a personne à qui causer, et avec nous c'est comme un fait exprès, il ne veut pas desserrer les dents. Es-tu original, mon pauvre Gottlieb, et têtu! voilà que tu causes très-bien avec mademoiselle, que tu ne connais pas, tandis qu'avec tes parents... »

« Gottlieb tourna aussitôt les talons et disparut dans la cuisine, sans paraître avoir entendu seulement la voix de sa mère.

« — Voilà comme il fait toujours! s'écria madame Schwartz; quand son père ou moi lui adressons la parole, on jurerait, vingt-neuf fois sur trente, qu'il est devenu sourd. Mais enfin, que vous disait-il donc, Mademoiselle? De quoi, diantre, pouvait-il vous parler si longtemps?

« — Je vous avoue que je ne l'ai pas bien compris, répondis-je. Il faudrait savoir à quoi se rapportent ses idées. Laissez-moi le faire causer de temps en temps sans le déranger, et quand je serai au fait, je vous expliquerai ce qui se passe dans sa tête.

« — Mais enfin, Mademoiselle, il n'a pas l'esprit dérangé ?

« — Je ne le pense pas, » ai-je répondu ; et j'ai fait là un gros mensonge, que Dieu me le pardonne !

« Mon premier mouvement a été d'épargner l'illusion de cette pauvre femme, qui est une méchante sorcière, à la vérité, mais qui est mère, et qui a le bonheur de ne pas voir la folie de son fils. Cela est toujours fort étrange. Il faut que Gottlieb, qui m'a montré si naïvement ses bizarreries, ait une folie silencieuse avec ses parents. En y songeant, je me suis imaginé que je tirerais peut-être de la simplicité de ce malheureux quelques renseignements sur les autres habitants de ma prison, et que je découvrirais, par le hasard de ses réponses, l'auteur de mes billets anonymes. Je veux donc m'en faire un ami, d'autant plus que ses sympathies me paraissent soumises à celles du rouge-gorge, et que, décidément, le rouge-gorge m'honore de la sienne. Il y a de la poésie dans l'esprit malade de ce pauvre enfant ! Le petit oiseau un ange, le chat un méchant esprit qui sera pardonné ! Qu'est-ce que tout cela ? Il y a dans ces têtes germaniques, même les plus détraquées, un luxe d'imagination que j'admire.

« Tant il y a que madame Schwartz est fort contente de ma condescendance, et que me voilà très-bien avec elle pour le moment. Les billevesées de Gottlieb me seront une distraction. Pauvre être ! Celui-là, depuis aujourd'hui que je le connais, il ne m'inspire plus d'éloignement. Un fou, cela ne doit pas être méchant dans ce pays-ci, où les gens d'esprit et de haute raison sont si loin d'être bons !

« Le 8. — Troisième billet sur ma fenêtre.

« Chère sœur, la plate-forme est isolée; mais l'escalier
« qui y monte communique avec un autre corps de bâti-
« ment au bout duquel se trouve l'appartement d'une
« dame qui est prisonnière comme toi. Son nom est un
« mystère, mais le rouge-gorge te le dira si tu l'inter-
« roges. Voilà, au reste, ce que tu voulais savoir du
« pauvre Gottlieb, et ce qu'il ne pouvait t'apprendre. »

« Quel est donc cet ami qui sait, qui voit, qui entend
tout ce que je fais et tout ce que je dis? Je m'y perds. Il
est donc invisible? Tout cela me paraît si merveilleux
que je m'en amuse sérieusement. Il me semble que,
comme dans mon enfance, je vis au milieu d'un conte de
fées, et que mon rouge-gorge va parler tout d'un coup.
Mais s'il est vrai de dire de ce charmant petit lutin qu'il
ne lui manque que la parole, il n'est que trop certain qu'elle
lui manque absolument, ou que je ne puis comprendre
son langage. Le voilà tout à fait habitué à moi. Il entre
dans ma chambre, il en sort, il y revient, il est chez lui.
Je remue, je marche, il ne s'enfuit plus qu'à la portée du
bras, et il revient aussitôt. S'il aimait beaucoup le pain,
il m'aimerait davantage, car je ne puis me faire illusion
sur la cause de son attachement pour moi. C'est la faim,
et un peu aussi le besoin et le désir de se réchauffer à
mon poêle. Si je peux réussir à attraper une mouche
(elles sont encore si rares!), je suis certaine qu'il viendra la prendre dans mes doigts; car déjà il examine de
très-près les morceaux que je lui présente, et si la tentation était plus forte, il mettrait de côté toute cérémonie. Je me souviens maintenant d'avoir entendu dire à
Albert qu'il ne fallait, pour apprivoiser les animaux les
plus craintifs, pour peu qu'ils eussent une étincelle d'intelligence, que quelques heures d'une patience à toute
épreuve. Il avait rencontré une zingara, prétendue sor-

cière, qui ne restait pas un jour entier dans un même coin de la forêt, sans que quelques oiseaux vinssent se poser sur elle. Elle passait pour avoir un charme, et elle prétendait recevoir d'eux, comme Apollonius de Tyane, dont Albert m'a raconté aussi l'histoire, des révélations sur les choses cachées. Albert assurait que tout son secret c'était la patience avec laquelle elle avait étudié les instincts de ces petites créatures, outre une certaine affinité de caractère qui se rencontre souvent entre des êtres de notre espèce et des êtres d'une espèce particulière. A Venise, on élève beaucoup d'oiseaux, on en a la passion, et je la conçois maintenant. C'est que cette belle ville, séparée de la terre, a quelque chose d'une prison. On y excelle dans l'éducation des rossignols. Les pigeons, protégés par une loi spéciale, et presque vénérés par la population, y vivent librement sur les vieux édifices, et sont si familiers que, dans les rues et sur les places, il faut se déranger pour ne pas les écraser en marchant. Les goëlands du port se posent sur les bras des matelots. Aussi il y a à Venise des oiseleurs fameux. J'ai été fort liée, quand j'étais moi-même un enfant, avec un enfant du peuple qui faisait ce trafic, et à qui il suffisait de confier une heure l'oiseau le plus farouche pour qu'il vous le rendît aussi apprivoisé que s'il eût été élevé dans la domesticité. Je m'amuse à répéter ces expériences sur mon rouge-gorge, et le voilà qui se familiarise de minute en minute. Quand je suis dehors, il me suit, il m'appelle; quand je me mets à ma fenêtre, il accourt et vient à moi. M'aimerait-il? pourrait-il m'aimer? Moi, je sens que je l'aime; mais lui, il me connaît et ne me craint pas, voilà tout. L'enfant au berceau n'aime pas autrement sa nourrice, sans doute. Un enfant! quelle tendresse cela doit inspirer! Hélas! je crois qu'on n'aime passionnément que ce qui ne peut guère nous le rendre. L'ingratitude et le dévouement, ou tout au moins l'indifférence et la passion, c'est là l'éternel hyménée des êtres. Anzoleto, tu ne m'a pas aimée... Et toi, Albert, qui m'aimais tant, je t'ai laissé mourir... Me voilà réduite à aimer un rouge-gorge! et je me plaindrais de n'avoir pas mérité mon sort! Vous croyez peut-être, mes amis, que j'ose plaisanter sur un pareil sujet! Non. Ma tête s'égare peut-être dans la solitude ; mon cœur, privé d'affections, se consume, et ce papier est trempé de mes larmes.

« Je m'étais promis de ne pas le gaspiller, ce précieux papier ; et voilà que je le couvre de puérilités. J'y trouve un grand soulagement, et ne puis m'en défendre. Il a plu toute la journée. Je n'ai pas revu Gottlieb ; je ne me suis pas promenée. J'ai été occupée du rouge-gorge tout ce temps, et cet enfantillage a fini par m'attrister étrangement. Quand l'oiseau espiègle et inconstant a cherché à me quitter en becquetant la vitre, je lui ai cédé. J'ai ouvert la fenêtre par un sentiment de respect pour la sainte liberté que les hommes ne craignent pas de ravir à leurs semblables : mais j'ai été blessée de cet abandon momentané, comme si cette bête me devait quelque chose pour tant de soins et d'amour. Je crois bien que je deviens folle, et qu'avant peu je comprendrai parfaitement les divagations de Gottlieb. »

Le 9. — « Qu'ai-je appris? ou plutôt qu'ai-je cru apprendre? car je ne sais rien encore ; mais mon imagination travaille énormément.

« D'abord j'ai découvert l'auteur des billets mystérieux. C'est le dernier que j'eusse imaginé. Mais ce n'est déjà plus de cela que je songe à m'émerveiller. N'importe, je vous raconterai toute cette journée.

« Dès le matin, j'ai ouvert ma petite fenêtre composée d'un seul carreau de vitre assez grand, assez clair, grâce à la propreté avec laquelle je l'essuie pour ne rien perdre du peu de jour qui m'arrive et que me dispute le vilain grillage. Même le lierre menace de m'envahir et de me plonger dans l'obscurité; mais je n'ose encore en arracher une seule feuille; ce lierre vit, il est libre dans sa nature d'existence. Le contrarier, le mutiler! Il faudra pourtant bien s'y résoudre. Il ressent l'influence du mois d'avril, il se hâte de grandir, il s'étend, il s'accroche de tous côtés; il a ses racines scellées dans la pierre; mais il monte, il cherche l'air et le soleil. La pauvre pensée humaine en fait autant. Je comprends maintenant qu'il y ait eu jadis des plantes sacrées... des oiseaux sacrés... Le rouge-gorge est venu aussitôt, et il s'est posé sur mon épaule sans plus de façon; puis il s'est mis selon sa coutume, à regarder tout, à toucher à tout; pauvre être! il y a si peu de chose ici pour l'amuser! Et pourtant il est libre, il peut habiter les champs, et il préfère la prison, son vieux lierre et ma triste cellule. M'aimerait-il? non. Il a chaud dans ma chambre, et il prend goût à mes miettes de pain. Je suis effrayée maintenant de l'avoir si bien apprivoisé. S'il allait entrer dans la cuisine de Schwartz et devenir la proie de son vilain chat! Ma sollicitude lui causerait cette mort affreuse... Être déchiré, dévoré par une bête féroce! Et que faisons-nous donc, nous autres faibles humains, cœurs sans détours et sans défense, sinon d'être torturés et détruits par des êtres sans pitié qui nous font sentir en nous tuant lentement, leurs griffes et leur dent cruelle!

« Le soleil s'est levé clair, et ma cellule était presque couleur de rose, comme autrefois ma chambre de la *Corte-Minelli* quand le soleil de Venise... mais il ne faut pas penser à ce soleil-là; il ne se lèvera plus sur ma tête. Puissiez-vous, ô mes amis, saluer pour moi la riante Italie, et les *cieux immenses*, et *il firmamento lucido*... que je ne reverrai sans doute plus.

« J'ai demandé à sortir ; on me l'a permis quoique ce fût de meilleure heure que de coutume : j'appelle cela sortir ! Une plate-forme de trente pieds de long, bordée d'un marécage et encaissée entre de hautes murailles ! Pourtant ce lieu n'est pas sans beauté, du moins je me le figure à présent que je l'ai contemplé sous tous les aspects. La nuit, il est beau à force d'être triste. Je suis sûre qu'il y a ici bien des gens innocents comme moi et beaucoup plus mal partagés ; des cachots d'où l'on ne sort jamais ; où jamais le jour ne pénètre ; que la lune même, l'amie des cœurs désolés, ne visite point. Ah ! j'aurais tort de murmurer. Mon Dieu ! si j'avais une part de puissance sur la terre, je voudrais faire des heureux !...

« Gottlieb est accouru vers moi clopin-clopant, et souriant autant que sa bouche pétrifiée peut sourire. On ne l'a pas troublé, on l'a laissé seul avec moi ; et tout à coup, miracle ! Gottlieb s'est mis à parler presque comme un être raisonnable.

« — Je ne t'ai pas écrit cette nuit, m'a-t-il dit, et tu n'as pas trouvé de billet sur ta fenêtre. C'est que je ne t'avais pas vue hier, et que tu ne m'avais rien commandé.

« — Que dis-tu ! Gottlieb, c'était toi qui m'écrivais ?

« — Et quel autre eût pu le faire ? Tu n'avais pas deviné que c'était moi ? Mais je ne t'écrirai plus inutilement à présent que tu veux bien me parler. Je ne veux pas t'importuner, mais te servir.

« — Bon Gottlieb, tu me plains donc ? tu prends donc intérêt à moi ?

« — Oui, puisque j'ai reconnu que tu étais un esprit de lumière !

« — Je ne suis rien de plus que toi, Gottlieb ; tu te trompes.

« — Je ne me trompe pas. Ne t'entends-je pas chanter?

« — Tu aimes donc la musique?

« — J'aime la tienne; elle est selon Dieu et selon mon cœur.

« — Ton cœur est pieux, ton âme est pure, je le vois, Gottlieb.

« — Je travaille à les rendre tels. Les anges m'assisteront, et je vaincrai l'esprit des ténèbres qui s'est appesanti sur mon pauvre corps, mais qui n'a pu s'emparer de mon âme. »

« Peu à peu Gottlieb s'est mis à parler avec enthousiasme, mais sans cesser d'être noble et vrai dans ses symboles poétiques. Enfin, que vous dirai-je? cet idiot, ce fou est arrivé à une véritable éloquence en parlant de la bonté de Dieu, des misères humaines, de la justice future d'une Providence rémunératrice, des vertus évangéliques, des devoirs du vrai croyant, des arts même, de la musique et de la poésie. Je n'ai pas pu encore comprendre dans quelle religion il avait puisé toutes ses idées, et cette fervente exaltation; car il ne m'a semblé ni catholique ni protestant, et tout en me disant, à plusieurs reprises, qu'il croyait à la seule, à la vraie religion, il ne m'a rien appris, sinon qu'il est, à l'insu de ses parents, d'une secte particulière : je suis trop ignorante pour deviner laquelle. J'étudierai peu à peu le mystère de cette âme singulièrement forte et belle, singulièrement malade et affligée; car, en somme, le pauvre Gottlieb est fou, comme Zdenko l'était dans sa poésie... comme Albert l'était aussi dans sa vertu sublime!... La démence de Gottlieb a reparu, lorsque après avoir parlé quelque temps avec chaleur, son enthousiasme est devenu plus fort que lui; et alors il s'est mis à divaguer d'une manière enfantine qui me faisait mal, sur l'ange rouge-gorge et sur le chat démon; et aussi sur sa mère, qui a fait alliance avec le chat et avec le mauvais esprit qui est en lui ; enfin de son père, qui a été changé en pierre par un regard de ce pauvre matou Belzébuth. J'ai réussi à le calmer en le distrayant de ses sombres fantaisies, et je l'ai interrogé sur les autres prisonniers. Je n'avais plus aucun intérêt personnel à apprendre ces détails, puisque les billets, au lieu d'être jetés sur ma fenêtre du haut de la tour, comme je le supposais, étaient hissés d'en bas par Gottlieb, avant le jour, au moyen de je ne sais quel engin sans doute fort simple. Mais Gottlieb, obéissant à mes intentions avec une docilité singulière, s'était déjà enquis de ce que la veille j'avais paru désirer de savoir. Il m'a appris que la prisonnière qui demeure dans le bâtiment situé derrière moi, était jeune et belle, et qu'il l'avait aperçue. Je ne faisais pas grande attention à ses paroles, lorsque tout à coup il m'a dit son nom, qui m'a fait tressaillir. Cette captive s'appelle *Amélie.*

« Amélie ! quelle mer d'inquiétudes, quel monde de souvenirs ce nom réveille en moi ! J'ai connu deux Amélies qui toutes deux ont précipité ma destinée dans l'abîme par leurs confidences. Celle-ci est-elle la princesse de Prusse ou la jeune baronne de Rudolstadt? Sans doute ni l'une ni l'autre. Gottlieb, qui n'a aucune curiosité pour son compte, et qui semble ne pas pouvoir s'aviser de faire un pas ni une question si je ne le pousse en avant comme un automate, n'a rien su me dire de plus que ce prénom d'Amélie. Il a vu la captive, mais il l'a vue à sa manière, c'est-à-dire à travers un nuage. Elle doit être jeune et belle, madame Schwartz le dit. Mais lui, Gottlieb, avoue qu'il ne s'y connaît pas. Il a seulement pressenti, en l'apercevant à sa fenêtre, que ce n'est pas un *bon esprit, un ange.* On fait mystère de son nom de famille. Elle est riche et fait de la dépense chez

Schwartz. Mais elle est au secret comme moi. Elle ne sort jamais. Elle est souvent malade. Voilà tout ce que j'ai pu arracher. Gottlieb n'a qu'à écouter le caquet de ses parents pour en savoir davantage, car on ne se gêne pas devant lui. Il m'a promis d'écouter, et de me dire depuis combien de temps cette Amélie est ici. Quant à son autre nom, il paraîtrait que les Schwartz l'ignorent. Pourraient-ils l'ignorer, si c'était l'abbesse de Quedlimbourg? Le roi aurait-il mis sa sœur en prison? On y met les princesses comme les autres, et plus que les autres. La jeune baronne de Rudolstadt... Pourquoi serait-elle ici? De quel droit Frédéric l'aurait-il privée de sa liberté? Allons! c'est une curiosité de recluse qui me travaille, et mes commentaires, sur un simple prénom, sont aussi d'une imagination oisive et peu saine. N'importe : j'aurai une montagne sur le cœur tant que je ne saurai pas quelle est cette compagne d'infortune qui porte un nom si émouvant pour moi. »

Le 1ᵉʳ mai. — « Plusieurs jours se sont passés sans que j'aie pu écrire. Divers événements ont rempli cet intervalle; je me hâte de le combler en vous les racontant.

« D'abord j'ai été malade. De temps en temps, depuis que je suis ici, je ressens les atteintes d'une fièvre au cerveau qui ressemble en petit à ce que j'ai éprouvé en grand au château des Géants, après avoir été dans le souterrain à la recherche d'Albert. J'ai des insomnies cruelles, entrecoupées de rêves durant lesquels je ne saurais dire si je veille ou si je dors; et dans ces moments-là, il me semble toujours entendre ce terrible violon jouant ses vieux airs bohémiens, ses cantiques et ses chants de guerre. Cela me fait bien du mal, et pourtant quand cette imagination commence à s'emparer de moi, je ne puis me défendre de prêter l'oreille, et de recueillir avec avidité les faibles sons qu'une brise lointaine semble m'apporter. Tantôt je me figure que ce violon joue en glissant sur les eaux qui dorment autour de la citadelle; tantôt qu'il descend du haut des murailles, et d'autres fois qu'il s'échappe du soupirail d'un cachot. J'en ai la tête et le cœur brisés. Et pourtant quand la nuit vient, au lieu de songer à me distraire en écrivant, je me jette sur mon lit, et je m'efforce de retomber dans ce demi-sommeil qui m'apporte mon rêve ou plutôt mon demi-rêve musical; car il y a quelque chose de réel là-dessous. Un véritable violon résonne certainement dans la chambre de quelque prisonnier : mais que joue-t-il, et de quelle façon? Il est trop loin pour que j'entende autre chose que des sons entrecoupés. Mon esprit malade invente le reste, je n'en doute pas. Il est dans ma destinée désormais de ne pouvoir douter de la mort d'Albert, et de ne pouvoir pas non plus l'accepter comme un malheur accompli. C'est qu'apparemment il est dans ma nature d'espérer en dépit de tout, et de ne point me soumettre à la rigueur du sort.

« Il y a trois nuits, je m'étais enfin endormie tout à fait, lorsque je fus réveillée par un léger bruit dans ma chambre. J'ouvris les yeux. La nuit était fort sombre, et je ne pouvais rien distinguer. Mais j'entendis distinctement marcher auprès de mon lit, quoiqu'on marchât avec précaution. Je pensai que c'était madame Schwartz qui prenait la peine de venir s'assurer de mon état, et je lui adressai la parole; mais on ne me répondit que par un profond soupir, et on sortit sur la pointe du pied; j'entendis refermer et verrouiller ma porte; et comme j'étais fort accablée, je me rendormis sans faire beaucoup d'attention à cette circonstance. Le lendemain, j'en avais un souvenir si confus et si lourd, que je n'étais pas sûre de ne pas l'avoir rêvé. J'eus le soir un dernier accès de fièvre plus complet que les autres, mais que je préférai beaucoup à mes insomnies inquiètes et à mes rêveries décousues. Je dormis complétement, je rêvai beaucoup, mais je n'entendis pas le lugubre violon, et, chaque fois que je m'éveillai, je sentis bien nettement la différence du sommeil au réveil. Dans un de ces intervalles, j'entendis la respiration égale et forte d'une personne endormie non loin de moi. Il me semblait même distinguer quelqu'un sur mon fauteuil. Je ne fus point effrayée. Madame Schwartz était venue à minuit m'apporter de la tisane; je crus que c'était elle encore. J'attendis quelque temps sans vouloir l'éveiller, et lorsque je crus m'apercevoir qu'elle s'éveillait d'elle-même, je la remerciai de sa sollicitude, et lui demandai l'heure qu'il était. Alors on s'éloigna, et j'entendis comme un sanglot étouffé, si déchirant, si effrayant, que la sueur m'en vient encore au front quand je me le rappelle. Je ne saurais dire pourquoi il me fit tant d'impression; il me sembla qu'on me regardait comme très-malade, peut-être comme mourante, et qu'on m'accordait quelque pitié : mais je ne me trouvais pas assez mal pour me croire en danger, et d'ailleurs il m'était tout à fait indifférent de mourir d'une mort si peu douloureuse, si peu sentie, et au milieu d'une vie si peu regrettable. Dès que madame Schwartz rentra chez moi à sept heures du matin, comme je ne m'étais pas rendormie et que j'avais passé les dernières heures de la nuit dans un état de lucidité parfaite, j'avais un souvenir très-net de cette étrange visite. Je priai ma geôlière de me l'expliquer; mais elle secoua la tête en me disant qu'elle ne savait ce que je voulais dire, qu'elle n'était pas revenue depuis minuit, et que, comme elle avait toutes les clés des cellules confiées à sa garde sous son oreiller pendant qu'elle dormait, il était bien certain que j'avais fait un rêve ou que j'avais eu une vision. J'étais pourtant si loin d'avoir eu le délire, que je me sentis assez bien vers midi pour désirer prendre l'air. Je descendis sur l'esplanade, toujours accompagnée de mon rouge-gorge qui semblait me féliciter sur le retour de mes forces. Le temps était fort agréable. La chaleur commence à se faire sentir ici, et les brises apportent de la campagne de tièdes bouffées d'air pur, de vagues parfums d'herbes, qui réjouissent le cœur malgré qu'on en ait. Gottlieb accourut. Je le trouvai fort changé, et beaucoup plus laid que de coutume. Pourtant il y a une expression de bonté angélique et même de vive intelligence dans le chaos de cette physionomie lorsqu'elle s'illumine. Il avait ses gros yeux si rouges et si éraillés, que je lui demandai s'il y avait mal.

« — J'y ai mal, en effet, me répondit-il, parce que j'ai beaucoup pleuré.

« — Et quel chagrin as-tu donc, mon pauvre Gottlieb ?

« — C'est qu'à minuit, ma mère est descendue de la cellule en disant à mon père : « Le numéro 3 est très-malade ce soir. Il a la fièvre tout de bon. Il faudra mander le médecin. Je ne me soucie pas que cela nous meure entre les mains. » Ma mère croyait que j'étais endormi ; mais moi je n'avais pas voulu m'endormir avant de savoir ce qu'elle dirait. Je savais bien que tu avais la fièvre ; mais quand j'ai entendu que c'était dangereux, je n'ai pas pu m'empêcher de pleurer, jusqu'à ce que le sommeil m'ait vaincu. Je crois bien pourtant que j'ai pleuré toute la nuit en dormant, car je me suis éveillé ce matin avec les yeux en feu, et mon coussin était tout trempé de larmes. »

« L'attachement du pauvre Gottlieb m'a vivement attendrie, et je l'en ai remercié en serrant sa grande patte noire qui sent le cuir et la poix d'une lieue. Puis l'idée m'est venue que Gottlieb pourrait bien, dans son zèle naïf, m'avoir rendu cette visite nocturne plus qu'inconvenante. Je lui ai demandé s'il ne s'était pas relevé, et s'il n'était pas venu écouter à ma porte. Il m'a assuré n'avoir pas bougé, et j'en suis persuadée maintenant. Il faut que l'endroit où il couche soit situé de façon à ce que, de ma chambre, je l'entende respirer et gémir par quelque fissure de la muraille, par la cachette où je mets mon argent et mon journal, peut-être. Qui sait si cette ouverture ne communique pas, par une coulée invisible, à celle où Gottlieb met aussi ses trésors, son livre et ses outils de cordonnier, dans la cheminée de la cuisine? J'ai du moins en ceci un rapport bien particulier avec Gottlieb, puisque tous deux nous avons, comme les rats ou les chauves-souris, un méchant nid dans un trou de mur, où toutes nos richesses sont enfouies à l'ombre. J'allais risquer quelques interrogations là-dessus, lorsque j'ai vu sortir du logis des Schwartz et s'avancer sur l'esplanade un personnage que je n'avais pas encore vu ici, et dont l'aspect m'a causé une terreur incroyable, bien que je ne fusse pas encore sûre de ne pas me tromper sur son compte.

« — Qu'est-ce que cet homme-là? ai-je demandé à Gottlieb à demi-voix.

« — Ce n'est rien de bon, m'a-t-il répondu de même. C'est le nouvel adjudant. Voyez comme Belzébuth fait le gros dos en se frottant contre ses jambes! Ils se connaissent bien, allez!

« — Mais comment s'appelle-t-il?

« Gottlieb allait me répondre, lorsque l'adjudant lui dit d'une voix douce et avec un sourire bienveillant, en lui montrant la cuisine : « Jeune homme, on vous demande là dedans. Votre père vous appelle. »

« Ce n'était qu'un prétexte pour être seul avec moi, et Gottlieb s'étant éloigné, je me trouvai face à face... devine avec qui, ami Beppo? Avec le gracieux et féroce recruteur que nous avons si mal à propos rencontré dans les sentiers du Bœhmer-Wald, il y a deux ans, avec M. Mayer en personne. Je ne pouvais plus le méconnaître; sauf qu'il a pris encore plus d'embonpoint, c'est le même homme, avec son air avenant, sans façon, son regard faux, sa perfide bonhomie, et son *broum, broum* éternel, comme s'il faisait une étude de trompette avec sa bouche. De la musique militaire, il avait passé dans la fourniture de chair à canon; et de là, pour récompense de ses loyaux et honorables services, le voilà officier de place, ou plutôt geôlier militaire, ce qui, après tout, lui convient aussi bien que le métier de geôlier ambulant dont il s'acquittait avec tant de grâce.

« — Mademoiselle, m'a-t-il dit en français, je suis votre humble serviteur! Vous avez là pour vous promener une petite plate-forme tout à fait gentille! de l'air, de l'espace, une belle vue! Je vous en fais mon compliment. Il me paraît que vous la *passez douce* en prison! avec cela qu'il fait un temps magnifique, et qu'il y a vraiment du plaisir à être à Spandaw par un si beau soleil, *broum! broum!* »

« Ces insolentes railleries me causaient un tel dégoût, que je ne lui répondais pas. Il n'en fut pas déconcerté, et reprenant la parole en italien :

« — Je vous demande pardon; je vous parlais une langue que vous n'entendez peut-être point. J'oubliais que vous êtes Italienne, cantatrice italienne, n'est-ce pas? une voix superbe, à ce qu'on dit. Tel que vous me voyez, je suis un mélomane renforcé. Aussi je me sens disposé à rendre votre existence aussi agréable que me le permettra ma consigne. Ah çà, où diable ai-je eu le bonheur de vous voir? Je connais votre figure... mais parfaitement, d'honneur!

« — C'est sans doute au théâtre de Berlin, où j'ai chanté cet hiver.

« — Non! j'étais en Silésie; j'étais sous-adjudant à Glatz. Heureusement ce démon de Trenck a fait son équipée pendant que j'étais en tournée... je veux dire en mission, sur les frontières de la Saxe : autrement je n'aurais pas eu d'avancement, et je ne serais pas ici, où je me trouve très-bien à cause de la proximité de Berlin; car c'est une bien triste vie, Mademoiselle, que celle d'un officier de place. Vous ne pouvez pas vous figurer comme on s'ennuie, quand on est loin d'une grande ville, dans un pays perdu; pour moi qui aime la musique de passion... Mais où diantre ai-je donc eu le plaisir de vous rencontrer?

« — Je ne me rappelle pas, Monsieur, avoir jamais eu cet honneur.

« — Je vous aurai vue sur quelque théâtre, en Italie ou à Vienne... Vous avez beaucoup voyagé? combien avez-vous fait de théâtres? »

« Et comme je ne lui répondais pas, il reprit avec son insouciance effrontée : — N'importe! cela me reviendra. Que vous disais-je? ah! vous ennuyez-vous aussi, vous?

« — Non, Monsieur.

« — Mais est-ce que vous n'êtes pas au secret? c'est bien vous qu'on appelle la Porporina?

« — Oui, Monsieur.

« — C'est cela! prisonnière n° 3. Eh bien, vous ne désirez pas un peu de distraction? de la société?

« — Nullement, Monsieur, répondis-je avec empressement, pensant qu'il allait me proposer la sienne.

« — Comme il vous plaira. C'est dommage. Il y a ici une autre prisonnière fort bien élevée... une femme charmante, ma foi, qui, j'en suis sûr, eût été enchantée de faire connaissance avec vous.

« — Puis-je vous demander son nom, Monsieur?

« — Elle s'appelle Amélie.

« — Amélie qui?

« — Amélie... *broum! broum!* ma foi, je n'en sais rien. Vous êtes curieuse, à ce que je vois; c'est la maladie des prisons. »

« J'en étais à me repentir d'avoir repoussé les avances de M. Mayer; car après avoir désespéré de connaître cette mystérieuse Amélie, et y avoir renoncé, je me sentais de nouveau entraînée vers elle par un sentiment de commisération, et aussi par le désir d'éclaircir mes soupçons. Je tâchai donc d'être un peu plus aimable avec ce repoussant Mayer, et bientôt il me fit l'offre de me mettre en rapport avec la prisonnière n° 2; c'est ainsi qu'il désigne cette Amélie.

« — Si cette infraction à mon arrêt ne vous compromet pas, Monsieur, répondis-je, et que je puisse être utile à cette dame qu'on dit malade de tristesse et d'ennui...

« — *Broum! broum!* Vous prenez donc les choses au pied de la lettre, vous? vous êtes encore bonne enfant! C'est ce vieux cuistre de Schwartz qui vous aura fait peur de la consigne. La consigne! est-ce que ce n'est pas là une chimère? c'est bon pour les portiers, pour les guichetiers; mais nous autres officiers (et en disant ce mot, le Mayer se rengorgea comme un homme qui n'est pas encore habitué à porter un titre aussi honorable), nous fermons les yeux sur les infractions innocentes. Le roi lui-même les fermerait, s'il était à notre place. Tenez, quand vous voudrez obtenir quelque chose, Mademoiselle, ne vous adressez qu'à moi, et je vous promets que vous ne serez pas contrariée et opprimée inutilement. Je suis naturellement indulgent et humain, moi, Dieu m'a fait comme cela; et puis j'aime la musique... Si vous voulez me chanter quelque chose de temps en temps, le soir, par exemple, je viendrai vous écouter d'ici, et avec cela vous ferez de moi tout ce que vous voudrez.

« — J'abuserai le moins possible de votre obligeance, monsieur Mayer.

« — Mayer! s'écria l'adjudant en interrompant avec brusquerie le *broum... broum...* qui voltigeait encore sur ses lèvres noires et gercées. Pourquoi m'appelez-vous Mayer! Je ne m'appelle pas Mayer. Où diable avez-vous pêché ce nom de Mayer?

« — C'est une distraction, monsieur l'adjudant, répondis-je, je vous en demande pardon... J'ai eu un maître de chant qui s'appelait ainsi, et j'ai pensé à lui toute la matinée.

« — Un maître de chant? ce n'est pas moi. Il y a beaucoup de Mayer en Allemagne. Mon nom est Nanteuil. Je suis d'origine française.

« — Eh bien, monsieur l'officier, comment m'annoncerai-je à cette dame? Elle ne me connaît pas, et refusera peut-être ma visite, comme tout à l'heure j'ai failli refuser de la connaître. On devient si sauvage quand on vit seul!

« — Oh! quelle qu'elle soit, cette belle dame sera charmée de trouver à qui parler, je vous en réponds. Voulez-vous lui écrire un mot?

« — Mais je n'ai pas de quoi écrire.

« — C'est impossible; vous n'avez donc pas le sou?

« — Quand j'aurais de l'argent, M. Schwartz est incorruptible; et, d'ailleurs, je ne sais pas corrompre.

« — Eh bien, tenez, je vous conduirai ce soir au n° 2 moi-même... après, toutefois, que vous m'aurez chanté quelque chose. »

« Je fus effrayée de l'idée que M. Mayer, ou M. Nanteuil, comme il lui plaît de s'appeler maintenant, voulait peut-être s'introduire dans ma chambre, et j'allais refuser, lorsqu'il me fit mieux comprendre ses intentions, soit qu'il n'eût pas songé à m'honorer de sa visite, soit qu'il lût mon épouvante et ma répugnance sur ma figure.

« — Je vous écouterai de la plate-forme qui domine la tourelle que vous habitez, dit-il. La voix monte, et j'entendrai fort bien. Puis, je vous ferai ouvrir les portes et conduire par une femme. Je ne vous verrai pas. Il ne serait pas convenable, au fait, que j'eusse l'air de vous pousser moi-même à la désobéissance, quoique après tout, *broum... broum...* en pareille occasion, il y ait un moyen bien simple de se tirer d'affaire... On fait sauter la tête de la prisonnière n° 3, d'un coup de pistolet, et on dit qu'on l'a surprise en flagrant délit de tentative d'évasion. Eh! eh! l'idée est drôle, n'est-ce pas? En prison, il faut toujours avoir des idées riantes. Votre serviteur très-humble, mademoiselle Porporina, à ce soir. »

« Je me perdais en commentaires sur l'obligeance prévenante de ce misérable, et, malgré moi, j'avais une peur affreuse de lui. Je ne pouvais croire qu'une âme si étroite et si basse aimât la musique au point de n'agir ainsi que pour le plaisir de m'entendre. Je supposais que la prisonnière en question n'était autre que la princesse de Prusse, et que, par l'ordre du roi, on me ménageait une entrevue avec elle, afin de nous épier et de surprendre les secrets d'État dont on croit qu'elle m'a fait la confidence. Dans cette pensée, je redoutais l'entrevue autant que je la désirais; car j'ignore absolument ce qu'il peut y avoir de vrai dans cette prétendue conspiration dont on m'accuse d'être complice.

« Néanmoins, regardant comme de mon devoir de tout braver pour porter quelque secours moral à une compagne

d'infortune, quelle qu'elle fût, je me mis à chanter à
l'heure dite, pour les oreilles de fer-blanc de monsieur
l'adjudant. Je chantai bien pauvrement : l'auditoire ne
m'inspirait guère; j'avais encore un peu de fièvre, et
d'ailleurs je sentais bien qu'il ne m'écoutait que pour la
forme; peut-être même ne m'écoutait-il pas du tout.
Quand onze heures sonnèrent, je fus prise d'une terreur assez puérile. Je m'imaginai que M. Mayer avait
reçu l'ordre secret de se débarrasser de moi, et qu'il
allait me tuer tout de bon, comme il me l'avait prédit
sous forme d'agréable plaisanterie, aussitôt que je ferais
un pas hors de ma cellule. Lorsque ma porte s'ouvrit, je
tremblais de tous mes membres. Une vieille femme,
fort malpropre et fort laide (beaucoup plus laide et
plus malpropre encore que madame Schwartz), me fit
signe de la suivre, et monta devant moi un escalier
étroit et raide pratiqué dans l'intérieur du mur. Quand
nous fûmes en haut, je me trouvai sur la plate-forme de
la tour, à trente pieds environ au-dessus de l'esplanade
où je me promène dans la journée, et à quatre-vingts ou
cent pieds au-dessus du fossé qui baigne toute cette
portion des bâtiments sur une assez longue étendue.
L'affreuse vieille qui me guidait me dit de l'attendre là
un instant, et disparut je ne sais par où. Mes inquiétudes s'étaient dissipées, et j'éprouvais un tel bien-être
à me trouver dans un air pur, par un clair de lune magnifique, et à une élévation considérable qui me permettait de contempler enfin un vaste horizon, que je ne
m'inquiétai pas de la solitude où on me laissait. Les
grandes eaux mortes où la citadelle enfonce ses ombres noires et immobiles, les arbres et les terres que je
voyais vaguement au loin sur le rivage, l'immensité du
ciel, et jusqu'au libre vol des chauves-souris errantes
dans la nuit, mon Dieu! que tout cela me semblait

grand et majestueux, après deux mois passés à contempler des pans de mur et à compter les rares étoiles qui passent dans l'étroite zone de firmament qu'on aperçoit de ma cellule! Mais je n'eus pas le loisir d'en jouir longtemps. Un bruit de pas m'obligea de me retourner, et toutes mes terreurs se réveillèrent lorsque je me vis face à face avec M. Mayer.

« — Signora, me dit-il, je suis désespéré d'avoir à vous apprendre que vous ne pouvez pas voir la prisonnière numéro 2, du moins quant à présent. C'est une personne fort capricieuse, à ce qu'il me paraît. Hier, elle montrait le plus grand désir d'avoir de la société; mais tout à l'heure, je viens de lui proposer la vôtre, et voici ce qu'elle m'a répondu : « La prisonnière numéro 3, celle qui chante dans la tour, et que j'entends tous les soirs? Oh! je connais bien sa voix, et vous n'avez pas besoin de me dire son nom. Je vous suis infiniment obligée de la compagne que vous voulez me donner. J'aimerais mieux ne revoir jamais âme vivante que de subir la vue de cette malheureuse créature. Elle est la cause de tous mes maux, et fasse le ciel qu'elle les expie aussi durement que j'expie moi-même l'amitié imprudente que j'ai eue pour elle! » Voilà, Signora, l'opinion de ladite dame sur votre compte. Reste à savoir si elle est méritée ou non; cela regarde, comme on dit, le tribunal de votre conscience. Quant à moi, je ne m'en mêle pas, et je suis prêt à vous reconduire chez vous quand bon semblera.

« — Tout de suite, Monsieur, répondis-je, extrêmement mortifiée d'avoir été accusée de trahison devant un misérable de l'espèce de celui-là, et ressentant au fond du cœur beaucoup d'amertume contre celle des deux Amélie qui me témoigne tant d'injustice ou d'ingratitude.

« — Je ne vous presse pas à ce point, reprit le nouvel adjudant. Vous me paraissez prendre plaisir à regarder la lune. Regardez-la donc tout à votre aise. Cela ne coûte rien, et ne fait de tort à personne. »

« J'eus l'imprudence de profiter encore un instant de la condescendance de ce drôle. Je ne pouvais pas me décider à m'arracher si vite au beau spectacle dont j'allais être privée peut-être pour toujours; et malgré moi, le Mayer me faisait l'effet d'un méchant laquais trop honoré d'attendre mes ordres. Il profita de mon mépris pour s'enhardir à vouloir faire la conversation.

« — Savez-vous, Signora, me dit-il, que vous chantez diablement bien? Je n'ai rien entendu de plus fort en Italie, où j'ai pourtant suivi les meilleurs théâtres et passé en revue les premiers artistes. Où avez-vous débuté? Depuis combien de temps courez-vous le pays? Vous avez beaucoup voyagé? »

« Et comme je feignais de ne pas entendre ses interrogations, il ajouta sans se décourager :

« — Vous voyagez quelquefois à pied, habillée en homme? »

« Cette demande me fit tressaillir, et je me hâtai de répondre négativement. Mais il ajouta :

« — Allons! vous ne voulez pas en convenir; mais moi, je n'oublie rien, et j'ai bien retrouvé dans ma mémoire une plaisante aventure que vous ne pouvez pas avoir oubliée non plus.

« — Je ne sais de quoi vous voulez parler, Monsieur, repris-je en quittant les créneaux de la tour pour reprendre le chemin de ma cellule.

« — Un instant, un instant! dit Mayer. Votre clef est dans ma poche, et vous ne pouvez pas rentrer comme cela sans que je vous reconduise. Permettez-moi donc, *ma belle enfant,* de vous dire deux mots...

« — Pas un de plus, Monsieur; je désire rentrer chez moi, et je regrette d'en être sortie.

« — Pardine! vous faites bien la mijaurée! comme si on ne savait pas un peu de vos aventures! Vous pensiez donc que j'étais assez simple pour ne pas vous reconnaître quand vous arpentiez le Bœhmer-Wald avec un petit brun pas trop mal tourné? A d'autres! J'enlevais bien le jouvenceau pour les armées du roi de Prusse; mais la jouvencelle n'eût pas été pour son nez; oui-da! quoiqu'on dise que vous avez été de son goût, et que c'est pour avoir essayé de vous en vanter que vous êtes venue ici! Que voulez-vous? La fortune a des caprices contre lesquels il est fort inutile de regimber. Vous voilà tombée de bien haut! mais je vous conseille de ne pas faire la fière et de vous contenter de ce qui se présente. Je ne suis qu'un petit officier de place, mais je suis plus puissant ici qu'un roi que personne ne connaît et que personne ne craint, parce qu'il y commande de trop haut et de trop loin pour y être obéi. Vous voyez bien que j'ai le pouvoir d'éluder la consigne et d'adoucir vos arrêts. Ne soyez pas ingrate, et vous verrez que la protection d'un adjudant vaut à Spandaw autant que celle d'un roi à Berlin. Vous m'entendez? Ne courez pas, ne criez pas, ne faites pas de folies. Ce serait du scandale en pure perte; je dirai ce que je voudrai, et vous, on ne vous croira pas. Allons, je ne veux pas vous effrayer. Je suis d'un naturel doux et compatissant. Seulement, faites vos réflexions; et quand je vous reverrai, rappelez-vous que je puis disposer de votre sort, vous jeter dans un cachot, ou vous entourer de distractions et d'amusements, vous faire mourir de faim sans qu'on m'en demande compte, ou vous faire évader sans qu'on me soupçonne; réfléchissez, vous dis-je, je vous en laisse le temps... » Et comme je ne répondais pas, atterrée que j'étais de ne pouvoir me soustraire à l'outrage de pareilles prétentions et à l'humiliation cruelle de les entendre exprimer, cet odieux homme ajouta, croyant sans doute que j'hésitais : « Et pourquoi ne vous prononceriez-vous pas tout de suite? Faut-il vingt-quatre heures pour reconnaître le seul parti raisonnable qu'il y ait à prendre, et pour répondre à l'amour d'un galant homme, encore jeune, et assez riche pour vous faire habiter, en pays étranger, une plus jolie résidence que ce vilain château-fort? »

« En parlant ainsi, l'ignoble recruteur se rapprochait de moi, et faisait mine, avec son air à la fois gauche et impudent, de vouloir me barrer le passage et me prendre les mains. Je courus vers les créneaux de la tour, bien déterminée à me précipiter dans le fossé, plutôt que de me laisser souiller par la moins significative de ses caresses. Mais en ce moment un spectacle bizarre frappa mes yeux, et je me hâtai d'attirer l'attention de l'adjudant sur cet objet, afin de la détourner de moi. Ce fut mon salut, mais hélas! il a failli en coûter la vie à un être qui vaut peut-être mieux que moi!

« Sur le rempart élevé qui borde l'autre rive du fossé, en face de l'esplanade, une figure, qui paraissait gigantesque, courait ou plutôt voltigeait sur le parapet avec une rapidité et une adresse qui tenaient du prodige. Arrivé à l'extrémité de ce rempart, qui est flanqué d'une tour à chaque bout, le fantôme s'élança sur le toit de la tour, qui se trouvait de niveau avec la balustrade, et gravissant ce cône escarpé avec la légèreté d'un chat, parut se perdre dans les airs.

« — Que diable est-ce là? s'écria l'adjudant, oubliant son rôle de galant pour reprendre ses soucis de geôlier. Un prisonnier qui s'évade, le diable m'emporte! Et la sentinelle endormie, par le corps de Dieu! Sentinelle!

cria-t-il d'une voix de Stentor, prenez garde à vous! alerte, alerte! Et, courant vers un créneau où est suspendue une cloche d'avertissement, il la mit en mouvement avec une vigueur digne d'un aussi remarquable professeur de musique infernale. Je n'ai rien entendu de plus lugubre que ce tocsin interrompant de son timbre mordant et âpre l'auguste silence de la nuit. C'était le cri sauvage de la violence et de la brutalité, troublant l'harmonie des libres respirations de l'onde et de la brise. En un instant, tout fut en émoi dans la prison. J'entendis le bruit sinistre des fusils agités dans la main des sentinelles, qui faisaient claquer la batterie et couchaient en joue, au hasard, le premier objet qui se présenterait. L'esplanade s'illumina d'une lueur rouge qui fit pâlir les beaux reflets azurés de la lune. C'était M. Schwartz qui allumait un fanal. Des signaux se répondirent d'un rempart à l'autre, et les échos se les renvoyèrent d'une voix plaintive et affaiblie. Le canon d'alarme vint bientôt jeter sa note terrible et solennelle dans cette diabolique symphonie. Des pas lourds retentissaient sur les dalles. Je ne voyais rien; mais j'entendais tous ces bruits, et mon cœur était serré d'épouvante. Mayer m'avait quittée avec précipitation; mais je ne songeais pas à me réjouir d'en être délivrée : je me reprochais amèrement de lui avoir signalé, sans savoir de quoi il s'agissait, l'évasion de quelque malheureux prisonnier. J'attendais, glacée de terreur, la fin de l'aventure, frémissant à chaque coup de fusil tiré par intervalles, écoutant avec anxiété si les cris du fugitif blessé ne m'annonceraient pas son désastre.

« Tout cela dura plus d'une heure; et, grâce au ciel, le fugitif ne fut ni aperçu ni atteint. Pour m'en assurer, j'avais été rejoindre les Schwartz sur l'esplanade. Ils étaient tellement troublés et agités eux-mêmes, qu'ils ne songèrent pas à s'étonner de me voir hors de ma cellule, au milieu de la nuit. Peut-être aussi avaient-ils été d'accord avec Mayer pour m'en laisser sortir cette nuit-là. Schwartz, après avoir couru comme un fou et s'être assuré qu'aucun des captifs confiés à sa garde ne lui manquait, commençait à se tranquilliser un peu; mais sa femme et lui étaient frappés d'une consternation douloureuse, comme si le salut d'un homme était, à leurs yeux, une calamité publique et privée, un énorme attentat contre la justice céleste. Les autres guichetiers, les soldats qui allaient et venaient tout effarés, échangeaient avec eux des paroles qui exprimaient le même désespoir, la même terreur : à leurs yeux, c'est apparemment le plus noir des crimes que la tentative d'une évasion. O Dieu de bonté! qu'ils me parurent affreux, ces mercenaires dévoués au barbare emploi de priver leurs semblables du droit sacré d'être libres! Mais tout à coup il sembla que la suprême équité eût résolu d'infliger un châtiment exemplaire à mes deux gardiens. Madame Schwartz, étant rentrée un instant dans son bouge, en ressortit avec de grands cris :

« — Gottlieb! Gottlieb! disait-elle d'une voix étouffée. Arrêtez! ne tirez pas, ne tuez pas mon fils! c'est lui; bien certainement c'est lui! »

« Au milieu de l'agitation des deux Schwartz, je compris, par leurs discours entrecoupés, que Gottlieb ne se trouvait ni dans son lit, ni dans aucun coin de leur demeure, et que probablement il avait repris, sans qu'on s'en aperçût, ses anciennes habitudes de courir, en dormant, sur les toits. Gottlieb était somnambule!

« Aussitôt que cet avis eut circulé dans la citadelle, l'émotion se calma peu à peu. Chaque geôlier avait eu le temps de faire sa ronde et de constater qu'aucun prisonnier n'avait disparu. Chacun retournait à son poste avec insouciance. Les officiers étaient enchantés de ce dénouement; les soldats riaient de leur alarme; madame Schwartz, hors d'elle-même, courait de tous côtés, et son mari explorait tristement le fossé, craignant que la commotion des coups de canon et de la fusillade n'y eût fait tomber le pauvre Gottlieb, réveillé en sursaut dans sa course périlleuse. Je le suivis dans cette exploration. Le moment eût été bon, peut-être, pour tenter de m'évader moi-même; car il me sembla voir des portes ouvertes et des gens distraits; mais je ne m'arrêtai pas à cette pensée, absorbée que j'étais par celle de retrouver le pauvre malade qui m'a témoigné tant d'affection.

« Cependant M. Schwartz, qui ne perd jamais tout à fait la tête, voyant poindre le jour, me pria de retourner chez moi, vu qu'il était tout à fait contraire à sa consigne de me laisser errer ainsi à des heures indues. Il me reconduisit, afin de me renfermer à clef; mais le premier objet qui frappa mes regards en rentrant dans ma chambre fut Gottlieb, paisiblement endormi sur mon fauteuil. Il avait eu le bonheur de se réfugier là avant que l'alarme fût tout à fait répandue dans la forteresse, ou bien son sommeil avait été si profond et sa course si agile, qu'il avait pu échapper à tous les dangers. Je recommandai à son père de ne pas l'éveiller brusquement, et promis de veiller sur lui jusqu'à ce que madame Schwartz fût avertie de cette heureuse nouvelle.

« Lorsque je fus seule avec Gottlieb, je posai doucement la main sur son épaule, et lui parlant à voix basse, j'essayai de l'interroger. J'avais ouï dire que les somnambules peuvent se mettre en rapport avec des personnes amies et leur répondre avec lucidité. Mon essai réussit à merveille.

« — Gottlieb, lui dis-je, où as-tu donc été cette nuit?

« — Cette nuit? répondit-il; il fait déjà nuit? Je croyais voir briller le soleil du matin sur les toits.

« — Tu as donc été sur les toits?

« — Sans doute. Le rouge-gorge, ce bon petit ange, est venu m'appeler à ma fenêtre; je me suis envolé avec lui, et nous avons été bien haut, bien loin dans le ciel, tout près des étoiles, et presque dans la demeure des anges. Nous avons bien, en partant, rencontré Belzébuth qui courait sur les toitures et sur les parapets pour nous attraper. Mais il ne peut pas voler, lui! parce que Dieu le condamne à une longue pénitence, et il regarde voler les anges et les oiseaux sans pouvoir les atteindre.

« — Et après avoir couru dans les nuages, tu es redescendu ici, pourtant?

« — Le rouge-gorge m'a dit: Allons voir ma sœur qui est malade, et je suis revenu avec lui te trouver dans ta cellule.

« — Tu pouvais donc entrer dans ma cellule, Gottlieb?

« — Sans doute, j'y suis venu plusieurs fois te veiller depuis que tu es malade. Le rouge-gorge vole les clefs sous le chevet de ma mère, et Belzébut a beau faire, il ne peut pas la réveiller une fois que l'ange l'a endormie, en voltigeant invisible autour de sa tête.

« — Qui t'a donc enseigné à connaître si bien les anges et les démons?

« — C'est mon maître! répondit le somnambule avec un sourire enfantin où se peignit un naïf enthousiasme.

« — Et qui est ton maître? lui demandai-je.

« — Dieu, d'abord, et puis... le sublime cordonnier!

« — Comment l'appelles-tu, ce sublime cordonnier?

« — Oh! c'est un grand nom! mais il ne faut pas le dire, vois-tu; c'est un nom que ma mère ne connaît pas. Elle ne sait pas que j'ai deux livres dans le trou de la cheminée. Un que je ne lis pas, et un autre que je dévore depuis quatre ans, et qui est mon pain céleste, ma vie spirituelle, le livre de la vérité, le salut et la lumière de l'âme.

« — Et qui a fait ce livre?

« — Lui, le cordonnier de Gorlitz, Jacques Bœhm! »

« Ici nous fûmes interrompus par l'arrivée de madame Schwartz, que j'eus bien de la peine à empêcher de se précipiter sur son fils pour l'embrasser. Cette femme adore sa progéniture : que ses péchés lui soient remis! Elle voulut lui parler; mais Gottlieb ne l'entendit pas, et je pus, seule, le déterminer à retourner à son lit, où l'on m'a assuré ce matin qu'il avait paisiblement continué son sommeil. Il ne s'est aperçu de rien, quoique son étrange maladie et l'alerte de cette nuit fassent aujourd'hui la nouvelle de tout Spandaw.

« Me voilà rentrée dans ma cellule après quelques heures d'une demi-liberté bien douloureuse et bien agitée. Je ne désire pas d'en ressortir à pareil prix. Pourtant j'aurais pu m'échapper peut-être!... Je ne songerai plus qu'à cela maintenant que je me sens ici sous la main d'un scélérat, et menacée de dangers pires que la mort, pires qu'une éternelle souffrance. J'y vais penser sérieusement désormais, et qui sait? j'y parviendrai peut-être! On dit qu'une volonté persévérante vient à bout de tout. O mon Dieu, protégez-moi! »

Le 5 mai. — « Depuis ces derniers événements, j'ai vécu assez tranquille. J'en suis venue à compter mes jours de repos comme des jours de bonheur, et à rendre grâces à Dieu, comme dans la prospérité on le remercie pour des années écoulées sans désastre. Il est certain qu'il faut connaître le malheur pour sortir de cette ingratitude apathique où l'on vit ordinairement. Je me reproche aujourd'hui d'avoir laissé passer tant de beaux jours de mon insouciante jeunesse sans en sentir le prix et sans bénir la Providence qui me les accordait. Je ne me suis point assez dit, dans ce temps-là, que je ne les méritais pas, et c'est pour cela, sans doute, que je mérite un peu les maux dont je suis accablée aujourd'hui.

« Je n'ai pas revu cet odieux recruteur, devenu pour moi plus effrayant qu'il ne le fut sur les bords de la Moldaw, alors que je le prenais tout simplement pour un ogre, mangeur d'enfants. Aujourd'hui je vois en lui un persécuteur plus abominable et plus dangereux encore. Quand je songe aux prétentions révoltantes de ce misérable, à l'autorité qu'il exerce autour de moi, à la facilité qu'il peut avoir de s'introduire la nuit dans ma cellule, sans que les Schwartz, animaux serviles et cupides, voulussent peut-être me protéger contre lui, je me sens mourir de honte et de désespoir... Je regarde ces barreaux impitoyables qui ne me permettraient pas de m'élancer par la fenêtre. Je ne puis me procurer de poison, je n'ai pas même une arme pour m'ouvrir la poitrine... Cependant j'ai quelques motifs d'espoir et de confiance que je me plais à invoquer dans ma pensée, car je ne veux pas me laisser affaiblir par la peur. D'abord Schwartz n'aime pas l'adjudant, qui, à ce que j'ai pu comprendre, exploite avant lui les besoins et les désirs de ses prisonniers, en leur vendant, au grand préjudice de Schwartz, qui voudrait en avoir le monopole, un peu d'air, un rayon de soleil, un morceau de pain en sus de la ration, et autres munificences du régime de la prison. Ensuite ces Schwartz, la femme surtout, commencent à avoir de l'amitié pour moi, à cause de celle que me porte Gottlieb, et à cause de l'influence salutaire qu'ils disent que j'ai sur son esprit. Si j'étais menacée, ils ne viendraient peut-être pas à mon secours; mais dès que je le serais sérieusement, je pourrais faire parvenir par eux mes plaintes au commandant de place. C'est un homme

qui m'a paru doux et humain la seule fois que je l'ai
vu... Gottlieb, d'ailleurs, sera prompt à me rendre ce
service, et, sans lui rien expliquer, je me suis déjà concertée avec lui à cet effet. Il est tout prêt à porter une
lettre que je tiens prête aussi. Mais j'hésite à demander
secours avant le péril; car mon ennemi, s'il cesse de me
tourmenter, pourrait tourner en plaisanterie une déclaration que j'aurais eu la pruderie ridicule de prendre au
sérieux. Quoi qu'il en soit, je ne dors que d'un œil, et
j'exerce mes forces musculaires pour un pugilat, s'il en
est besoin. Je soulève mes meubles, je raidis mes bras
contre les barreaux de fer de ma fenêtre, j'endurcis mes
mains en frappant contre les murailles. Quiconque me
verrait faire ces exercices me croirait folle ou désespérée.
Je m'y livre pourtant avec le plus triste sang-froid, et
j'ai découvert que ma force physique était bien plus
grande que je ne le supposais. Dans l'état de sécurité où
la vie ordinaire s'écoule, nous n'interrogeons pas nos
moyens de défense, nous ne les connaissons pas. En me
sentant forte, je me sens devenir brave, et ma confiance
en Dieu s'accroît de mes efforts pour seconder sa protection. Je me rappelle souvent ces beaux vers que le
Porpora m'a dit avoir lus sur les murs d'un cachot de
l'inquisition à Venise :

>   Di che mi fido, mi guarda Iddio;
>   Di che non mi fido, mi guardero io [1].

Plus heureuse que l'infortuné qui traça cette sombre
invocation, je puis, du moins, me fier sans restriction à
la chasteté et au dévouement de ce pauvre exalté de
Gottlieb. Ses accès de somnambulisme n'ont pas reparu;
sa mère le surveille d'ailleurs assidûment. Dans le jour,

---

1. Que Dieu me préserve de ceux auxquels je me fie!
Je me garderai, moi, de ceux dont je me méfie. »

il vient causer avec moi dans ma chambre. Je n'ai pas voulu descendre sur l'esplanade depuis que j'y ai rencontré Mayer.

« Gottlieb m'a expliqué ses idées religieuses. Elles m'ont paru fort belles, quoique souvent bizarres, et j'ai voulu lire sa théologie de Bœhm, puisque décidément il est Bœhmiste, afin de savoir ce qu'il ajoutait de son cru aux rêveries enthousiastes de l'illustre cordonnier. Il m'a prêté ce livre précieux, et je m'y suis plongée à mes risques et périls. Je comprends maintenant comment cette lecture a troublé un esprit simple qui a pris au pied de la lettre les symboles d'un mystique un peu fou lui-même. Je ne me pique pas de les bien comprendre et de les bien expliquer; mais il me semble voir là un rayon de haute divination religieuse et l'inspiration d'une généreuse poésie. Ce qui m'a le plus frappée, c'est sa théorie sur le diable. « Dans le combat avec le Lucifer, « Dieu ne l'a pas détruit. Homme aveugle, vous n'en « voyez pas la raison. C'est que Dieu combattait contre « Dieu. C'était la lutte d'une portion de la divinité contre « l'autre. » Je me rappelle qu'Albert expliquait à peu près de même le règne terrestre et transitoire du principe du mal, et que le chapelain de Riensenburg l'écoutait avec horreur, et traitait cette croyance de *manichéisme*. Albert prétendait que notre christianisme était un manichéisme plus complet et plus superstitieux que le sien, puisqu'il consacrait l'éternité du principe du mal, tandis que, dans son système, il admettait la réhabilitation du mauvais principe, c'est-à-dire la conversion et la réconciliation. Le mal, suivant Albert, n'était que l'erreur, et la lumière divine devait un jour dissiper l'erreur et faire cesser le mal. J'avoue, mes amis, dussé-je vous sembler très-hérétique, que cette éternelle condamnation de Satan à susciter le mal, à l'aimer, et à fermer les yeux à la vérité, me paraissait aussi et me parait toujours une idée impie.

« Enfin, Jacques Bœhm me semble millénaire, c'est-à-dire partisan de la résurrection des justes et de leur séjour avec Jésus-Christ, sur une nouvelle terre, née de la dissolution de celle-ci, pendant mille ans d'un bonheur sans nuage et d'une sagesse sans voile; après quoi viendra la réunion complète des âmes avec Dieu, et les récompenses de l'éternité, plus parfaites encore que le *millenium*. Je me souviens bien d'avoir entendu expliquer ce symbole par le comte Albert, lorsqu'il me racontait l'histoire orageuse de sa vieille Bohême et de ses chers Taborites, lesquels étaient imbus de ces croyances renouvelées des premiers temps du christianisme. Albert croyait à tout cela dans un sens moins matériel, et sans se prononcer sur la durée de la résurrection ni sur le chiffre de l'âge futur du monde. Mais il pressentait et voyait prophétiquement une prochaine dissolution de la société humaine, devant faire place à une ère de rénovation sublime; et Albert ne doutait pas que son âme, sortant des passagères étreintes de la mort, pour recommencer ici-bas une nouvelle série d'exsitences, ne fût appelée à contempler cette rémunération providentielle et ces jours, tour à tour terribles et magnifiques, promis aux efforts de la race humaine. Cette foi magnanime qui semblait monstrueuse aux orthodoxes de Riesenburg, et qui a passé en moi après m'avoir semblé d'abord si nouvelle et si étrange, c'est une foi de tous les temps et de tous les peuples; et, malgré les efforts de l'Église romaine pour l'étouffer, ou malgré son impuissance pour l'éclaircir et la purifier du sens matériel et superstitieux, je vois bien qu'elle a rempli et enthousiasmé beaucoup d'âmes ardemment pieuses. On dit même que de grands saints l'ont eue. Je m'y livre donc sans remords et sans effroi, certaine qu'une idée adoptée par Albert ne peut être qu'une idée grande. Elle me sourit, d'ailleurs, et répand toute une poésie céleste sur la pensée que je me fais de la mort et des souffrances qui en rapprocheront sans doute le terme pour moi. Ce Jacques Bœhm me plait. Ce disciple qui est là dans la sale cuisine des Schwartz, occupé de rêveries sublimes et entouré de visions célestes, tandis que ses parents pétrissent, trafiquent et s'abrutissent, me paraît bien pur et bien touchant, avec son livre qu'il sait par cœur sans le bien comprendre, et son soulier qu'il a entrepris pour modeler sa vie sur celle de son maître, sans pouvoir en venir à bout. Infirme de corps et d'esprit, mais naïf, candide, et de mœurs angéliques! Pauvre Gottlieb, destiné sans doute à te briser en tombant du haut d'un rempart dans ton vol imaginaire à travers les cieux, ou à succomber sous le poids d'infirmités prématurées! tu auras passé sur la terre comme un saint méconnu, comme un ange exilé, sans avoir compris le mal, sans avoir connu le bonheur, sans avoir seulement senti la chaleur du soleil qui éclaire le monde, à force de contempler le soleil mystique qui brille dans ta pensée! Personne ne t'aura connu, personne ne t'aura plaint et admiré comme tu le mérites! Et moi qui, seule, ai surpris le secret de tes méditations, moi qui, en comprenant aussi le beau idéal, aurais eu des forces pour le chercher et le réaliser dans ma vie, je mourrai comme toi dans la fleur de ma jeunesse, sans avoir agi, sans avoir vécu. Il y a dans les fentes de ces murailles qui nous abritent et nous dévorent tous les deux, de pauvres petites plantes que le vent brise et que le soleil ne colore jamais. Elles s'y dessèchent sans fleurir et sans fructifier. Cependant elles semblent s'y renouveler; mais ce sont des semences lointaines que la brise apporte aux mêmes lieux, et qui essaient de croître et de vivre sur les débris des anciennes. Ainsi végètent les captifs, ainsi se repeuplent les prisons ?

« Mais n'est-il pas étrange que je me trouve ici avec un extatique d'un ordre inférieur à celui d'Albert, mais attaché comme lui à une religion secrète, à une croyance raillée, persécutée ou méprisée ? Gottlieb assure qu'il y a beaucoup d'autres Bœhmistes que lui dans ce pays, que plusieurs cordonniers professent sa doctrine ouvertement, et que le fond de cette doctrine est implanté de tout temps dans les âmes populaires de nombreux philosophes et prophètes inconnus, qui ont jadis fanatisé la Bohème, et qui, aujourd'hui, couvent un feu sacré sous la cendre dans toute l'Allemagne. Je me souviens, en effet, des ardents cordonniers hussites dont Albert me racontait les prédications audacieuses et les exploits terribles au temps de Jean Ziska. Le nom même de Jacques Bœhm atteste cette origine glorieuse. Moi, je ne sais pas bien ce qui se passe dans ces cerveaux contemplatifs de la patiente Germanie. Ma vie bruyante et dissipée m'éloignait d'un pareil examen. Mais Gottlieb et Zdenko fussent-ils les derniers disciples de la religion mystérieuse qu'Albert conservait comme un précieux talisman, je n'en sens pas moins que cette religion est la mienne, puisqu'elle proclame la future égalité entre tous les hommes et la future manifestation de la justice et de la bonté de Dieu sur la terre. Oh oui ! il faut que je croie à ce règne de Dieu annoncé aux hommes par le Christ ; il faut que je compte sur un bouleversement de ces iniques monarchies et de ces impures sociétés, pour ne pas douter de la Providence en me voyant ici !

. . . .

« De la prisonnière n° 2, aucune nouvelle. Si Mayer ne m'a pas fait un mensonge impudent en me rapportant ses paroles, c'est Amélie de Prusse qui m'accuse ainsi de trahison. Que Dieu lui pardonne de douter de moi, qui n'ai pas douté d'elle, malgré les mêmes accusations sur son compte ! Je ne veux plus faire de démarches pour la voir. En cherchant à me justifier, je pourrais la compromettre encore, comme je l'ai fait déjà sans savoir comment.

. . . .

« Mon rouge-gorge me tient fidèle compagnie. En voyant Gottlieb sans son chat dans ma cellule, il s'est familiarisé avec lui, et le pauvre Gottlieb achève d'en devenir fou d'orgueil et de joie. Il l'appelle *seigneur*, et ne se permet pas de le tutoyer. C'est avec le plus profond respect et une sorte de tremblement religieux qu'il lui présente sa nourriture. Je fais de vains efforts pour lui persuader que ce n'est qu'un oiseau comme les autres ; je ne lui ôterai pas l'idée que c'est un esprit céleste qui a pris cette forme. Je tâche de le distraire en lui donnant quelques notions de musique, et véritablement il a, j'en suis certaine, une très-belle intelligence musicale. Ses parents sont enchantés de mes soins, et ils m'ont offert de mettre une épinette dans une de leurs chambres où je pourrai donner des leçons à leur fils et travailler pour mon compte. Mais cette proposition qui m'eût comblée de joie il y a quelques jours, je n'ose l'accepter. Je n'ose même plus chanter dans ma cellule, tant je crains d'attirer par ici ce mélomane grossier, cet ex-professeur de trompette, que Dieu confonde ! »

Le 10 mai. — « Depuis longtemps je me demandais ce qu'étaient devenus ces amis inconnus, ces protecteurs merveilleux dont le comte de Saint-Germain m'avait annoncé l'intervention dans mes affaires, et qui ne s'en sont mêlés apparemment que pour hâter les désastres dont me menaçait la bienveillance royale. Si c'étaient là les conspirateurs dont je partage le châtiment, ils ont été tous dispersés et abattus, pensais-je, en même temps que moi, ou bien ils m'ont abandonnée sur mon refus de m'échapper des griffes de M. Buddenbrock, le jour où j'ai été transférée de Berlin à Spandaw. Eh bien, les voilà qui reparaissent, et ils ont pris Gottlieb pour leur émissaire. Les téméraires! puissent-ils ne pas attirer sur la tête de cet innocent les mêmes maux que sur la mienne!

« Ce matin Gottlieb m'a apporté furtivement un billet ainsi conçu :

« Nous travaillons à ta délivrance ; le moment appro-
« che. Mais un nouveau danger te menace, qui retarde-
« rait le succès de notre entreprise. Méfie-toi de qui-
« conque te pousserait à la fuite avant que nous t'ayons
« donné des avis certains et des détails précis. On te
« tend un piége. Sois sur tes gardes et persévère dans ta
« force.
         « Tes frères :
                   « *Les Invisibles.* »

« Ce billet est tombé aux pieds de Gottlieb comme il traversait ce matin une des cours de la prison. Il croit fermement, lui, que cela est tombé du ciel et que le rouge-gorge s'en est mêlé. En le faisant causer, sans trop chercher à contrarier ses idées féeriques, j'ai pourtant appris des choses étranges, qui ont peut-être un fond de vérité. Je lui ai demandé s'il savait ce que c'était que les *Invisibles.*

« — Nul ne le sait, m'a-t-il répondu, bien que tout le monde feigne de le savoir.

« — Comment, Gottlieb, tu as donc entendu parler de gens qu'on appelle ainsi ?

« — Dans le temps que j'étais en apprentissage chez

le maître cordonnier de la ville, j'ai entendu beaucoup de choses là-dessus.

« — On en parle donc ? le peuple les connaît ?

« — Voici comment cela est venu à mes oreilles, et, de toutes les paroles que j'ai entendues, celles-là sont du petit nombre qui valent la peine d'être écoutées et retenues. Un pauvre ouvrier de nos camarades s'était blessé la main si grièvement, qu'il était question de la lui couper. Il était l'unique soutien d'une nombreuse famille qu'il avait assistée jusque-là avec beaucoup de courage et d'amour. Il venait nous voir avec sa main empaquetée, et, tristement, il nous disait en nous regardant travailler : « Vous êtes bien heureux, vous autres, d'avoir les mains libres ! Pour moi, il faudra bientôt, je pense, que j'aille à l'hôpital et que ma vieille mère demande l'aumône pour que mes petits frères et mes petites sœurs ne meurent pas de faim. » On proposa une collecte ; mais nous étions tous si pauvres, et moi, quoique né de parents riches, j'avais si peu d'argent à ma disposition, que nous ne réunîmes pas de quoi assister convenablement notre pauvre camarade. Chacun ayant vidé sa poche, chercha dans sa cervelle un moyen de tirer Franz de ce mauvais pas. Mais nul n'en trouvait, car Franz avait frappé à toutes les portes, et il avait été repoussé de partout. On dit que le roi est très-riche et que son père lui a laissé un gros trésor. Mais on dit aussi qu'il l'emploie à équiper des soldats ; et comme c'était le temps de la guerre, que le roi était absent, et que tout le monde avait peur de manquer, le pauvre peuple souffrait beaucoup, et Franz ne pouvait trouver d'aide suffisante chez les bons cœurs. Quant aux mauvais cœurs ils n'ont jamais une obole à leur disposition. Tout à coup un jeune homme de l'atelier dit à Franz : « A ta place, je sais bien ce que je ferais ! mais peut-être n'en auras-tu pas le courage.—Ce n'est pas le courage qui me manque, dit Franz; que faut-il faire? — Il faut t'adresser aux *Invisibles*. » Franz parut comprendre ce dont il s'agissait, car il secoua la tête d'un air de répugnance, et ne répondit rien. Quelques jeunes gens qui, comme moi, ne savaient ce que cela signifiait, en demandèrent l'explication, et il leur fut répondu de tous côtés : « Vous ne connaissez pas les Invisibles? On voit bien que vous êtes des enfants! Les Invisibles, ce sont des gens qu'on ne voit pas, mais qui agissent. Ils font toute sorte de bien et toute sorte de mal. On ne sait pas s'ils demeurent quelque part, mais il y en a partout. On dit qu'on en trouve dans les quatre parties du monde. Ce sont eux qui assassinent beaucoup de voyageurs et qui prêtent main-forte à beaucoup d'autres contre les brigands, selon que ces voyageurs sont jugés par eux dignes de châtiment ou de protection. Ils sont les instigateurs de toutes les révolutions : ils vont dans toutes les cours, dirigent toutes les affaires, décident la guerre ou la paix, rachètent les prisonniers, soulagent les malheureux, punissent les scélérats, font trembler les rois sur leurs trônes ; enfin ils sont cause de tout ce qui arrive d'heureux et de malheureux dans le monde. Ils se trompent peut-être plus d'une fois ; mais enfin on dit qu'ils ont bonne intention ; et d'ailleurs qui peut dire si ce qui est malheur aujourd'hui ne sera pas la cause d'un grand bonheur demain ? »

« Nous écoutions cela avec grand étonnement et grande admiration, poursuivit Gottlieb, et peu à peu j'en entendis assez pour pouvoir vous dire tout ce qu'on pense des Invisibles parmi les ouvriers et le pauvre peuple ignorant. Les uns disent que ce sont de méchantes gens, voués au diable qui leur communique sa puissance, le le don de connaître les choses cachées, le pouvoir de tenter les hommes par l'appât des richesses et des honneurs dont ils disposent, la faculté de connaître l'avenir, de faire de l'or, de guérir les malades, de rajeunir les vieillards, de ressusciter les morts, d'empêcher les vivants de mourir, car ce sont eux qui ont découvert la pierre philosophale et l'élixir de longue vie. D'autres pensent que ce sont des hommes religieux et bienfaisants qui ont mis en commun leurs fortunes pour assister les malheureux, et qui s'entendent pour redresser les torts et récompenser la vertu. Dans notre atelier, chacun faisait son commentaire : « C'est l'ancien ordre des Templiers, disait l'un. — On les appelle aujourd'hui francs-maçons, disait l'autre. — Non, disait un troisième, ce sont les *Herrnhuters* de Zinzendorf, autrement dit les frères Moraves, les anciens frères de l'Union, les anciens orphelins du mont Thabor ; enfin c'est la vieille Bohême qui est toujours debout et qui menace en secret toutes les puissances de l'Europe, parce qu'elle veut faire de l'univers une république. »

« D'autres encore prétendaient que c'était seulement une poignée de sorciers, élèves et disciples de Paracelse, de Bœhm, de Swedenborg, et *maintenant de Schrœpfer le limonadier* (voilà un beau rapprochement), qui, par des prestiges et des pratiques infernales, voulaient gouverner le monde et renverser les empires. La plupart s'accordaient à dire que c'était l'antique tribunal secret des francs-juges, qui ne s'était jamais dissous en Allemagne, et qui, après avoir agi dans l'ombre durant plusieurs siècles, commençait à relever la tête fièrement, et à faire sentir son bras de fer, son épée de feu, et ses balances de diamant.

« Quant à Franz, il hésitait à s'adresser à eux, parce que, disait-il, quand on avait accepté leurs bienfaits, on se trouvait lié à eux pour cette vie et pour l'autre, au grand préjudice du salut, et avec de grands périls pour ses proches. Cependant la nécessité l'emporta sur la crainte. Un de nos camarades, celui qui lui avait donné le conseil, et qui fut grandement soupçonné d'être affilié aux Invisibles, bien qu'il le niât fortement, lui donna en secret les moyens de faire ce qu'il appelait le signal de détresse. Nous n'avons jamais su en quoi consistait ce signal. Les uns ont dit que Franz avait tracé avec son sang sur sa porte un signe cabalistique. D'autres, qu'il avait été à minuit sur un tertre entre quatre chemins, au pied d'une croix où un cavalier noir lui était apparu. Enfin il en est qui ont parlé simplement d'une lettre qu'il aurait déposée dans le creux d'un vieux saule pleureur à l'entrée du cimetière. Ce qu'il y a de certain, c'est qu'il fut secouru, que sa famille put attendre sa guérison sans mendier, et qu'il eut le moyen de se faire traiter par un habile chirurgien qui le tira d'affaire. Des Invisibles, il n'en dit jamais un mot, si ce n'est qu'il les bénirait toute sa vie. Et voilà, ma sœur, comment j'ai appris pour la première fois l'existence de ces êtres terribles et bienfaisants.

« — Mais toi, qui es plus instruit que ces jeunes gens de ton atelier, dis-je à Gottlieb, que penses-tu des Invisibles ? Sont-ce des sectaires, des charlatans, ou des conspirateurs ? »

« Ici Gottllieb, qui s'était exprimé jusque là avec beaucoup de raison, retomba dans ses divagations accoutumées, et je ne pus rien en tirer, sinon que c'étaient des êtres d'une nature véritablement invisible, impalpable, et qui, comme Dieu et les anges, ne pouvaient tomber sous les sens, qu'en empruntant, pour communiquer avec les hommes, de certaines apparences.

« — Il est bien évident, me dit-il, que la fin du monde approche. Des signes manifestes ont éclaté. L'Antechrist est né. Il y en a qui disent qu'il est en Prusse et qu'il s'appelle Voltaire ; mais je ne connais pas ce Voltaire, et ce peut bien être quelque autre, d'autant plus que *V* n'est pas *W*, et que le nom que l'Antechrist portera parmi les hommes commencera par cette lettre, et sera allemand [1]. En attendant les grands prodiges qui vont éclater dans le courant de ce siècle, Dieu qui ne se mêle de rien ostensiblement, Dieu qui est le *silence éternel* [2], suscite parmi nous des êtres d'une nature supérieure pour le bien et pour le mal, des puissances occultes, des anges et des démons : ceux-ci pour éprouver les justes, ceux-là pour les faire triompher. Et puis, le grand combat entre les deux principes est déjà commencé. Le roi du mal, le père de l'erreur et de l'ignorance se défend en vain. Les archanges ont tendu l'arc de la science et de la vérité. Leurs traits ont traversé la cuirasse de Satan. Satan rugit et se débat encore ; mais bientôt il va renoncer au mensonge, perdre tout son venin, et au lieu du sang impur des reptiles, sentir circuler dans ses veines la rosée du pardon. Voilà l'explication claire et certaine de ce qui se passe d'incompréhensible et d'effrayant dans le monde. Le mal et le bien sont aux prises dans une région supérieure, inaccessible aux efforts des hommes. La victoire et la défaite planent sur nous sans que nul puisse les fixer à son gré. Frédéric de Prusse attribue à la force de ses armes des succès que le destin seul lui a octroyés en attendant qu'il le brise ou le relève encore suivant ses fins cachées. Oui, te dis-je, il est tout simple que les hommes ne comprennent plus rien à ce qui se passe sur la terre. Ils voient l'impiété prendre les armes de la foi, et réciproquement. Ils souffrent l'oppression, la misère,

---

1. Ce pouvait être Weishaupt. Il naquit en 1748.
2. Expression de Jacques Bœhm. (*Notes de l'éditeur.*)

et tous les fléaux de la discorde, sans que leurs prières soient entendues, sans que les miracles de l'ancienne religion interviennent. Ils ne s'entendent plus sur rien, ils se querellent sans savoir pourquoi. Ils marchent, les yeux bandés, vers un abîme. Ce sont les Invisibles qui les y poussent; mais on ne sait si les prodiges qui signalent leur mission sont de Dieu ou du diable, de même qu'au commencement du christianisme Simon le magicien paraissait à beaucoup d'hommes tout aussi puissant, tout aussi divin que le Christ. Moi, je te dis que tous les prodiges viennent de Dieu, puisque Satan n'en peut faire sans qu'il le permette, et que parmi ceux qu'on appelle les Invisibles, il y en a qui agissent par la lumière directe de l'Esprit-Saint, tandis que d'autres reçoivent la puissance à travers le nuage, et font le bien fatalement croyant faire le mal.

« — Voilà une explication bien abstraite, mon cher Gottlieb; est-elle de Jacques Bœhm ou de toi?

« Elle est de lui, si on veut l'entendre ainsi; elle est de moi, si son inspiration ne me l'a pas suggérée.

« — A la bonne heure, Gottlieb! me voilà aussi avancée qu'auparavant, puisque j'ignore si ces Invisibles sont pour moi de bons ou de mauvais anges. »

Le 12 mai. — « Les prodiges commencent, en effet, et ma destinée s'agite dans les mains des Invisibles. Je dirai comme Gottlieb: « Sont-ils de Dieu ou du diable? » Aujourd'hui Gottlieb a été appelé par la sentinelle qui garde l'esplanade, et qui fait sa faction sur le petit bastion qui la termine. Cette sentinelle, suivant Gottlieb, n'est autre qu'un Invisible, un esprit. La preuve en est que Gottlieb, qui connaît tous les factionnaires, et qui cause volontiers avec eux, quand ils s'amusent à lui commander des souliers, n'a jamais vu celui-là; et puis il lui a paru d'une stature plus qu'humaine, et sa figure était d'une expression indéfinissable. « Gottlieb, lui a-t-il dit en lui parlant bien bas, il faut que la Porporina soit délivrée dans trois nuits. Cela dépend de toi; tu peux prendre les clefs de sa chambre sous l'oreiller de ta mère, lui faire traverser votre cuisine, et l'amener jusqu'ici, au bout de l'esplanade. Là je me charge du reste Préviens-la, afin qu'elle se tienne prête; et souviens-toi que si tu manques de prudence et de zèle, elle, toi et moi sommes perdus. »

« Voilà où j'en suis. Cette nouvelle m'a rendue malade d'émotion. Toute cette nuit, j'en ai eu la fièvre; toute cette nuit, j'ai entendu le violon fantastique. Fuir! quitter cette triste prison, échapper surtout aux terreurs que me cause ce Mayer! Ah! s'il ne faut risquer que ma vie pour cela, je suis prête; mais quelles seront les conséquences de ma fuite pour Gottlieb, pour ce factionnaire que je ne connais pas et qui se dévoue si gratuitement, enfin pour ces complices inconnus, qui vont assumer sur eux une nouvelle charge? Je tremble, j'hésite, je ne suis décidée à rien. Je vous écris encore sans songer à préparer ma fuite. Non! je ne fuirai pas, à moins d'être rassurée sur le sort de mes amis et de mes protecteurs. Ce pauvre Gottlieb est résolu à tout, lui! Quand je lui demande s'il ne redoute rien, il me répond qu'il souffrirait avec joie le martyre pour moi; et quand j'ajoute que peut-être il aura des regrets de ne plus me voir, il ajoute que cela le regarde, que je ne sais pas ce qu'il compte faire. D'ailleurs tout cela lui paraît un ordre du ciel, et il obéit sans réflexion à la puissance inconnue qui le pousse. Mais moi, je relis attentivement le billet des Invisibles, que j'ai reçu ces jours derniers, et je crains que l'avis de ce factionnaire ne soit, en effet, le piége dont je dois me méfier. J'ai encore quarante-huit heures devant moi. Si Mayer reparaît, je risque tout; s'il continue à m'oublier, et que je n'aie pas de meilleure garantie que l'avertissement d'un inconnu, je reste.

Le 13. — « Oh! décidément, je me fie à la destinée, à la Providence, qui m'envoie des secours inespérés. Je pars, je m'appuie sur le bras puissant qui me couvre de son égide!... En me promenant, ce matin, sur l'esplanade, où je me suis risquée, dans l'espérance de recevoir des *esprits* qui m'environnent quelque nouvelle révélation, j'ai regardé sur le bastion où se tient le factionnaire. Ils étaient deux, un qui montait la garde, l'arme au bras; un autre qui allait et venait, comme s'il eût cherché quelque chose. La grande taille de ce dernier attirait mon attention; il me semblait qu'il ne m'était pas inconnu. Mais je ne devais le regarder qu'à la dérobée, et à chaque tour de promenade, il fallait lui tourner le dos. Enfin, dans un moment où j'allais vers lui, il vint aussi vers nous, comme par hasard; et, quoiqu'il fût sur un glacis beaucoup plus élevé que le nôtre, je le reconnus complétement. Je faillis laisser échapper un cri. C'était Karl le Bohémien, le déserteur que j'ai sauvé des griffes de Mayer, dans la forêt de Bohême; le Karl que j'ai revu ensuite à Roswald, en Moravie, chez le comte Hoditz, et qui m'a sacrifié un projet de vengeance formidable... C'est un homme qui m'est dévoué, corps et âme, et dont la figure sauvage, le nez épaté, la barbe rouge et les yeux de faïence m'ont semblé aujourd'hui beaux comme les traits de l'ange Gabriel.

« — C'est lui! me disait Gottlieb tout bas, c'est l'émissaire des Invisibles, un Invisible lui-même, j'en suis certain! du moins il le serait s'il le voulait. C'est votre libérateur, c'est celui qui vous fera sortir d'ici, la nuit prochaine. »

« Mon cœur battait si fort, que je pouvais à peine me soutenir; des larmes de joie s'échappaient de mes yeux.

Pour cacher mon émotion à l'autre factionnaire, je m'approchai du parapet, en m'éloignant du bastion, et je feignis de contempler les herbes du fossé. Je voyais pourtant à la dérobée Karl et Gottlieb échanger, sans trop de mystère, des paroles que je n'entendais pas. Au bout de quelques instants, Gottlieb revint près de moi, et me dit rapidement :

« — *Il* va descendre ici, *il* va entrer chez nous et y boire une bouteille de vin. Feignez de ne pas faire attention à lui. Mon père est sorti. Pendant que ma mère ira chercher le vin à la cantine, vous rentrerez dans la cuisine, comme pour remonter chez vous, et vous pourrez *lui* parler un instant. »

« En effet, lorsque Karl eut causé quelques minutes avec madame Schwartz, qui ne dédaigne pas de faire rafraîchir à son profit les vétérans de la citadelle, je vis Gottlieb paraître sur le seuil. Je compris que c'était le signal. J'entrai, je me trouvai seule avec Karl. Gottlieb avait suivi sa mère à la cantine. Le pauvre enfant! il semble que l'amitié lui ait révélé tout à coup la ruse et la présence d'esprit nécessaires à la pratique des choses réelles. Il fit à dessein mille gaucheries, laissa tomber la bougie, impatienta sa mère, et la retint assez longtemps pour que je pusse m'entendre avec mon sauveur.

« — Signora, me dit Karl, me voilà! vous voici donc enfin! J'ai été repris par les recruteurs, c'était dans ma destinée. Mais le roi m'a reconnu et m'a fait grâce, à cause de vous peut-être. Puis, il m'a permis de m'en aller, en me promettant même de l'argent, que d'ailleurs il ne m'a pas donné. Je m'en retournais au pays, quand j'ai appris que vous étiez ici. J'ai été trouver un fameux sorcier, pour savoir comment je devais m'y prendre pour vous servir. Le sorcier m'a envoyé au prince Henry, et le prince Henry m'a renvoyé à Spandaw. Il y a autour de nous des gens puissants que je ne connais pas, mais qui travaillent pour vous. Ils n'épargnent ni l'argent, ni les démarches, je vous assure! Enfin, tout est prêt. Demain soir, les portes s'ouvriront d'elles-mêmes devant nous. Tout ce qui pourrait nous barrer le passage est gagné. Il n'y a que les Schwartz qui ne soient pas dans nos intérêts. Mais ils auront demain le sommeil plus lourd que de coutume, et quand ils s'éveilleront, vous serez déjà loin. Nous enlevons Gottlieb, qui demande à vous suivre. Je décampe avec vous, nous ne risquons rien, tout est prévu. Soyez prête, Signora, et maintenant retournez sur l'esplanade, afin que la vieille ne vous trouve pas ici. »

« Je n'exprimai ma reconnaissance à Karl que par des pleurs, et je courus les cacher au regard inquisiteur de madame Schwartz.

« O mes amis, je vous reverrai donc! je vous presserai donc dans mes bras! J'échapperai encore une fois à l'affreux Mayer! Je reverrai l'étendue des cieux, les riantes campagnes, Venise, l'Italie; je chanterai encore, je retrouverai des sympathies! Oh! cette prison a retrempé ma vie et renouvelé mon cœur qui s'éteignait dans la langueur de l'indifférence. Comme je vais vivre, comme je vais aimer, comme je vais être pieuse et bonne!

« Et pourtant, énigme profonde du cœur humain! je me sens terrifiée et presque triste à l'idée de quitter cette cellule où j'ai passé trois mois dans un effort perpétuel de courage et de résignation, cette esplanade où j'ai promené tant de mélancoliques rêveries, ces vieilles murailles qui paraissaient si hautes, si froides, si sereines au clair de la lune! Et ce grand fossé dont l'eau morne était d'un si beau vert, et ces milliers de tristes fleurs que le printemps avait semées sur ses rives! Et mon rouge-gorge surtout! Gottlieb prétend qu'il nous suivra; mais à cette heure-là, il sera endormi dans le lierre, et ne s'apercevra pas de notre départ. O cher petit être ! puisses-tu faire la société et la consolation de celle qui me succédera dans cette cellule ! Puisse-t-elle te soigner et te respecter comme je l'ai fait !

« Allons ! je vais essayer de dormir pour être forte et calme demain. Je cachette ce manuscrit, que je veux emporter. Je me suis procuré, au moyen de Gottlieb, une nouvelle provision de papier, de crayons et de bougie, que je veux laisser dans ma cachette, afin que ces richesses inappréciables aux prisonniers fassent la joie de quelque autre après moi. »

Ici finissait le journal de Consuelo. Nous reprendrons le récit fidèle de ses aventures.

Il est nécessaire d'apprendre au lecteur que Karl ne s'était pas faussement vanté d'être aidé et employé par de puissants personnages. Ces chevaliers invisibles qui travaillaient à la délivrance de notre héroïne avaient répandu l'or à pleines mains. Plusieurs guichetiers, huit ou dix vétérans, et jusqu'à un officier, s'étaient engagés à se tenir coi, à ne rien voir, et, en cas d'alarme, à ne courir sus aux fugitifs que pour la forme. Le soir fixé pour l'évasion, Karl avait soupé chez les Schwartz, et, feignant d'être ivre, il les avait invités à boire avec lui. La mère Schwartz avait le gosier ardent comme la plupart des femmes adonnées à l'art culinaire. Son mari ne haïssait pas l'eau-de-vie de sa cantine, quand il la dégustait aux frais d'autrui. Une drogue narcotique, furtivement introduite par Karl dans le flacon, aida à l'effet du breuvage énergique. Les époux Schwartz regagnèrent leur lit avec peine, et y ronflèrent si fort, que Gottlieb, qui attribuait tout à des influences surnaturelles, ne manqua pas de les croire enchantés lorsqu'il s'approcha d'eux pour dérober les clefs ; Karl était retourné sur le bastion pour y faire sa faction. Consuelo arriva sans peine avec Gottlieb jusqu'à cet endroit, et monta intrépidement l'échelle de corde que lui jeta le déserteur. Mais le pauvre Gottlieb, qui s'obstinait à fuir avec elle malgré toutes ses remontrances, devint un grand embarras dans ce passage. Lui qui, dans ses accès de somnambulisme, courait comme un chat dans les gouttières, il n'était plus capable de faire agilement trois pas sur le sol le plus uni dès qu'il était éveillé. Soutenu par la conviction qu'il suivait un envoyé du ciel, il n'avait aucune peur, et se fût jeté sans hésitation en bas des remparts si Karl le lui eût conseillé. Mais sa confiance audacieuse ajoutait aux dangers de sa gaucherie. Il grimpait au hasard, dédaignant de rien voir et de rien calculer. Après avoir fait frissonner vingt fois Consuelo qui le crut vingt fois perdu, il atteignit enfin la plate-forme du bastion, et de là nos trois fugitifs se dirigèrent à travers les corridors de cette partie de la citadelle où se trouvaient logés les fonctionnaires initiés à leur complot. Ils s'avançaient sans obstacles, lorsque tout à coup ils se trouvèrent face à face avec l'adjudant Nanteuil, autrement dit, l'ex-recruteur Mayer. Consuelo se crut perdue; mais Karl l'empêcha de prendre la fuite en lui disant : « Ne craignez rien, Signora, monsieur l'adjudant est dans vos intérêts. »

« — Arrêtez-vous ici, leur dit Nanteuil à la hâte; il y a une anicroche. L'adjudant Weber ne s'est-il pas avisé de venir souper dans notre quartier avec ce vieux imbécille de lieutenant? Ils sont dans la salle que vous êtes obligés de traverser. Il faut trouver un moyen de les renvoyer. Karl, retournez vite à votre faction, on pourrait s'apercevoir trop tôt de votre absence. J'irai vous chercher quand il sera temps. Madame va entrer dans ma chambre. Gottlieb va venir avec moi. Je prétendrai qu'il est en somnambulisme; mes deux nigauds courront après lui pour le voir, et quand la salle sera évacuée, j'en prendrai la clef pour qu'ils n'y reviennent pas. »

Gottlieb, qui ne se savait pas somnambule, ouvrit de gros yeux; mais Karl lui ayant fait signe d'obéir, il obéit aveuglément. Consuelo éprouvait une insurmontable répugnance à entrer dans la chambre de Mayer.

« Que craignez-vous de cet homme? lui dit Karl à voix basse. Il a une trop grosse somme à gagner pour songer à vous trahir. Son conseil est bon : je retourne sur le bastion. Trop de hâte nous perdrait.

— Trop de sang-froid et de prévoyance pourrait bien nous perdre aussi, » pensa Consuelo. Néanmoins elle céda. Elle avait une arme sur elle. En traversant la cuisine de Schwartz, elle s'était emparée d'un petit couperet dont la compagnie la rassurait un peu. Elle avait remis à Karl son argent et ses papiers, ne gardant sur elle que son crucifix, qu'elle n'était pas loin de regarder comme un amulette.

Mayer l'enferma dans sa chambre pour plus de sûreté, et s'éloigna avec Gottlieb. Au bout de dix minutes, qui parurent un siècle à Consuelo, Nanteuil revint la trouver, et elle remarqua avec terreur qu'il refermait la porte sur lui et mettait la clef dans sa poche.

« Signora, lui dit-il en italien, vous avez encore une demi-heure à patienter. Les drôles sont ivres, et ne lèveront le siége que quand l'horloge sonnera une heure; alors le gardien qui a le soin de ce quartier les mettra dehors.

— Et qu'avez-vous fait de Gottlieb, Monsieur?

— Votre ami Gottlieb est en sûreté derrière un tas de fagots où il pourra bien s'endormir; mais il n'en marchera peut-être que mieux pour vous suivre.

— Karl sera averti, n'est-il pas vrai?

—A moins que je ne veuille le faire pendre, répondit l'adjudant avec une expression qui parut diabolique à Consuelo, je n'aurai garde de le laisser là. Êtes-vous contente de moi, Signora?

— Je ne suis pas à même de vous prouver maintenant ma gratitude, Monsieur, répondit Consuelo avec une froideur dont elle s'efforçait en vain de dissimuler le dédain, mais j'espère m'acquitter bientôt honorablement envers vous.

— Pardieu, vous pouvez vous acquitter tout de suite (Consuelo fit un mouvement d'horreur) en me témoignant un peu d'amitié, ajouta Mayer d'un ton de lourde et grossière cajolerie. Là, voyons, si je n'étais pas un mélomane passionné... et si vous n'étiez pas une si jolie personne, je serais bien coupable de manquer ainsi à mes devoirs pour vous faire évader. Croyez-vous que ce soit l'attrait du gain qui m'ait porté à cela? Baste! je suis assez riche pour me passer de vous autres, et le prince Henry n'est pas assez puissant pour me sauver de la corde ou de la prison perpétuelle, si je suis découvert. Dans tous les cas, ma mauvaise surveillance va entraîner ma disgrâce, ma translation dans une forteresse moins agréable, moins voisine de la capitale... Tout cela exige bien quelque consolation. Allons, ne faites pas tant la fière. Vous savez bien que je suis amoureux de vous. J'ai le cœur tendre, moi! Ce n'est pas une raison pour abuser de ma faiblesse; vous n'êtes pas une religieuse, une bigote, que diable! Vous êtes une charmante fille de théâtre, et je parie bien que vous n'avez pas fait votre chemin dans les premiers emplois sans faire l'aumône d'un peu de tendresse à vos directeurs. Pardieu! si vous avez chanté devant Marie-Thérèse, comme on le dit, vous avez traversé le boudoir du prince de Kaunitz. Vous voici dans un appartement moins splendide; mais je tiens votre liberté dans mes mains, et la liberté est plus précieuse encore que la faveur d'une impératrice.

—Est-ce une menace, Monsieur? répondit Consuelo pâle d'indignation et de dégoût.

— Non, c'est une prière, belle Signora.

— J'espère que ce n'est pas une condition?

—Nullement! Fi donc! Jamais! ce serait une indignité, » répondit Mayer avec une impudente ironie, en s'approchant de Consuelo les bras ouverts.

Consuelo, épouvantée, s'enfuit au bout de la chambre. Mayer l'y suivit. Elle vit bien qu'elle était perdue si elle ne sacrifiait l'humanité à l'honneur; et, subitement inspirée par la terrible fierté des femmes espagnoles, elle reçut l'étreinte de l'ignoble Mayer en lui enfonçant quelques lignes de couteau dans la poitrine. Mayer était fort gras, et la blessure ne fut pas dangereuse; mais en voyant son sang couler, comme il était aussi lâche que sensuel, il se crut mort, et alla tomber en défaillance, le ventre sur son lit, en murmurant: « Je suis assassiné! je suis perdu! » Consuelo crut l'avoir tué, et faillit s'évanouir elle-même. Au bout de quelques instants de terreur silencieuse, elle osa pourtant s'approcher de lui, et, le voyant immobile, elle se hasarda à ramasser la clef de la chambre, qu'il avait laissée tomber à ses pieds. A peine la tint-elle, qu'elle sentit renaître son courage; elle sortit sans hésitation, et s'élança au hasard dans les galeries. Elle trouva toutes les portes ouvertes devant elle, et descendit un escalier sans savoir où il la conduirait. Mais ses jambes fléchirent lorsqu'elle entendit retentir la cloche d'alarme, et peu après le roulement du tambour, et ce canon qui l'avait émue si fort la nuit où le somnambulisme de Gottlieb avait causé une alerte. Elle tomba à genoux sur les dernières marches, et joignant les mains, elle invoqua Dieu pour le pauvre Gottlieb et pour le généreux Karl. Séparée d'eux après les avoir laissés s'exposer à la mort pour elle, elle ne se sentit plus aucune force, aucun désir de salut. Des pas lourds et précipités retentissaient à ses oreilles, la clarté des flambeaux jaillissait devant ses yeux effarés, et elle ne savait déjà plus si c'était la réalité ou l'effet de son propre délire. Elle se laissa glisser dans un coin, et perdit tout à fait connaissance.

XX.

Lorsque Consuelo reprit connaissance, elle éprouva un bien-être incomparable, sans pouvoir se rendre compte ni du lieu où elle était, ni des événements qui l'y avaient amenée. Elle était couchée en plein air; et, sans ressentir aucunement le froid de la nuit, elle voyait librement les étoiles briller dans le ciel vaste et pur. A ce coup d'œil enchanteur succéda bientôt la sensation d'un mouvement assez rapide, mais souple et agréable. Le bruit de la rame qui s'enfonçait dans l'eau, à intervalles rapprochés, lui fit comprendre qu'elle était dans une barque, et qu'elle traversait l'étang. Une douce chaleur pénétrait ses membres; et il y avait, dans la placidité des eaux dormantes où la brise agitait de nombreux herbages aquatiques, quelque chose de suave qui rappelait les lagunes de Venise, dans les belles nuits du printemps. Consuelo souleva sa tête alanguie, regarda autour d'elle, et vit deux rameurs faisant force de bras chacun à une extrémité de la barque. Elle chercha des yeux la citadelle, et la vit déjà loin, sombre comme une montagne de pierre, dans le cadre transparent de l'air et de l'onde. Elle se dit qu'elle était sauvée; mais aussitôt elle se rappela ses amis, et prononça le nom de Karl avec anxiété. « Je suis là! Pas un mot, Signora, le plus profond silence! » répondit Karl qui ramait devant elle. Consuelo pensa que l'autre rameur était Gottlieb; et, trop faible pour se tourmenter plus longtemps, elle se laissa retomber dans sa première attitude. Une main ramena autour d'elle le manteau souple et chaud dont on l'avait enveloppée; mais elle l'écarta doucement de son visage, afin de contempler l'azur constellé qui se déroulait sans bornes au-dessus de sa tête.

A mesure qu'elle sentait revenir ses forces et l'élasticité de ses mouvements, paralysés par une violente crise nerveuse, elle recueillait ses pensées; et le souvenir de Mayer se présenta horrible et sanglant devant elle. Elle fit un effort pour se soulever de nouveau, en s'apercevant qu'elle avait la tête appuyée sur les genoux et le corps soutenu par le bras d'un troisième passager qu'elle n'avait pas encore vu, ou plutôt qu'elle avait pris pour un ballot, tant il était enveloppé, caché et immobile, étendu derrière elle, dans le fond de la barque.

Une profonde terreur s'empara de Consuelo lorsqu'elle se rappela l'imprudente confiance que Karl avait témoignée à Mayer, et qu'elle supposa possible la présence de ce misérable auprès d'elle. Le soin qu'il semblait prendre de se cacher aggravait les soupçons de la fugitive. Elle était pleine de confusion d'avoir reposé contre le sein de cet homme, et reprochait presque à la Providence de lui avoir laissé goûter, sous sa protection, quelques instants d'un oubli salutaire et d'un bien-être ineffable.

Heureusement la barque touchait terre en ce moment, et Consuelo se hâta de se lever pour prendre la main de Karl et s'élancer sur le rivage; mais la secousse de l'atterrissement la fit chanceler et retomber dans les bras du personnage mystérieux. Elle le vit alors debout, et, à la faible clarté des étoiles, elle distingua qu'il portait un masque noir sur le visage. Mais il avait toute la tête de plus que Mayer; et quoiqu'il fût enveloppé d'un long manteau, sa stature avait l'élégance d'un corps svelte et dégagé. Ces circonstances rassurèrent complétement la fugitive; elle accepta le bras qu'il lui offrit en silence, et fit avec lui une cinquantaine de pas sur la grève, suivie de Karl et de l'autre individu, qui lui avaient renouvelé, par signes, l'injonction de ne pas dire un seul mot. La campagne était muette et déserte; aucune agitation ne se faisait plus pressentir dans la citadelle. On trouva, derrière un hallier, une voiture attelée de quatre chevaux, où l'inconnu monta avec Consuelo. Karl se mit sur le siége. Le troisième individu disparut, sans que Consuelo y prit garde. Elle cédait à la hâte silencieuse et solennelle de ses libérateurs; et bientôt le carrosse, qui était excellent et d'une souplesse recherchée, roula dans la nuit avec la rapidité de la foudre. Le bruit des roues et le galop des chevaux ne disposent guère à la conversation. Consuelo se sentait fort intimidée et même un peu effrayée de son tête-à-tête avec l'inconnu. Cependant lorsqu'elle vit qu'il n'y avait plus aucun danger à rompre le silence, elle crut devoir lui exprimer sa reconnaissance et sa joie; mais elle n'en obtint aucune réponse. Il s'était placé vis-à-vis d'elle, en signe de respect; il lui prit la main, et la serra dans les siennes, sans dire un seul mot; puis il se renfonça dans le coin de la voiture; et Consuelo, qui avait espéré engager la conversation, n'osa insister contre ce refus tacite. Elle désirait vivement savoir à quel ami généreux et dévoué elle était redevable de son salut; mais elle éprouvait pour lui, sans le connaître, un sentiment instinctif de respect mêlé de crainte, et son imagination prêtait à cet étrange compagnon de voyage toutes les qualités romanesques que comportait la circonstance. Enfin la pensée lui vint que c'était un agent subalterne des *invisibles*, peut-être un fidèle serviteur qui craignait de manquer aux devoirs de sa condition en se permettant de lui parler la nuit dans le tête-à-tête.

Au bout de deux heures de course rapide, on s'arrêta au milieu d'un bois fort sombre; le relais qu'on y devait trouver n'était pas encore arrivé. L'inconnu s'éloigna un peu pour voir s'il approchait, ou pour dissimuler son impatience et son inquiétude. Consuelo mit pied à terre aussi, et se promena sur le sable d'un sentier voisin avec Karl, à qui elle avait mille questions à faire.

« Grâce à Dieu, Signora, vous voilà vivante, lui dit ce fidèle écuyer.

— Et toi-même, cher Karl?

— On ne peut mieux, puisque vous êtes sauvée.

— Et Gottlieb, comment se trouve-t-il?

— Je présume qu'il se trouve bien dans son lit à Spandaw.

— Juste ciel! Gottlieb est donc resté? Il va donc payer pour nous?

— Il ne paiera ni pour lui-même, ni pour personne. L'alarme donnée, je ne sais par qui, j'ai couru pour vous rejoindre à tout hasard, voyant bien que c'était le moment de risquer le tout pour le tout. J'ai rencontré l'adjudant Nanteuil, c'est-à-dire le recruteur Mayer, qui était fort pâle...

— Tu l'as rencontré, Karl? Il était debout, il marchait?

— Pourquoi non?

— Il n'était donc pas blessé?

— Ah! si fait: il m'a dit qu'il s'était un peu blessé

en tombant dans l'obscurité sur un faisceau d'armes. Mais je n'y ai pas fait grande attention, et lui ai demandé vite où vous étiez. Il n'en savait rien, il avait perdu la tête. Je crus même voir qu'il avait l'intention de nous trahir; car la cloche d'alarme que j'avais entendue, et dont j'avais bien reconnu le timbre, est celle qui part de son alcôve et qui sonne pour son quartier. Mais il paraissait s'être ravisé; car il savait bien, le drôle, qu'il y avait beaucoup d'argent à gagner en vous délivrant. Il m'a donc aidé à détourner l'orage, en disant à tous ceux que nous rencontrions que c'était ce somnambule de Gottlieb qui avait encore une fois causé une fausse alerte. En effet, comme si Gottlieb eût voulu lui donner raison, nous le trouvâmes endormi dans un coin, de ce sommeil singulier dont il est pris souvent au beau milieu du jour, là où il se trouve, fût-ce sur le parapet de l'esplanade. On eût dit que l'agitation de sa fuite le faisait dormir debout, ce qui est, ma foi, bien merveilleux, à moins qu'il n'ait bu par mégarde à souper quelques gouttes du breuvage que j'ai versé à pleins bords à ses chers parents! Ce que je sais, c'est qu'on l'a enfermé dans la première chambre venue pour l'empêcher de s'aller promener sur les glacis, et que j'ai jugé à propos de le laisser là jusqu'à nouvel ordre. On ne pourra l'accuser de rien, et ma fuite expliquera suffisamment la vôtre. Les Schwartz dormaient trop bien de leur côté pour entendre la cloche, et personne n'aura été voir si votre chambre était ouverte ou fermée. Ce ne sera donc que demain que l'alarme sera sérieuse. M. Nanteuil m'a aidé à la dissiper, et je me suis mis à votre recherche, en feignant de retourner à mon dortoir. J'ai eu le bonheur de vous trouver à trois pas de la porte que nous devions franchir pour nous sauver. Les guichetiers de par là étaient tous gagnés. D'abord j'ai été bien effrayé de vous trouver presque morte. Mais morte ou vivante, je ne voulais pas vous laisser là. Je vous ai portée sans encombre dans la barque qui nous attendait le long du fossé. Et alors... il m'est arrivé une petite aventure assez désagréable que je vous raconterai une autre fois, Signora... Vous avez eu assez d'émotions comme cela aujourd'hui, et ce que je vous dirais pourrait vous causer un peu de saisissement.

— Non, non, Karl, je veux tout savoir, je suis de force à tout entendre.

— Oh! je vous connais, Signora! vous me blâmerez. Vous avez votre manière de voir. Je me souviens de Roswald, où vous m'avez empêché...

— Karl, ton refus de parler me tourmenterait cruellement. Parle, je t'en conjure, je le veux.

— Eh bien, Signora, c'est un petit malheur; après tout; et s'il y a péché, cela ne regarde que moi. Comme je vous passais dans la barque sous une arcade basse, bien lentement pour ne pas faire trop de bruit avec mes rames dans cet endroit sonore, voilà que sur le bout d'une petite jetée qui se trouve là et qui barre à demi l'arcade, je suis arrêté par trois hommes qui me prennent au collet tout en sautant dans la barque. Il faut vous dire que la personne qui voyage avec vous dans la voiture, et qui était déjà des nôtres, ajouta Karl en baissant la voix, avait eu l'imprudence de remettre les deux tiers de la somme convenue à Nanteuil, en traversant la dernière poterne. Nanteuil, pensant qu'il pouvait bien s'en contenter et regagner le reste en nous trahissant, s'était aposté là avec deux vauriens de son espèce pour vous rattraper. Il espérait se défaire d'abord de votre protecteur et de moi, afin que personne ne pût parler de l'argent qu'il avait reçu. Voilà pourquoi, sans doute, ces garnements se mirent en devoir de nous assassiner. Mais votre compagnon de voyage, Signora, tout paisible qu'il en a l'air, est un lion dans le combat. Je vous jure que je m'en souviendrai longtemps. En deux tours de bras, il se débarrassa d'un premier coquin en le jetant dans l'eau ; le second, intimidé, ressauta sur la chaussée, et se tint à distance pour voir comment finirait la lutte que j'avais avec l'adjudant. Ma foi, Signora, je ne m'en acquittai pas avec autant de grâce que sa brillante Seigneurie... dont j'ignore le nom. Cela dura bien une demi-minute, ce qui ne me fait pas honneur ; car ce Nanteuil, qui est ordinairement fort comme un taureau, paraissait mou et affaibli, comme s'il eût eu peur, ou comme si la blessure dont il m'avait parlé lui eût donné du souci. Enfin, le sentant lâcher prise, je l'enlevai et lui trempai un peu les pieds dans l'eau. *Sa Seigneurie* me dit alors : « Ne le tuez pas, c'est inutile. » Mais moi, qui l'avais bien reconnu, et qui savais comme il nage, comme il est tenace, cruel, capable de tout, moi qui avais senti ailleurs la force de ses poings, et qui avais de vieux comptes à régler avec lui, je n'ai pas pu me retenir de lui donner un coup de ma main fermée sur la tête.... coup qui le préservera d'en recevoir et d'en appliquer jamais d'autres, Signora ! Que Dieu fasse paix à son âme et miséricorde à la mienne ? Il s'enfonça dans l'eau tout droit comme un soliveau, dessina un grand rond, et ne reparut pas plus que s'il eût été de marbre. Le compagnon que Sa Seigneurie avait renvoyé de notre barque par le même chemin avait fait un plongeon, et déjà il était au bord de la jetée, où son camarade, le plus prudent des trois, l'aidait à tâcher de reprendre pied. Ce n'était pas facile ; la levée est si étroite dans cet endroit-là que l'un entraînait l'autre, et qu'ils retombaient à l'eau tous les deux. Pendant qu'ils se débattaient en jurant l'un contre l'autre, et faisaient une petite partie de natation, moi je faisais force de rames, et j'eus bientôt gagné un endroit où un second rameur, brave pêcheur de son métier, m'avait donné parole de venir m'aider d'un ou deux coups d'aviron pour traverser l'étang. Bien m'a pris, du reste, Signora, de m'être exercé au métier de marin sur les eaux douces du parc de Roswald. Je ne savais pas, le jour où je fis partie, sous vos yeux, d'une si belle répétition, que j'aurais un jour l'occasion de soutenir pour vous un combat naval, un peu moins magnifique, mais un peu plus sérieux. Cela m'a traversé la mémoire quand je me suis trouvé en pleine eau, et voilà qu'il m'a pris un fou rire... mais un fou rire bien désagréable! Je ne faisais pas le moindre bruit, du moins je ne m'entendais pas. Mais mes dents claquaient dans ma bouche, j'avais comme une main de fer sur la gorge, et la sueur me coulait du front, froide comme glace!... Ah! je vois bien qu'on ne tue pas un homme aussi tranquillement qu'une mouche. Ce n'est pourtant pas le premier, puisque j'ai fait la guerre; mais c'était la guerre! Au lieu que comme cela dans un coin, la nuit, derrière un mur, sans se dire un mot, cela ressemble à un meurtre prémédité. Et pourtant c'était le cas de légitime défense! Et encore ce n'eût pas été le premier assassinat que j'aurais prémédité!... Vous vous en souvenez, Signora? Sans vous... je l'aurais fait! Mais je ne sais si je ne m'en serais pas repenti après. Ce qu'il y a de sûr, c'est que j'ai ri d'un vilain rire sur l'étang... Et encore à présent, je ne peux pas m'empêcher... Il était si drôle en s'enfonçant tout droit dans le fossé! comme un roseau qu'on plante dans la vase! et quand je n'ai plus vu que sa tête près de disparaître, sa tête aplatie par mon poing... miséricorde! qu'il était laid! Il m'a fait peur!... Je le vois encore! »

Consuelo, craignant l'effet de cette terrible émotion sur le pauvre Karl, chercha à surmonter la sienne propre pour le calmer et le distraire. Karl était né doux et patient comme un véritable serf bohémien. Cette vie tragique, où la destinée l'avait jeté, n'était pas faite pour lui; et en accomplissant des actes d'énergie et de vengeance, il éprouvait l'horreur du remords et les terreurs de la dévotion. Consuelo le détourna de ses pensées lugubres, pour donner peut-être aussi le change aux siennes propres. Elle aussi s'était armée cette nuit-là pour le meurtre. Elle aussi avait frappé et fait couler quelques gouttes du sang de la victime impure. Une âme droite et pieuse ne saurait aborder la pensée et concevoir la résolution de l'homicide sans maudire et déplorer les circonstances qui placent l'honneur et la vie sous la sauvegarde du poignard. Consuelo était navrée et atterrée, et elle n'osait plus se dire que sa liberté méritât d'être achetée au prix du sang, même de celui d'un scélérat.

« Mon pauvre Karl, dit-elle, nous avons fait l'office du bourreau cette nuit! cela est affreux. Console-toi par l'idée que nous n'avions ni résolu ni prévu ce à quoi la nécessité nous a poussés. Parle-moi de ce seigneur qui a travaillé si généreusement à ma délivrance. Tu ne le connais donc pas?

—Nullement, Signora, je l'ai vu ce soir pour la première fois, et je ne sais pas son nom.

—Mais où nous mène-t-il, Karl?

—Je ne sais pas, Signora. Il m'est défendu de m'en informer; et je suis même chargé, d'autre part, de vous dire que si vous faisiez en route la moindre tentative pour savoir où vous êtes et où vous allez, on serait forcé de vous abandonner en chemin. Il est certain qu'on ne nous veut que du bien : je suis donc résolu, pour ma part, à me laisser conduire comme un enfant.

— As-tu vu la figure de ce seigneur?

— Je l'ai aperçue, au reflet d'une lanterne, au moment où je vous déposais dans la barque. C'est une belle figure, Signora, je n'en ai jamais vu de plus belle. On dirait un roi.

— Rien que cela, Karl? Est-il jeune?

— Quelque chose comme trente ans.

— Quelle langue te parle-t-il?

— Le franc bohème, la vraie langue du chrétien! Il ne m'a dit que quatre ou cinq mots. Mais quel plaisir cela m'eût fait de les entendre dans ma langue... si ce n'eût été dans un vilain moment! « *Ne le tue pas, c'est inutile.* » Oh! il se trompait, c'était grandement nécessaire, n'est-ce pas, Signora?

— Qu'a-t-il dit, lui, quand tu as pris ce terrible parti?

— Je crois, Dieu me pardonne! qu'il ne s'en est pas aperçu. Il s'était jeté au fond de la barque où vous étiez comme morte; et, dans la crainte que vous ne fussiez atteinte de quelque coup, il vous faisait un rempart de son corps. Et quand nous nous sommes trouvés en sûreté, en pleine eau, il vous a soulevée dans ses bras, il vous a enveloppée d'un bon manteau qu'il avait apporté pour vous apparemment, et il vous soutenait contre son cœur, comme une mère qui tient son enfant. Oh! il paraît grandement vous chérir, Signora! Il est impossible que vous ne le connaissiez pas.

— Je le connais peut-être, mais puisque je n'ai pu venir à bout d'apercevoir son visage!...

— Voilà qui est singulier, qu'il se cache de vous! Au reste, rien ne doit étonner de la part de ces gens-là.

— Quelles gens, dis-moi?

— Ceux qu'on appelle les *chevaliers*, les *masques noirs*, les *invisibles*. Je n'en sais pas plus long que vous sur leur compte, Signora, bien que depuis deux mois ils me conduisent par la lisière et me mènent pas à pas à vous secourir et à vous sauver. »

Le bruit amorti du galop des chevaux sur l'herbe se fit entendre. En deux minutes, l'attelage fut renouvelé, ainsi que le postillon qui n'appartenait pas à l'ordonnance royale, et qui échangea à l'écart quelques paroles rapides avec l'inconnu. Celui-ci vint présenter la main à Consuelo, qui rentra avec lui dans la voiture. Il s'y assit au fond, à la plus grande distance d'elle possible; mais il n'interrompit le silence solennel de la nuit que pour faire sonner deux heures à sa montre. Le jour était encore loin de paraître, quoiqu'on entendît le chant de la caille dans les bruyères et l'aboiement lointain des chiens de ferme. La nuit était magnifique, la constellation de la grande ourse s'élargissait en se renversant sur l'horizon. Le roulement de la voiture étouffa les voix harmonieuses de la campagne, et on tourna le dos aux grandes étoiles boréales. Consuelo comprit qu'elle marchait vers le sud. Karl, sur le siége de la voiture, s'efforçait de repousser le spectre de Mayer, qu'il croyait voir flotter à tous les carrefours de la forêt, au pied des croix, ou sous les grands sapins des futaies. Il ne songeait donc guère à remarquer vers quelles régions sa bonne ou sa mauvaise étoile le dirigeait.

XXI.

La Porporina, jugeant que c'était un parti pris, chez son compagnon, de ne point échanger une seule parole avec elle, crut ne pouvoir mieux faire que de respecter le vœu bizarre qu'il semblait observer, à l'exemple des antiques chevaliers errants. Pour échapper aux sombres images et aux tristes réflexions que le récit de Karl lui suggérait, elle s'efforça de ne penser qu'à l'avenir inconnu qui s'ouvrait devant elle; et peu à peu elle tomba dans une rêverie pleine de charmes. Peu d'organisations privilégiées ont seules le don de commander à leur pensée dans l'état d'oisiveté contemplative. Consuelo avait eu souvent, et principalement durant les trois mois d'isolement qu'elle venait de passer à Spandaw, l'occasion d'exercer cette faculté, accordée d'ailleurs, moins aux heureux de ce monde qu'à ceux qui disputent leur vie au travail, aux persécutions et aux dangers. Car il faut bien reconnaître le mystère providentiel des *grâces d'état;* sans quoi la force et la sérénité de certains infortunés paraîtrait impossible à ceux qui n'ont guère connu le malheur.

Notre fugitive se trouvait, d'ailleurs, dans une situation assez bizarre pour donner lieu à beaucoup de châteaux en Espagne. Ce mystère qui l'enveloppait comme un nuage, cette fatalité qui l'attirait dans un monde fantastique, cette sorte d'amour paternel qui l'environnait de miracles, c'en était bien assez pour charmer une jeune imagination riche de poésie. Elle se rappelait ces paroles de l'Écriture que, dans ses jours de captivité, elle avait mises en musique.

« J'enverrai vers toi un de mes anges qui te portera
« dans ses bras, afin que ton pied ne heurte point la
« pierre. . . . . —
« . . . .
« Je marche dans les ténèbres, et j'y marche sans
« crainte, parce que le Seigneur est avec moi. »

Ces mots avaient désormais un sens plus clair et plus divin pour elle. Dans un temps où l'on ne croit plus à la révélation directe et à la manifestation sensible de la Divinité, la protection et le secours du ciel se traduisent sous la forme d'assistance, d'affection et de dévouement de la part de nos semblables. Il y a quelque chose de si doux à abandonner la conduite de sa propre destinée à qui nous aime, et à se sentir, pour ainsi dire, porté par autrui! C'est un bonheur si grand qu'il nous corromprait vite, si nous ne nous combattions nous-mêmes pour ne pas en abuser. C'est le bonheur de l'enfant, dont les songes dorés ne sont troublés, sur le sein maternel, par aucune des appréhensions de la vie réelle.

Ces pensées, qui se présentaient comme un rêve à Consuelo, au sortir subit et imprévu d'une existence si cruelle, la bercèrent d'une sainte volupté, jusqu'à ce que le sommeil vint les noyer et les confondre dans cette sorte de repos de l'âme et du corps qu'on pourrait appeler un néant senti et savouré. Elle avait totalement oublié la présence de son muet compagnon de voyage, lorsqu'elle se réveilla tout près de lui, la tête appuyée sur son épaule. Elle ne pensa pas d'abord à se déranger; elle venait de rêver qu'elle voyageait en charrette avec sa mère, et le bras qui la soutenait lui semblait être celui de la Zingara. Un réveil plus complet lui fit sentir la confusion de son inadvertance; mais le bras de l'inconnu semblait être devenu une chaîne magique. Elle fit à la dérobée de vaines tentatives pour s'en dégager; l'inconnu paraissait dormir lui-même et avoir reçu machinalement sa compagne dans ses bras lorsque la fatigue et le mouvement de la voiture l'y avaient fait glisser. Il avait joint ses deux mains ensemble autour de la taille de Consuelo, comme pour se préserver lui-même de la laisser tomber à ses pieds en s'endormant. Mais son sommeil n'avait pas relâché la force de ses doigts entrelacés, et il eût fallu, en essayant de les détacher, le réveiller complétement. Consuelo ne l'osa pas. Elle espéra que de lui-même il lui rendrait sa liberté sans le savoir, et qu'elle pourrait retourner à sa place sans paraître avoir remarqué positivement toutes ces circonstances délicates de leur tête-à-tête.

Mais en attendant que l'inconnu s'endormît plus profondément, Consuelo, que le calme de sa respiration et l'immobilité de son repos avaient rassurée, se rendormit elle-même, vaincue par l'épuisement qui succède aux grandes agitations. Lorsqu'elle se réveilla de nouveau, la tête de son compagnon s'était penchée sur la sienne, son masque s'était détaché, leurs joues se touchaient, leurs haleines se confondaient. Elle fit un mouvement brusque pour se retirer, sans songer à regarder les traits de l'inconnu, ce qui, d'ailleurs, eût été assez difficile vu l'obscurité qui régnait au dehors et surtout dans la voiture. L'inconnu rapprocha Consuelo de sa poitrine, dont la chaleur embrasa magnétiquement la sienne, et lui ôta la force et le désir de s'éloigner. Cependant il n'y avait rien de violent ni de brutal dans l'étreinte douce et brûlante de cet homme. La chasteté ne se sentait ni effrayée ni souillée par ses caresses; et Consuelo, comme si un charme eût été jeté sur elle, oubliant la retenue, on pourrait même dire la froideur virginale dont elle n'avait jamais été tentée de se départir, même dans les bras du fougueux Anzoleto, rendit à l'inconnu le baiser enthousiaste et pénétrant qu'il cherchait sur ses lèvres.

Comme tout était bizarre et insolite chez cet être mystérieux, le transport involontaire de Consuelo ne parut ni le surprendre, ni l'enhardir, ni l'enivrer. Il la pressa encore lentement contre son cœur; et quoique ce fût avec une force extraordinaire, elle ne ressentit pas la douleur qu'une violente pression cause toujours à un être délicat. Elle n'éprouva pas non plus l'effroi et la honte qu'un si notable oubli de sa pudeur accoutumée eût dû lui apporter après un instant de réflexion. Aucune pensée ne vint troubler la sécurité ineffable de cet instant d'amour senti et partagé comme par miracle. C'était le premier de sa vie. Elle en avait l'instinct, ou plutôt la révélation ; et le charme en était si complet, si profond, si divin, que rien ne semblait pouvoir jamais l'altérer. L'inconnu lui paraissait un être à part, quelque chose d'angélique dont l'amour la sanctifiait. Il passa légèrement le bout de ses doigts, plus doux que le tissu d'une fleur, sur les paupières de Consuelo, et à l'instant elle se rendormit comme par enchantement. Il resta éveillé cette fois, mais calme en apparence, comme s'il eût été invincible, comme si les traits de la tentation n'eussent pu pénétrer son armure. Il veillait en entraînant Consuelo vers des régions inconnues, tel qu'un archange emportant sous son aile un jeune séraphin anéanti et consumé par le rayonnement de la Divinité.

Le jour naissant et le froid du matin tirèrent enfin Consuelo de cette espèce de léthargie. Elle se trouva seule dans la voiture, et se demanda si elle avait rêvé qu'elle aimait. Elle essaya de baisser une des jalousies : mais elles étaient toutes fermées par un verrou extérieur ou par un ressort dont elle ne connaissait pas le jeu. Elle pouvait recevoir l'air et voir courir en lignes brisées et confuses les marges blanches ou vertes du chemin ; mais elle ne pouvait rien discerner dans la campagne, ni par conséquent faire aucune observation, aucune découverte sur la route qu'elle tenait. Il y avait quelque chose d'absolu et de despotique dans la protection étendue sur elle. Cela ressemblait à un enlèvement, elle commença à en prendre souci et frayeur.

L'inconnu disparu, la pauvre pécheresse sentit arriver enfin toutes les angoisses de la honte, toute la stupeur de l'étonnement. Il n'était peut-être pas beaucoup de *filles d'Opéra* (comme on appelait alors les cantatrices et les danseuses) qui se fussent tourmentées pour un baiser rendu dans les ténèbres à un inconnu fort discret, surtout avec la garantie donnée par Karl à la Porporina que c'était un jeune homme d'une prestance et d'une figure admirables. Mais cet acte de folie était tellement en dehors des mœurs et des idées de la bonne et sage Consuelo, qu'elle en fut profondément humiliée. Elle en demanda pardon aux mânes d'Albert, et rougit jusqu'au fond de l'âme d'avoir été infidèle de cœur à son souvenir d'une façon si brusque, et avec si peu de réflexion et de dignité. Il faut, pensa-t-elle, que les événements tragiques de la soirée et la joie de ma délivrance m'aient donné un accès de délire. Autrement, comment aurais-je pu me figurer que j'éprouvais de l'amour pour un homme qui ne m'a pas adressé un seul mot, dont je ne sais pas le nom, et dont je n'ai pas seulement vu les traits! Cela ressemble aux plus honteuses aventures de bal masqué, à ces ridicules surprises des sens dont la Corilla s'accusait devant moi, et dont je ne pouvais pas concevoir la possibilité pour une autre femme qu'elle. Quel mépris cet homme doit avoir conçu pour moi! S'il n'a pas abusé de mon égarement, c'est que j'étais sous la garantie de son honneur, ou bien qu'un serment le lie sans doute à des devoirs plus respectables, ou bien enfin qu'il m'a justement dédaignée! Puisse-t-il avoir compris ou deviné que ce n'était de ma part qu'un accès de fièvre, qu'un transport au cerveau!

Consuelo avait beau se faire tous ces reproches, elle ne pouvait se défendre d'une amertume plus grande encore que toutes les railleries de sa conscience : le regret d'avoir perdu ce compagnon de voyage qu'elle ne se sentait le droit ni la force d'accuser ou de maudire. Il restait au fond de sa pensée comme un être supérieur investi d'une puissance magique, peut-être diabolique, mais à coup sûr irrésistible. Elle en avait peur, et pourtant elle désirait n'en être pas si brusquement et à jamais séparée.

La voiture se mit au pas, et Karl vint ouvrir la jalousie. « Si vous voulez marcher un peu, Signora, lui dit-il, *monsieur le chevalier* vous y engage. La montée est rude pour les chevaux, et nous sommes en plein bois; il paraît qu'il n'y a pas de danger. »

Consuelo s'appuya sur l'épaule de Karl, et sauta sur le sable sans lui donner le temps de baisser le marchepied. Elle espérait voir son compagnon de voyage, son amant improvisé. Elle le vit en effet, mais à trente pas devant elle, le dos tourné par conséquent, et toujours drapé de ce vaste manteau gris qu'il paraissait décidé à garder le jour comme la nuit. Sa démarche et le peu qu'on apercevait de sa chevelure et de sa chaussure annonçait une grande distinction, et l'élégance d'un homme soigneux de rehausser par une toilette *galante,* comme on disait alors, *les avantages de sa personne*. La poignée de son épée, recevant les rayons du soleil levant, brillait à son flanc comme une étoile, et le parfum de la poudre que les gens de bon ton choisissaient alors avec la plus grande recherche laissait derrière lui, dans l'atmosphère du matin, la trace embaumée d'un homme *comme il faut*.

Hélas! mon Dieu, pensa Consuelo, c'est peut-être quelque fat, quelque seigneur de contrebande, ou quelque noble orgueilleux. Quel qu'il soit, il me tourne le dos ce matin, et il a bien raison!

« Pourquoi l'appelles-tu *le chevalier?* demanda-t-elle à Karl en continuant tout haut ses réflexions.

— C'est parce que je l'entends appeler ainsi par les postillons.

— Le chevalier de quoi?

— M. le chevalier tout court. Mais pourquoi cherchez-vous à le savoir, Signora? Puisqu'il désire vous rester inconnu, il me semble qu'il vous rend d'assez grands services au péril de sa vie, pour que vous ayez l'obligeance de rester tranquille à cet égard. Quant à moi, je voyagerais bien dix ans avec lui sans lui demander où il me mène. Il est si beau, si brave, si bon, si gai!...

— Si gai? cet homme-là est gai?

— Certes. Il est si content de vous avoir sauvée, qu'il ne peut s'en taire. Il me fait mille questions sur Spandaw, sur vous, sur Gottlieb, sur moi, sur le roi de Prusse. Moi, je lui dis tout ce que je sais, tout ce qui m'est arrivé, même l'aventure de Roswald! Cela fait tant de bien de parler le bohémien et d'être écouté par un homme d'esprit qui vous comprend, au lieu que tous ces ânes de Prussiens n'entendent que leur chienne de langue.

— Il est donc Bohémien, lui?

— Je me suis permis de lui faire cette question, et il m'a répondu *non* tout court, même un peu sèchement. Aussi j'avais tort de l'interroger, lorsque son bon plaisir était de me faire répondre.

— Est-il toujours masqué?

— Seulement quand il s'approche de vous, Signora. Oh! c'est un plaisant; il veut sans doute vous intriguer. »

L'enjouement et la confiance de Karl ne rassuraient pas entièrement Consuelo. Elle voyait bien qu'il joignait à beaucoup de détermination et de bravoure une droiture et une simplicité de cœur dont on pouvait aisément abuser. N'avait-il pas compté sur la bonne foi de Mayer? Ne l'avait-il pas poussée elle-même dans la chambre de ce misérable? Et maintenant il se soumettait aveuglément à un inconnu pour enlever Consuelo, et l'exposer peut-être à des séductions plus raffinées et plus dangereuses ! Elle se rappelait le billet des *invisibles* : « On te tend « un piège, un nouveau danger te menace. Méfie-toi de « quiconque t'engagerait à fuir avant que nous t'ayons « donné des avis certains. Persévère dans ta force, etc. » Aucun autre billet n'était venu confirmer celui-là, et Consuelo, s'abandonnant à la joie de retrouver Karl, avait cru ce digne serviteur suffisamment autorisé à la servir. L'inconnu n'était-il pas un traître? Où la conduisait-il avec tant de mystère? Consuelo ne se connaissait pas d'ami dont la ressemblance pût s'accommoder à la brillante tournure du chevalier, à moins que ce ne fût Frédéric de Trenck. Mais Karl connaissait parfaitement ce dernier, ce ne l'était donc pas. Le comte de Saint-Germain était plus âgé, Cagliostro moins grand. A force de regarder de loin l'inconnu pour tâcher de découvrir en lui un ancien ami, Consuelo arriva à trouver qu'elle n'avait jamais vu personne marcher avec tant d'aisance et de grâce. Albert seul eût été doué d'autant de majesté; mais sa démarche lente et son abattement habituel excluaient cet air de force, cette allure chevaleresque qui caractérisaient l'inconnu.

Le bois s'éclaircissait et les chevaux commençaient à trotter pour rejoindre les voyageurs qui les avaient devancés. Le chevalier, sans se retourner, étendit les bras, et secoua son mouchoir plus blanc que la neige. Karl comprit ce signal, et fit remonter Consuelo en en voiture en lui disant :

« A propos, Signora, vous trouverez dans de grands coffres, sous les banquettes, du linge, des vêtements, et tout ce qu'il vous faudra pour déjeuner et dîner au besoin. Il y aussi des livres. Enfin, il paraît que c'est une hôtellerie roulante, et que vous n'en sortirez pas de si tôt.

— Karl, dit Consuelo, je te prie de demander à monsieur le chevalier si je serai libre, lorsque nous aurons passé la frontière, de lui faire mes remerciements et d'aller où bon me semblera.

— Oh! Signora, je n'oserai jamais dire une chose si désobligeante à un homme si aimable!

— C'est égal, je l'exige. Tu me rendras sa réponse au prochain relais, puisqu'il ne veut pas me parler. »

La réponse de l'inconnu fut que la voyageuse était parfaitement libre, et que tous ses désirs seraient des ordres; mais qu'il y allait de son salut et de la vie de son guide, ainsi que de celle de Karl, à ne pas contrarier les desseins qu'on avait sur sa route, et sur le choix de son asile. Karl ajouta, d'un air de reproche naïf, que cette méfiance avait paru faire bien du mal au chevalier, et qu'il était devenu triste et morne. Elle en eut des remords, et lui fit dire qu'elle remettait son sort entre les mains des *invisibles*.

La journée entière se passa sans aucun incident. Enfermée et cachée dans la voiture comme un prisonnier d'État, Consuelo ne put faire aucune conjecture sur la direction de son voyage. Elle changea de toilette avec la plus grande satisfaction; car elle avait aperçu au jour quelques gouttes du sang noir de Mayer sur ses vêtements, et ces traces lui faisaient horreur. Elle essaya de lire; mais son esprit était trop préoccupé. Elle prit le parti de dormir le plus possible, espérant oublier de plus en plus la mortification de sa dernière aventure. Mais lorsque la nuit fut venue, et que l'inconnu resta sur le siége, elle éprouva une plus grande confusion encore. Évidemment il n'avait rien oublié, lui, et sa respectueuse délicatesse rendait Consuelo plus ridicule et plus coupable encore à ses propres yeux. En même temps elle s'affligeait du malaise et de la fatigue qu'il supportait sur ce siége, étroit pour deux personnes côte à côte, lui qui paraissait si recherché, avec un soldat fort proprement travesti en domestique, à la vérité, mais dont la conversation confiante et prolixe pouvait bien lui peser à la longue; enfin, exposé au frais de la nuit et privé de sommeil. Tant de courage ressemblait peut-être aussi à de la présomption; se croyait-il irrésistible? Pensait-il que Consuelo, revenue d'une première surprise de l'imagination, ne se défendrait pas de sa familiarité par trop paternelle? La pauvre enfant se disait tout cela pour consoler son orgueil abattu; mais le plus certain, c'est qu'elle désirait le revoir, et craignait, par-dessus tout, son dédain ou le triomphe d'un excès de vertu qui les eût à jamais rendus étrangers l'un à l'autre.

Vers le milieu de la nuit, on s'arrêta dans une ravine. Le temps était sombre. Le bruit du vent dans le feuillage ressemblait à celui d'une eau courante : « Signora, dit Karl en ouvrant la portière. nous voici arrivés au moment le moins commode de notre voyage : il nous faut passer la frontière. Avec de l'audace et de l'argent, on se tire de tout, dit-on. Cependant il ne serait pas prudent que vous fissiez cet essai par la grande route et sous l'œil des gens de police. Je ne risque rien, moi qui ne suis rien. Je vais conduire le carrosse au pas, avec un seul cheval, comme si je menais cette nouvelle acquisition chez mes maîtres, à une campagne voisine. Vous, vous prendrez la traverse avec monsieur le chevalier, et vous passerez peut-être par des sentiers un peu difficiles. Vous sentez-vous la force de faire une lieue à pied sur de mauvais chemins? »

Sur la réponse affirmative de Consuelo, elle trouva le bras du chevalier prêt à recevoir le sien; Karl ajouta :

« Si vous arrivez avant moi au lieu du rendez-vous, vous m'attendrez sans crainte, n'est-ce pas, Signora?

—Je ne crains rien, répondit Consuelo avec un mélange de tendresse et de fierté envers l'inconnu, puisque je suis sous la protection de Monsieur. Mais, mon pauvre Karl, ajouta-t-elle, n'y a-t-il point de danger pour toi? »

Karl haussa les épaules en baisant la main de Consuelo; puis il courut procéder à l'arrangement du cheval; et Consuelo partit aussitôt à travers champs avec son taciturne protecteur.

XXII.

Le temps s'obscurcissait de plus en plus; le vent s'élevait toujours, et nos deux fugitifs marchaient péniblement depuis une demi-heure, tantôt sur des sentiers pierreux, tantôt dans les ronces et les longues herbes, lorsque la pluie se déclara soudainement avec une violence extraordinaire. Consuelo n'avait pas encore dit un mot à son compagnon; mais le voyant s'inquiéter pour elle et chercher un abri, elle lui dit enfin:

« Ne craignez rien pour moi, Monsieur; je suis forte, et n'ai de chagrin que celui de vous voir exposé à tant de fatigues et de soucis pour une personne qui ne vous est rien et qui ne sait comment vous remercier. »

L'inconnu fit un mouvement de joie en apercevant une masure abandonnée, dans un coin de laquelle il réussit à mettre sa compagne à couvert des torrents de pluie. La toiture de cette ruine avait été enlevée, et l'espace abrité par un retour de la maçonnerie était si exigu, qu'à moins de se placer tout près de Consuelo, l'inconnu était forcé de recevoir la pluie. Il respecta pourtant sa situation, au point de s'éloigner d'elle pour lui ôter toute crainte. Mais Consuelo ne put souffrir longtemps d'accepter tant d'abnégation. Elle le rappela; et, voyant qu'il persistait, elle quitta son abri, en lui disant d'un ton qu'elle s'efforça de rendre enjoué :

« Chacun son tour, Monsieur le chevalier ; je puis bien me mouiller un peu. Vous allez prendre ma place, puisque vous refusez d'en prendre votre part. »

Le chevalier voulut reconduire Consuelo à cette place qui faisait l'objet d'un combat de générosité ; mais elle lui résista :

« Non, dit-elle, je ne vous céderai pas. Je vois bien que je vous ai offensé aujourd'hui en exprimant le désir de vous quitter à la frontière. Je dois expier mes torts. Je voudrais qu'il m'en coûtât un bon rhume ! »

Le chevalier céda, et se mit à l'abri. Consuelo, sentant bien qu'elle lui devait une grande réparation, vint s'y placer à ses côtés, quoiqu'elle fût humiliée d'avoir peut-être l'air de lui faire des avances ; mais elle aimait mieux lui paraître légère qu'ingrate, et elle voulut s'y résigner, en expiation de son tort. L'inconnu la comprit si bien, qu'il resta aussi éloigné d'elle que pouvait le permettre un espace de deux ou trois pieds carrés. Appuyé sur les gravois, il affectait même de détourner la tête, pour ne pas l'embarrasser et ne pas se montrer enhardi par sa sollicitude. Consuelo admirait qu'un homme condamné au mutisme, et qui l'y condamnait elle-même jusqu'à un certain point, la devinât si bien, et se fît si bien comprendre. Chaque instant augmentait son estime pour lui ; et cette estime singulière lui causait de si forts battements de cœur, qu'elle pouvait à peine respirer dans l'atmosphère embrasée par la respiration de cet homme incompréhensiblement sympathique.

Au bout d'un quart d'heure, l'averse s'apaisa au point de permettre aux deux voyageurs de se remettre en route ; mais les sentiers détrempés étaient devenus presque impraticables pour une femme. Le chevalier souffrit quelques instants, avec sa contenance impassible, que Consuelo glissât et se retînt à lui pour ne pas tomber à chaque pas. Mais, tout à coup, las de la voir se fatiguer, il la prit dans ses bras, et l'emporta comme un enfant, quoiqu'elle lui en fît des reproches; mais ces reproches n'allaient pas jusqu'à la résistance. Consuelo se sentait fascinée et dominée. Elle traversait le vent et l'orage emportée par ce sombre cavalier, qui ressemblait à l'esprit de la nuit, et qui franchissait ravins et fondrières, avec son fardeau, d'un pas aussi rapide et aussi assuré que s'il eût été d'une nature immatérielle. Ils arrivèrent ainsi au gué d'une petite rivière. L'inconnu s'élança dans l'eau en élevant Consuelo dans ses bras, à mesure que le gué devenait plus profond.

Malheureusement, cette trombe de pluie si épaisse et si soudaine avait enflé le cours du ruisseau, qui était devenu un torrent, et qui courait, trouble et couvert d'écume, avec un murmure sourd et sinistre. Le chevalier en avait déjà jusqu'à la ceinture; et dans l'effort qu'il faisait pour soutenir Consuelo au-dessus de la surface, il était à craindre que ses pieds engagés dans la vase ne vinssent à fléchir. Consuelo eut peur pour lui :

« Lâchez-moi, dit-elle, je sais nager. Au nom du ciel, lâchez-moi ! L'eau augmente toujours, vous allez vous noyer ! »

En ce moment, un coup de vent furieux abattit un des arbres du rivage vers lequel nos voyageurs se dirigeaient, ce qui entraîna l'éboulement d'énormes masses de terre et de pierres qui semblèrent, pour un instant, opposer une digue naturelle à la violence du courant. L'arbre était heureusement tombé en sens inverse de la rivière, et l'inconnu commençait à respirer, lorsque l'eau, se frayant un passage entre les obstacles qui l'encombraient, se resserra en un courant d'une telle force qu'il lui devint à peu près impossible de lutter davantage. Il s'arrêta, et Consuelo essaya de se dégager de ses bras.

« Laissez-moi, dit-elle, je ne veux pas être cause de votre perte. J'ai de la force et du courage, moi aussi ! laissez-moi lutter avec vous. »

Mais le chevalier la serra contre son cœur avec une nouvelle énergie. On eût dit qu'il avait dessein de périr là avec elle. Elle eut peur de ce masque noir, de cet homme silencieux qui, comme les ondins des antiques ballades allemandes, semblait vouloir l'entraîner dans le gouffre. Elle n'osa plus résister. Pendant plus d'un quart d'heure, l'inconnu combattit contre la fureur du flot et du vent, avec une froideur et une obstination vraiment effrayantes, soutenant toujours Consuelo au-dessus de l'eau, et gagnant un pied de terrain en quatre ou cinq minutes. Il jugeait sa situation avec calme. Il lui était aussi difficile de reculer que d'avancer; il avait passé l'endroit le plus profond, et il sentait que, dans le mouvement qu'il serait forcé de faire pour se retourner, l'eau pourrait le soulever et lui faire perdre pied. Il atteignit enfin la rive, et continua sa marche sans permettre à Consuelo de marcher elle-même, et sans reprendre haleine, jusqu'à ce qu'il eut entendu le sifflet de Karl qui l'attendait avec anxiété. Alors il déposa son précieux fardeau dans les bras du déserteur, et tomba anéanti sur le sable. Sa respiration ne s'exhalait plus qu'en sourds gémissements; on eût dit que sa poitrine allait se briser.

« O mon Dieu, Karl, il va mourir ! dit Consuelo en se jetant sur le chevalier. Vois ! c'est le râle de la mort. Otons-lui ce masque qui l'étouffe... »

Karl allait obéir; mais l'inconnu, soulevant avec effort sa main glacée, arrêta celle du déserteur.

« C'est juste ! dit Karl; mon serment, Signora. Je lui

ai juré que quand même il mourrait sous vos yeux, je ne toucherais pas à son masque. Courez à la voiture, Signora, apportez-moi ma gourde d'eau-de-vie, qui est sur le siége; quelques gouttes le ranimeront. »

Consuelo voulut se lever, mais le chevalier la retint. S'il devait mourir, il voulait expirer à ses pieds.

« C'est encore juste, dit Karl, qui, malgré sa rude enveloppe, comprenait les mystères de l'amour (il avait aimé)! Vous le soignerez mieux que moi. Je vais chercher la gourde. Tenez, Signora, ajouta-t-il à voix basse, je crois bien que si vous l'aimiez un peu, et que si vous aviez la charité de le lui dire, il ne se laisserait pas mourir. Sans cela, je ne réponds de rien. »

Karl s'en alla en souriant. Il ne partageait pas tout à fait l'effroi de Consuelo; il voyait bien que déjà la suffocation du chevalier commençait à s'alléger. Mais Consuelo épouvantée, et croyant assister aux derniers moments de cet homme généreux, l'entoura de ses bras et couvrit de baisers le haut de son large front, seule partie de son visage que le masque laissât à découvert.

« O mon Dieu, dit-elle; ôtez cela; je ne vous regarderai pas, je m'éloignerai; au moins vous pourrez respirer. »

L'inconnu prit les deux mains de Consuelo, et les posa sur sa poitrine haletante, autant pour en sentir la douce chaleur que pour lui ôter l'envie de le soulager en découvrant son visage. En ce moment, toute l'âme de la jeune fille était dans cette chaste étreinte. Elle se rappela ce que Karl lui avait dit d'un air moitié goguenard, moitié attendri.

« Ne mourez pas, dit-elle à l'inconnu; oh! ne vous laissez pas mourir; ne sentez-vous donc pas bien que je vous aime? »

Elle n'eut pas plus tôt dit ces paroles, qu'elle crut les

avoir dites dans un rêve. Mais elles s'étaient échappées
de ses lèvres, comme malgré elle. Le chevalier les avait
entendues. Il fit un effort pour se soulever, se mit sur
ses genoux, et embrassa ceux de Consuelo qui fondit en
larmes sans savoir pourquoi.

Karl revint avec sa gourde. Le chevalier repoussa ce
spécifique favori du déserteur, et s'appuyant sur lui,
gagna la voiture, où Consuelo s'assit à ses côtés. Elle
s'inquiétait beaucoup du froid que devaient lui causer
ses vêtements mouillés.

« Ne craignez rien, Signora, dit Karl, M. le chevalier
n'a pas eu le temps de se refroidir. Je vais lui mettre sur
le corps mon manteau, que j'ai eu soin de serrer dans
la voiture quand j'ai vu venir la pluie ; car je me suis
bien douté que l'un de vous se mouillerait. Quand on
s'enveloppe de vêtements bien secs et bien épais sur des
habits mouillés, on peut conserver assez longtemps la
chaleur. On est comme dans un bain tiède, et ce n'est
pas malsain.

— Mais toi, Karl, fais de même, dis Consuelo ; prends
mon mantelet, car tu t'es mouillé pour nous préserver.

— Oh ! moi, dit Karl, j'ai la peau plus épaisse que
vous autres. Mettez encore le mantelet sur le chevalier.
Empaquetez-le bien ; et moi, dussé-je crever ce pauvre
cheval, je vous conduirai jusqu'au relais sans m'engour-
dir en chemin. »

Pendant une heure Consuelo tint ses bras enlacés autour de l'inconnu ; et sa tête, qu'il avait attirée sur son
sein, y ramena la chaleur de la vie mieux que toutes les
recettes et les prescriptions de Karl. Elle interrogeait
quelquefois son front, et le réchauffait de son haleine,
pour que la sueur dont il était baigné ne s'y refroidît
pas. Lorsque la voiture s'arrêta, il la pressa contre son
cœur avec une force qui lui prouva bien qu'il était dans

toute la plénitude de la vie et du bonheur. Puis il descendit précipitamment le marchepied, et disparut.

Consuelo se trouva sous une espèce de hangar, face à face avec un vieux serviteur à demi paysan, qui portait une lanterne sourde, et qui la conduisit, par un sentier bordé de haies, le long d'une maison de médiocre apparence, jusqu'à un pavillon, dont il referma la porte derrière elle, après l'y avoir fait entrer sans lui. Voyant une seconde porte ouverte, elle pénétra dans un petit appartement fort propre et fort simple, composé de deux pièces : une chambre à coucher bien chauffée, avec un bon lit tout préparé, et une autre pièce éclairée à la bougie et munie d'un souper confortable. Elle remarqua avec chagrin qu'il n'y avait qu'un couvert; et lorsque Karl vint lui apporter ses paquets et lui offrir ses services pour la table, elle n'osa pas lui dire que tout ce qu'elle souhaitait, c'eût été la compagnie de son protecteur pour souper.

« Va manger et dormir toi-même, mon bon Karl, dit-elle, je n'ai besoin de rien. Tu dois être plus fatigué que moi.

— Je ne suis pas plus fatigué que si je venais de dire mes prières au coin du feu avec ma pauvre femme, à qui Dieu fasse paix! Oh! c'est pour le coup que j'ai baisé la terre quand je me suis vu encore une fois hors de Prusse, quoiqu'en vérité je ne sache pas si nous sommes en Saxe, en Bohême, en Pologne, ou *en Chine*, comme on disait chez M. le comte Hoditz à Roswald.

— Et comment est-il possible, Karl, que, voyageant sur le siège de la voiture, tu n'aies pas reconnu dans la journée un seul des endroits où nous avons passé?

— C'est qu'apparemment je n'ai jamais fait cette route-là, Signora; et puis, c'est que je ne sais pas lire ce qui est écrit sur les murs et sur les poteaux, et enfin que nous ne nous sommes arrêtés dans aucune ville ni village, et que nous avons toujours pris nos relais dans quelque bois ou dans la cour de quelque maison particulière. Enfin il y a une quatrième raison, c'est que j'ai donné ma parole d'honneur à M. le chevalier de ne pas vous le dire, Signora.

— C'est par cette raison-là que tu aurais dû commencer, Karl; je ne t'aurais pas fait d'objections. Mais, dis-moi, le chevalier te paraît-il malade?

— Nullement, Signora, il va et vient dans la maison, où véritablement il ne me semble pas avoir de grandes affaires, car je n'y aperçois d'autre figure que celle d'un vieux jardinier peu causeur.

— Va donc lui offrir tes services, Karl. Cours, laisse-moi.

— Comment donc faire? il les a refusés, en me commandant de ne m'occuper que de vous.

— Eh bien, occupe-toi de toi-même, mon ami, et fais de bons rêves sur ta liberté. »

Consuelo se coucha aux premières lueurs du matin; et lorsqu'elle fut relevée et habillée, sa montre marqua deux heures. La journée paraissait claire et brillante. Elle essaya d'ouvrir les persiennes; mais dans l'une et l'autre pièce elle les trouva fermées par un secret, comme celles de la chaise de poste où elle avait voyagé. Elle essaya de sortir; les portes étaient verrouillées en dehors. Elle revint à la fenêtre, et distingua les premiers plans d'un verger modeste. Rien n'annonçait le voisinage d'une ville ou d'une route fréquentée. Le silence était complet dans la maison; au dehors il n'était troublé que par le bourdonnement des insectes, le roucoulement des pigeons sur le toit, et de temps en temps par le cri plaintif d'une roue de brouette dans les allées où son regard ne pouvait plonger. Elle écouta machinalement ces bruits agréables à son oreille, si longtemps privée des échos de la vie rustique. Consuelo était encore prisonnière, et tous les soins qu'on prenait pour lui cacher sa situation lui donnaient bien quelque inquiétude. Mais elle se fût résignée pour quelque temps à une captivité dont l'aspect était si peu farouche, et l'amour du chevalier ne lui causait pas la même horreur que celui de Mayer.

Quoique le fidèle Karl lui eût recommandé de sonner aussitôt qu'elle serait levée, elle ne voulut pas le déranger, jugeant qu'il avait besoin d'un plus long repos qu'elle. Elle craignait surtout de réveiller son autre compagnon de voyage, dont la fatigue devait être excessive. Elle passa dans la pièce attenante à sa chambre, et à la place du repas de la veille, qui avait été enlevé sans qu'elle s'en aperçût, elle trouva la table chargée de livres et des objets nécessaires pour écrire.

Les livres la tentèrent peu ; elle était trop agitée pour en faire usage, et comme au milieu de ses perplexités elle trouvait un irrésistible plaisir à se retracer les événements de la nuit précédente, elle ne fit aucun effort pour s'en distraire. Peu à peu l'idée lui vint, puisqu'elle était toujours tenue au secret, de continuer son journal, et elle écrivit pour préambule cette page sur une feuille volante.

« Cher Beppo, c'est pour toi seul que je reprendrai le récit de mes bizarres aventures. Habituée à te parler avec l'expansion qu'inspire la conformité des âges et le rapport des idées, je pourrai te confier des émotions que mes autres amis ne comprendraient pas, et qu'ils jugeraient sans doute plus sévèrement que toi. Ce début te fera deviner que je ne me sens pas exempte de torts; j'en ai à mes propres yeux, bien que j'en ignore jusqu'à présent la portée et les conséquences.

« Joseph, avant de te raconter comment je me suis

enfuie de Spandaw (ce qui, en vérité, ne me paraît presque plus rien au prix de ce qui m'occupe maintenant), il faut que je te dise... comment te le dirais-je?... je ne le sais pas moi-même. Est-ce un rêve que j'ai fait? Je sens pourtant que ma tête brûle et que mon cœur tressaille, comme s'il voulait s'élancer hors de moi et se perdre dans une autre âme... Tiens, je te le dirai tout simplement, car tout est dans ce mot, mon cher ami, mon bon camarade : j'aime !

« J'aime un inconnu, un homme dont je n'ai pas vu la figure et dont je n'ai pas entendu la voix. Tu vas dire que je suis folle, tu auras bien raison : l'amour n'est-il pas une folie sérieuse? Écoute, Joseph, et ne doute pas de mon bonheur, qui surpasse toutes les illusions de mon premier amour de Venise, un bonheur si enivrant qu'il m'empêche de sentir la honte de l'avoir si vite et si follement accepté, la crainte d'avoir mal placé mon affection, celle même de ne pas être payée de retour... Oh! c'est que je suis aimée, je le sens si bien!... Sois certain que je ne me trompe pas, et que j'aime, cette fois, véritablement, oserai-je dire éperdument? Pourquoi non? l'amour nous vient de Dieu. Il ne dépend pas de nous de l'allumer dans notre sein, comme nous allumerions un flambeau sur l'autel. Tous mes efforts pour aimer Albert (celui dont je ne trace plus le nom qu'en tremblant!) n'avaient pas réussi à faire éclore cette flamme ardente et sacrée; depuis que je l'ai perdu, j'ai aimé son souvenir plus que je n'avais aimé sa personne. Qui sait de quelle manière je pourrais l'aimer, s'il m'était rendu?... »

A peine Consuelo eut-elle tracé ces derniers mots, qu'elle les effaça, pas assez peut-être pour qu'on ne pût les lire encore, mais assez pour se soustraire à l'effroi de les avoir eus dans la pensée. Elle était vivement excitée; et la vérité de son inspiration amoureuse se trahissait.

malgré elle, dans ce qu'elle avait de plus intime. Elle voulut en vain continuer d'écrire, afin de mieux s'expliquer à elle-même le mystère de son propre cœur. Elle ne trouvait rien à dire pour en rendre la nuance délicate que ces terribles mots : « Qui sait comment je pourrais aimer Albert, s'il m'était rendu ? »

Consuelo ne savait pas mentir ; elle avait cru aimer d'amour le souvenir d'un mort ; mais elle sentait la vie déborder de son sein, et une passion réelle anéantir une passion imaginaire.

Elle essaya de relire tout ce qu'elle venait d'écrire, pour sortir de ce désordre d'esprit. En le relisant, elle n'y trouva précisément que désordre ; et, désespérant de pouvoir goûter assez de calme pour se résumer, sentant que cet effort lui donnait la fièvre, elle froissa dans ses mains la feuille écrite, et la jeta sur la table, en attendant qu'elle pût la brûler. Tremblante comme une âme coupable, le visage en feu, elle marchait avec agitation, et ne se rendait plus compte de rien, sinon qu'elle aimait, et qu'il ne dépendait plus d'elle d'en douter.

On frappa à la porte de sa chambre à coucher, et elle rentra pour ouvrir à Karl. Il avait la figure échauffée, l'œil troublé, la mâchoire un peu lourde. Elle le crut malade de fatigue ; mais elle comprit bientôt à ses réponses, qu'il avait un peu trop fêté, le matin en arrivant, le vin ou la bière de l'hospitalité. C'était là le seul défaut du pauvre Karl. Une certaine dose le rendait confiant à l'excès ; une dose plus forte pouvait le rendre terrible. Heureusement il s'était tenu à la dose de l'expansion et de la bienveillance, et il lui en restait quelque chose, même après avoir dormi toute la journée. Il raffolait de M. le chevalier, il ne pouvait pas parler d'autre chose. M. le chevalier était si bon, si humain, si peu fier avec le pauvre monde ! Il avait fait asseoir Karl vis-à-vis de lui, au lieu de lui permettre de le servir à table, et il l'avait contraint de partager son repas, et il lui avait versé du meilleur vin, trinquant avec lui à chaque verre, et lui tenant tête comme un vrai Slave.

« Quel dommage que ce ne soit qu'un Italien ! disait Karl : il mériterait bien d'être Bohême ; il porte aussi bien le vin que moi-même.

— Ce n'est peut-être pas beaucoup dire, répondit Consuelo, peu flattée de cette grande aptitude du chevalier à boire avec les valets. »

Mais elle se reprocha aussitôt de pouvoir considérer Karl comme inférieur à elle ou à ses amis, après les services qu'il lui avait rendus. D'ailleurs, c'était, sans doute, pour entendre parler d'elle que le chevalier avait recherché la société de ce serviteur dévoué. Les discours de Karl lui firent voir qu'elle ne se trompait pas.

« Oh ! Signora, ajouta-t-il naïvement, ce digne jeune homme vous aime comme un fou, il ferait pour vous des crimes, des bassesses même !

— Je l'en dispenserais fort, répondit Consuelo, à qui ces expressions déplurent quoique sans doute Karl n'en comprît pas la portée. Pourrais-tu m'expliquer, lui dit-elle pour changer de propos, pourquoi je suis si bien enfermée ici ?

— Oh ! pour cela, Signora, si je le savais, on me couperait la langue plutôt que de me le faire dire ; car j'ai donné ma parole d'honneur au chevalier de ne répondre à aucune de vos questions.

— Grand merci, Karl ! Ainsi tu aimes beaucoup mieux le chevalier que moi ?

— Oh ! jamais ! Je ne dis pas cela ; mais puisqu'il m'a prouvé que c'était dans vos intérêts, je dois vous servir malgré vous.

— Comment t'a-t-il prouvé cela ?

— Je n'en sais rien ; mais j'en suis bien persuadé. De même, Signora, qu'il m'a chargé de vous enfermer, de vous surveiller, de vous tenir prisonnière, au secret, en un mot, jusqu'à ce que nous soyons arrivés.

— Nous ne restons donc pas ici?

— Nous repartons dès la nuit. Nous ne voyagerons plus le jour, pour ne pas vous fatiguer, et pour d'autres raisons que je ne sais pas.

— Et tu vas être mon geôlier tout ce temps?

— Comme vous dites, Signora ; j'ai juré sur l'Evangile.

— Allons! M. le chevalier est facétieux. J'en prends mon parti, Karl ; j'aime mieux avoir affaire à toi qu'à M. Schwartz.

— Et je vous garderai un peu mieux, répondit Karl en riant d'un air de bonhomie. Je vais, pour commencer, faire préparer votre dîner, Signora.

— Je n'ai pas faim, Karl.

— Oh! ce n'est pas possible : il faut que vous diniez, et que vous diniez très-bien, Signora, c'est ma consigne ; c'est ma consigne, comme disait maître Schwartz.

— Si tu l'imites en tout, tu ne me forceras pas à manger. Il était fort aise de me faire payer, le lendemain, le dîner de la veille qu'il me réservait consciencieusement.

— Cela faisait ses affaires. Avec moi c'est différent, par exemple. Les affaires regardent M. le chevalier. Il n'est pas avare, celui-là ; il verse l'or à pleines mains. Il faut qu'il soit fièrement riche, ou bien son patrimoine n'ira pas loin. »

Consuelo se fit apporter une bougie, et rentra dans la pièce voisine pour brûler son écrit. Mais elle le chercha en vain ; il lui fut impossible de le retrouver.

XXIII.

Peu d'instants après, Karl rentra avec une lettre dont l'écriture était inconnue à Consuelo et dont voici à peu près le contenu :

« Je vous quitte pour ne vous revoir peut-être jamais. Je renonce à trois jours que j'aurais pu passer encore auprès de vous, trois jours que je ne retrouverai peut-être pas dans toute ma vie ! J'y renonce volontairement. Je le dois. Vous apprécierez un jour la sainteté de mon sacrifice.

« Oui, je vous aime, je vous aime *éperdument*, moi aussi ! Je ne vous connais pourtant guère plus que vous ne me connaissez. Ne me sachez donc aucun gré de ce que j'ai fait pour vous. J'obéissais à des ordres suprêmes, j'accomplissais le devoir de ma charge. Ne me tenez compte que de l'amour que j'ai pour vous, et que je ne puis vous prouver qu'en m'éloignant. Cet amour est violent autant qu'il est respectueux. Il sera aussi durable qu'il a été subit et irréfléchi. J'ai à peine vu vos traits, je ne sais rien de votre vie ; mais j'ai senti que mon âme vous appartenait, et que je ne pourrais jamais la reprendre. Votre passé fût-il aussi souillé que votre front est pur, vous ne m'en serez pas moins respectable et chère. Je m'en vais le cœur plein d'orgueil, de joie et d'amertume. Vous m'aimez ! Comment supporterai-je l'idée de vous perdre, si la terrible volonté qui dispose de vous et de moi m'y condamne ?... Je l'ignore. En ce moment je ne puis pas être malheureux, malgré mon épouvante ; je suis trop enivré de votre amour et du mien pour souffrir. Dussé-je vous chercher en vain toute ma vie, je ne me plaindrai pas de vous avoir rencontrée, et d'avoir goûté dans un baiser de vous un bonheur qui me laissera d'éternels regrets. Je ne pourrai pas non plus perdre l'espérance de vous retrouver un jour; et ne fût-ce qu'un instant, n'eussé-je jamais d'autre témoignage de votre amour que ce baiser si saintement donné et rendu, je me trouverai encore cent fois plus heureux que je ne l'avais été avant de vous connaître.

« Et maintenant, sainte fille, pauvre âme troublée, rappelle-toi aussi sans honte et sans effroi ces courts et divins moments où tu as senti mon amour passer dans ton cœur. Tu l'as dit, l'amour nous vient de Dieu, et il ne dépend pas de nous de l'étouffer ou de l'allumer malgré lui. Fussé-je indigne de toi, l'inspiration soudaine qui t'a forcée de répondre à mon étreinte n'en serait pas moins céleste. Mais la Providence qui te protége, n'a pas voulu que le trésor de ton affection tombât dans la fange d'un cœur égoïste et froid. Si j'étais ingrat, ce ne serait de ta part qu'un noble instinct égaré, qu'une sainte inspiration perdue : je t'adore, et, quel que je sois, d'ailleurs, tu ne t'es pas fait d'illusion en te croyant aimée. Tu n'as pas été profanée par le battement de mon cœur, par l'appui de mon bras, par le souffle de mes lèvres. Notre mutuelle confiance, notre foi aveugle, notre impérieux élan nous a élevés en un instant à l'abandon sublime que sanctifie une longue passion. Pourquoi le regretter? Je sais bien qu'il y a quelque chose d'effrayant dans cette fatalité qui nous a poussés l'un vers l'autre. Mais c'est le doigt de Dieu, vois-tu! Nous ne pouvons pas le méconnaître. J'emporte ce terrible secret. Garde-le aussi, ne le confie à personne. *Beppo* ne le comprendrait peut-être pas. Quel que soit cet ami, moi seul puis te respecter dans ta folie et te vénérer dans ta faiblesse, puisque cette faiblesse et cette folie sont les miennes. Adieu! c'est peut-être un adieu éternel. Et pourtant je suis libre selon le monde, il me semble que tu l'es aussi. Je ne puis aimer que toi, et vois bien que tu n'en aimes pas un autre... Mais notre sort ne nous appartient plus. Je suis engagé par des vœux éternels, et tu vas l'être sans doute bientôt; du moins tu es au pouvoir des Invisibles, et c'est un pouvoir sans appel. Adieu donc... mon sein se déchire, mais Dieu me donnera la force d'accomplir ce sacrifice, et de plus rigoureux encore s'il en existe. Adieu... Adieu! O grand Dieu, ayez pitié de moi! »

Cette lettre sans signature était d'une écriture pénible ou contrefaite.

« Karl! s'écria Consuelo pâle et tremblante, c'est bien le chevalier qui t'a remis ceci?

— Oui, Signora.

— Et il l'a écrit lui-même?

— Oui, Signora, et non sans peine. Il a la main droite blessée.

— Blessée, Karl? gravement?

— Peut-être. La blessure est profonde, quoiqu'il ne paraisse guère y songer.

— Mais où s'est-il blessé ainsi?

— La nuit dernière, au moment où nous changions de chevaux, avant de gagner la frontière, le cheval de brancard a voulu s'emporter avant que le postillon fût monté sur son porteur. Vous étiez seule dans la voiture; le postillon et moi étions à quatre ou cinq pas. Le chevalier a retenu le cheval avec la force d'un diable et le courage d'un lion, car c'était un terrible animal...

— Oh! oui, j'ai senti de violentes secousses. Mais tu m'as dit que ce n'était rien.

— Je n'avais pas vu que monsieur le chevalier s'était fendu le dos de la main contre une boucle du harnais.

— Toujours pour moi! Et dis-moi, Karl, est-ce que le chevalier a quitté cette maison?

— Pas encore, Signora; mais on selle son cheval, et je viens de faire son porte-manteau. Il dit que vous n'avez rien à craindre maintenant, et la personne qui doit le remplacer auprès de vous est déjà arrivée. J'espère que nous le reverrons bientôt, car j'aurais bien du chagrin qu'il en fût autrement. Cependant il ne s'engage à rien, et à toutes mes questions il répond : *Peut-être!*

— Karl! où est le chevalier?

— Je n'en sais rien, Signora. Sa chambre est par ici. Voulez-vous que je lui dise de votre part...

— Ne lui dis rien, je vais écrire. Non... dis-lui que je veux le remercier... le voir un instant, lui presser la main seulement... Va, dépêche-toi, je crains qu'il ne soit déjà parti. »

Karl sortit; et Consuelo se repentit aussitôt de lui avoir confié ce message. Elle se dit que si le chevalier ne s'était jamais tenu près d'elle durant ce voyage que dans le cas d'absolue nécessité, ce n'était pas sans doute sans en avoir pris l'engagement avec les bizarres et redoutables Invisibles. Elle résolut de lui écrire; mais à peine avait-elle tracé et déjà effacé quelques mots, qu'un léger bruit lui fit lever les yeux. Elle vit alors glisser un pan de boiserie qui faisait une porte secrète de communication avec le cabinet où elle avait déjà écrit et une pièce voisine, sans doute celle qu'occupait le chevalier. La boiserie ne s'écarta cependant qu'autant qu'il le fallait pour le passage d'une main gantée qui semblait appeler celle de Consuelo. Elle s'élança et saisit cette main en disant : « L'autre main, la main blessée! »

L'inconnu s'effaçait derrière le panneau de manière à ce qu'elle ne pût le voir. Il lui passa sa main droite, dont Consuelo s'empara, et défaisant précipitamment la ligature, elle vit la blessure qui était profonde en effet. Elle y porta ses lèvres et l'enveloppa de son mouchoir;

puis tirant de son sein la petite croix en filigrane qu'elle chérissait superstitieusement, elle la mit dans cette belle main dont la blancheur était rehaussée par le pourpre du sang :

« Tenez, dit-elle, voici ce que je possède de plus précieux au monde, c'est l'héritage de ma mère, mon porte-bonheur qui ne m'a jamais quittée. Je n'avais jamais aimé personne au point de lui confier ce trésor. Gardez-le jusqu'à ce que je vous retrouve. »

L'inconnu attira la main de Consuelo derrière la boiserie qui le cachait, et la couvrit de baisers et de larmes. Puis, au bruit des pas de Karl, qui venait chez lui remplir son message, il la repoussa, et referma précipitamment la boiserie. Consuelo entendit le bruit d'un verrou. Elle écouta en vain, espérant saisir le son de la voix de l'inconnu. Il parlait bas, ou il s'était éloigné.

Karl revint chez Consuelo peu d'instants après.

« Il est parti, Signora, dit-il tristement ; parti sans vouloir vous faire ses adieux, et en remplissant mes poches de je ne sais combien de ducats, pour les besoins imprévus de votre voyage, à ce qu'il a dit, vu que les dépenses régulières sont à la charge de ceux... à la charge de Dieu ou du diable, n'importe ! Il y a là un petit homme noir qui ne desserre les dents que pour commander d'un ton clair et sec, et qui ne me plaît pas le moins du monde ; c'est lui qui remplace le chevalier, et j'aurai l'honneur de sa compagnie sur le siége, ce qui ne me promet pas une conversation fort enjouée. Pauvre chevalier ! fasse le ciel qu'il nous soit rendu !

— Mais sommes-nous donc obligés de suivre ce petit homme noir?

— On ne peut plus obligés, Signora. Le chevalier m'a fait jurer que je lui obéirais comme à lui-même. Allons, Signora, voilà votre dîner. Il ne faut pas le bouder, il a bonne mine. Nous partons à la nuit pour ne plus nous arrêter qu'où il plaira... à Dieu ou au diable, comme je vous le disais tout à l'heure. »

Consuelo, abattue et consternée, n'écouta plus le babil de Karl. Elle ne s'inquiéta de rien quant à son voyage et à son nouveau guide. Tout lui devenait indifférent, du moment que le cher inconnu l'abandonnait. En proie à une tristesse profonde, elle essaya machinalement de faire plaisir à Karl en goûtant à quelques mets. Mais ayant plus d'envie de pleurer que de manger, elle demanda une tasse de café pour se donner au moins un peu de force et de courage physique. Le café lui fut apporté.

« Tenez, Signora, dit Karl, le petit Monsieur a voulu le préparer lui-même, afin qu'il fût excellent. Cela m'a tout l'air d'un ancien valet de chambre ou d'un maître d'hôtel, et, après tout, il n'est pas si diable qu'il est noir; je crois qu'au fond c'est un bon enfant, quoiqu'il n'aime pas à causer. Il m'a fait boire de l'eau-de-vie de cent ans au moins, la meilleure que j'aie jamais bue. Si vous vouliez en essayer un peu, cela vous vaudrait mieux que ce café, quelque succulent qu'il puisse être...

— Mon bon Karl, va-t'en boire tout ce que tu voudras, et laisse-moi tranquille, dit Consuelo en avalant son café, dont elle ne songea guère à apprécier la qualité. »

A peine se fut-elle levée de table, qu'elle se sentit accablée d'une pesanteur d'esprit extraordinaire. Lorsque Karl vint lui dire que la voiture était prête, il la trouva assoupie sur sa chaise.

« Donne-moi le bras, lui dit-elle, je ne me soutiens pas. Je crois bien que j'ai la fièvre. »

Elle était si anéantie qu'elle vit confusément la voiture, son nouveau guide, et le concierge de la maison, auquel Karl ne put rien faire accepter de sa part. Dès qu'elle fut en route, elle s'endormit profondément. La voiture avait été arrangée et garnie de coussins comme un lit. A partir de ce moment, Consuelo n'eut plus conscience de rien. Elle ne sut pas combien de temps durait son voyage ; elle ne remarqua même pas s'il faisait jour ou nuit, si elle faisait halte ou si elle marchait sans interruption. Elle aperçut Karl une ou deux fois à la portière, et ne comprit ni ses questions ni son effroi. Il lui sembla que le petit homme lui tâtait le pouls, et lui faisait avaler une potion rafraîchissante en disant :

« Ce n'est rien, Madame va très-bien. »

Elle éprouvait pourtant un malaise vague, un abattement insurmontable. Ses paupières appesanties ne pouvaient laisser passer son regard, et sa pensée n'était pas assez nette pour se rendre compte des objets qui frappaient sa vue. Plus elle dormait, plus elle désirait dormir. Elle ne songeait pas seulement à se demander si elle était malade, et elle ne pouvait répondre à Karl que les derniers mots qu'elle lui avait dits : « Laisse-moi tranquille, bon Karl. »

Enfin elle se sentit un peu plus libre de corps et d'esprit, et, regardant autour d'elle, elle comprit qu'elle était couchée dans un excellent lit, entre quatre vastes rideaux de satin blanc à franges d'or. Le petit homme du voyage, masqué de noir comme le chevalier, lui faisait respirer un flacon qui semblait dissiper les nuages de son esprit, et faire succéder la clarté du jour au brouillard dont elle était enveloppée.

« Êtes vous médecin, Monsieur? dit-elle enfin avec un peu d'effort.

— Oui, madame la comtesse, j'ai cet honneur, répondit-il d'une voix qui ne lui sembla pas tout à fait inconnue.

— Ai-je été malade?

— Seulement un peu indisposée. Vous devez vous trouver beaucoup mieux?

— Je me sens bien, et je vous remercie de vos soins.

— Je vous présente mes devoirs, et ne paraîtrai plus devant Votre Seigneurie qu'elle ne me fasse appeler pour cause de maladie.

— Suis-je arrivée au terme de mon voyage?

— Oui, Madame.

— Suis-je libre ou prisonnière?

— Vous êtes libre, madame la comtesse, dans toute l'enceinte réservée à votre habitation.

— Je comprends, je suis dans une grande et belle prison, dit Consuelo en regardant sa chambre vaste et claire, tendue de lampas blanc à ramages d'or, et relevée de boiseries magnifiquement sculptées et dorées. Pourrai-je voir Karl?

— Je l'ignore, Madame, je ne ne suis pas le maître ici. Je me retire; vous n'avez plus besoin de mon ministère; et il m'est défendu de céder au plaisir de causer avec vous. »

L'homme noir sortit; et Consuelo, encore faible et nonchalante, essaya de se lever. Le seul vêtement qu'elle trouva sous sa main fut une longue robe en étoffe de laine blanche, d'un tissu merveilleusement souple, ressemblant assez à la tunique d'une dame romaine. Elle la prit, et en fit tomber un billet sur lequel était écrit en lettres d'or : « Ceci est la robe sans « tache des néophytes. Si ton âme est souillée, cette « noble parure de l'innocence sera pour toi la tunique « dévorante de Déjanire. »

Consuelo, habituée à la paix de sa conscience (peut-être même à une paix trop profonde), sourit et passa la belle robe avec un plaisir naïf. Elle ramassa le billet pour le lire encore, et le trouva puérilement emphathique. Puis elle se dirigea vers une riche toilette de marbre blanc, qui soutenait une grande glace encadrée d'enroulements dorés d'un goût exquis. Mais son attention fut attirée par une inscription placée dans l'ornement qui couronnait ce miroir : « Si ton âme est aussi pure « que mon cristal, tu t'y verras éternellement jeune et « belle ; mais si le vice a flétri ton cœur, crains de « trouver en moi un reflet sévère de ta laideur morale. »

« Je n'ai jamais été ni belle ni coupable, pensa Consuelo : ainsi cette glace ment dans tous les cas. »

Elle s'y regarda sans crainte, et ne s'y trouva point laide. Cette belle robe flottante et ses longs cheveux noirs dénoués lui donnaient l'aspect d'une prêtresse de l'antiquité ; mais son extrême pâleur la frappa. Ses yeux étaient moins purs et moins brillants qu'à l'ordinaire. « Serais-je enlaidie, pensa-t-elle aussitôt, ou le miroir m'accuserait-il ?

Elle ouvrit un tiroir de la toilette, et y trouva, avec les mille recherches d'un soin luxueux, divers objets accompagnés de devises et de sentences à la fois naïves et pédantes ; un pot de rouge avec ces mots gravés sur le couvercle : « Mode et mensonge ! Le fard ne rend « point aux joues la fraîcheur de l'innocence, et n'efface « pas les ravages du désordre ; » des parfums exquis, avec cette devise sur le flacon : « Une âme sans foi, « une bouche indiscrète, sont comme des flacons ouverts, « dont la précieuse essence s'est répandue ou corrompue ; » enfin des rubans blancs avec ces mots tissus en or dans la soie : « A un front pur les bandelettes sa- « crées ; à une tête chargée d'infamie le cordon, supplice des esclaves. »

Consuelo releva ses cheveux, et les rattacha complaisamment, à la manière antique, avec ces bandelettes. Puis elle examina curieusement le bizarre palais enchanté où sa destinée romanesque l'avait amenée. Elle passa dans les diverses pièces de son riche et vaste appartement. Une bibliothèque, un salon de musique, rempli d'instruments parfaits, de partitions nombreuses et de précieux manuscrits; un boudoir délicieux, une petite galerie ornée de tableaux superbes et de charmantes statues. C'était un logement digne d'une reine pour la richesse, d'une artiste pour le goût, et d'une religieuse pour la chasteté. Consuelo, étourdie de cette somptueuse et délicate hospitalité, se réserva d'examiner en détail et à tête reposée tous les symboles cachés dans le choix des livres, des objets d'art et des tableaux qui décoraient ce sanctuaire. La curiosité de savoir en quel lieu de la terre était située cette résidence merveilleuse lui fit abandonner l'intérieur pour l'extérieur. Elle s'approcha d'une fenêtre; mais avant de lever le store de taffetas qui la couvrait, elle y lut encore une sentence : « Si la pensée du mal « est dans ton cœur, tu n'es pas digne de contempler le « divin spectacle de la nature. Si la vertu habite dans « ton âme, regarde et bénis le Dieu qui t'ouvre l'entrée « du paradis terrestre. » Elle se hâta d'ouvrir la fenêtre pour voir si l'aspect de cette contrée répondait aux orgueilleuses promesses de l'inscription. C'était un paradis terrestre, en effet, et Consuelo crut faire un rêve. Ce jardin, planté à l'anglaise, chose fort rare à cette époque, mais orné dans ses détails avec la recherche allemande, offrait les perspectives riantes, les magnifiques ombrages, les fraîches pelouses, les libres développements d'un paysage naturel, en même temps que l'exquise propreté, les fleurs abondantes et suaves, les sables fins les eaux cristallines qui caractérisent un jardin entretenu avec intelligence et avec amour. Au-dessus de ces beaux arbres, hautes barrières d'un étroit vallon semé ou plutôt tapissé de fleurs, et coupé de ruisseaux gracieux et limpides, s'élevait un sublime horizon de montagnes bleues, aux croupes variées, aux cimes imposantes. Le pays était inconnu à Consuelo. Aussi loin que sa vue pouvait s'étendre, elle ne trouvait aucun indice révélateur d'une contrée particulière en Allemagne, où il y a tant de beaux sites et de nobles montagnes. Seulement, la floraison plus avancée et le climat plus chaud qu'en Prusse lui attestaient quelques pas de plus faits vers le Midi. « O mon bon chanoine, où êtes-vous? pensa Consuelo en contemplant les bois de lilas blancs et les haies de roses, et la terre jonchée de narcisses, de jacinthes et de violettes. O Frédéric de Prusse, béni soyez-vous pour m'avoir appris par de longues privations et de cruels ennuis à savourer, comme je le dois, les délices d'un pareil refuge! Et vous, toutpuissant invisible, retenez-moi éternellement dans cette douce captivité; j'y consens de toute mon âme... surtout si le chevalier... » Consuelo n'acheva pas de formuler son désir. Depuis qu'elle était sortie de sa léthargie, elle n'avait pas encore pensé à l'inconnu. Ce souvenir brûlant se réveilla en elle, et la fit réfléchir au sens des paroles menaçantes inscrites sur tous les murs, sur tous les meubles du palais magique, et jusque sur les ornements dont elle s'était ingénument parée.

XXIV.

Consuelo ressentait, par-dessus tout, un désir et un besoin de liberté, bien naturels après tant de jours d'esclavage. Elle éprouva donc un plaisir extrême à s'élancer dans un vaste espace, que les soins de l'art et l'ingénieuse disposition des massifs et des allées faisaient paraître beaucoup plus vaste encore. Mais au bout de deux heures de promenade, elle se sentit attristée par la solitude et le silence qui régnaient dans ces beaux lieux. Elle en avait fait déjà plusieurs fois le tour, sans y rencontrer seulement la trace d'un pied humain sur le sable fin et fraîchement passé au râteau. Des murailles assez élevées, que masquait une épaisse végétation, ne lui permettaient pas de s'égarer au hasard dans des sentiers inconnus. Elle savait déjà par cœur tous ceux qui se croisaient sous ses pas. Dans quelques endroits, le mur s'interrompait pour être remplacé par de larges fossés remplis d'eau, et les regards pouvaient plonger sur de belles pelouses montant en collines et terminées par des bois, ou sur l'entrée des mystérieuses et charmantes allées qui se perdaient sous le taillis en serpentant. De sa fenêtre, Consuelo avait vu toute la nature à sa disposition : de plain-pied, elle se trouvait dans un terrain encaissé, borné de toutes parts, et dont toutes les recherches intérieures ne pouvaient lui dissimuler le sentiment de sa captivité. Elle chercha le palais enchanté où elle s'était éveillée. C'était un très-petit édifice à l'italienne, décoré avec luxe à l'intérieur, élégamment bâti au dehors, et adossé contre un rocher à pic d'un effet pittoresque, mais qui formait une meilleure clôture naturelle pour tout le fond du jardin et un plus impénétrable obstacle à la vue que les plus hautes murailles et les plus épais glacis de Spandaw. « Ma forteresse est belle, se dit Consuelo, mais elle n'en est que mieux close, je le vois bien. »

Elle alla se reposer sur la terrasse d'habitation, qui était ornée de vases de fleurs et surmontée d'un petit jet d'eau. C'était un endroit ravissant; et pour n'embrasser que l'intérieur d'un jardin, quelques échappées sur un grand parc, et de hautes montagnes dont les cimes bleues dépassaient celles des arbres, la vue n'en était que plus fraîche et plus suave. Mais Consuelo, instinctivement effrayée du soin qu'on prenait de l'installer, peut-être pour longtemps, dans une nouvelle prison, eût donné tous les catalpas en fleurs et toutes les plates-bandes émaillées pour un coin de franche campagne, avec une maisonnette en chaume, des chemins raboteux et l'aspect libre d'un pays possible à connaître et à explorer. D'où elle était, elle n'avait pas de plans intermédiaires à découvrir entre les hautes murailles de verdure de son enclos et les vagues horizons dentelés, déjà perdus dans la brume du couchant. Les rossignols chantaient admirablement, mais pas un son de voix humaine n'annonçait le voisinage d'une habitation. Consuelo voyait bien que la sienne, située aux confins d'un grand parc et d'une forêt peut-être immense, n'était qu'une dépendance d'un plus vaste manoir. Ce qu'elle apercevait du parc ne servait qu'à lui faire désirer d'en voir davantage. Elle n'y distinguait d'autres promeneurs que des troupeaux de biches et de chevreuils paissant aux flancs des collines, avec autant de confiance que si l'approche d'un mortel eût été pour eux un événement inconnu. Enfin la brise du soir écarta un rideau de peupliers qui fermait un des côtés du jardin, et Consuelo aperçut, aux dernières lueurs du jour, les tourelles blanches et les toits aigus d'un château assez considérable, à demi caché derrière un mamelon boisé, à la distance d'un quart de lieue environ. Malgré tout son désir de ne plus penser au chevalier, Consuelo se persuada qu'il devait être là ; et ses yeux se fixèrent avidement sur ce château, peut-être imaginaire, dont l'approche lui semblait interdite, et que les voiles du crépuscule faisaient lentement disparaître dans l'éloignement.

Lorsque la nuit fut tout à fait tombée, Consuelo vit le reflet des lumières, à l'étage inférieur de son pavillon, courir sur les arbustes voisins, et elle descendit à la hâte, espérant voir enfin une figure humaine dans sa demeure. Elle n'eut pas ce plaisir; celle du domestique qu'elle trouva occupé à allumer les bougies et à servir le souper était, comme celle du docteur, couverte d'un masque noir, qui semblait être l'uniforme des Invisibles. C'était un vieux serviteur, en perruque lisse et roide comme du laiton, proprement vêtu d'un habit complet couleur pomme d'amour.

« Je demande humblement pardon à Madame, dit-il d'une voix cassée, de me présenter devant elle avec ce visage-là. C'est ma consigne, et il ne m'appartient pas d'en comprendre la nécessité. J'espère que Madame aura la bonté de s'y habituer, et qu'elle daignera ne pas avoir peur de moi. Je suis aux ordres de Madame. Je m'appelle Matteus. Je suis à la fois gardien de ce pavillon, directeur du jardin, maître d'hôtel et valet de chambre. On m'a dit que Madame, ayant beaucoup voyagé, avait un peu l'habitude de se servir toute seule; que, par exemple, elle n'exigerait peut-être pas l'aide d'une femme. Il me serait difficile d'en procurer une à Madame, vu que je n'en ai point, et que la fréquentation de ce pavillon est interdite à toutes celles du château. Cependant, une servante entrera ici le matin pour m'aider à faire le ménage, et un garçon jardinier viendra de temps en temps arroser les fleurs et entretenir les allées. J'ai, à ce propos, une très-humble observation à faire à Madame : c'est que tout domestique, autre que moi, à qui Madame serait seulement soupçonnée d'avoir adressé un mot ou fait un signe serait chassé à l'instant même; ce qui serait bien malheureux pour lui, car la maison est bonne et l'obéissance bien récompensée. Madame est trop généreuse et trop juste, sans doute, pour vouloir exposer ces pauvres gens...

— Soyez tranquille, monsieur Matteus, répondit Consuelo, je ne serais pas assez riche pour les dédommager, et il n'est pas dans mon caractère de détourner qui que ce soit de son devoir.

— D'ailleurs, je ne les perdrai jamais de vue, reprit Matteus, comme se parlant à lui-même.

— Vous pouvez vous épargner toute précaution à cet égard. J'ai de trop grandes obligations aux personnes qui m'ont amenée ici et, je pense, aussi à celles qui m'y reçoivent, pour rien tenter qui puisse leur déplaire.

— Ah! Madame est ici de son plein gré? demanda Matteus, à qui la curiosité ne semblait pas aussi interdite que l'expansion.

— Je vous prie de m'y considérer comme captive volontaire, et sur parole.

— Oh! c'est bien ainsi que je l'entends. Je n'ai jamais gardé personne autrement, quoique j'aie vu bien souvent mes prisonniers sur parole pleurer et se tourmenter comme s'ils regrettaient de s'être engagés. Et Dieu sait pourtant qu'ils étaient bien ici! Mais, dans ces cas-là, on leur rendait toujours leur parole quand ils l'exigeaient; on ne retient ici personne de force. Le souper de Madame est servi. »

L'avant-dernier mot du majordome couleur de tomate eut le pouvoir de rendre tout à coup l'appétit à sa nouvelle maîtresse; et elle trouva le souper si bon, qu'elle en fit de grands compliments à l'auteur. Celui-ci parut très-flatté de se voir apprécié, et Consuelo vit bien qu'elle avait gagné son estime; mais il n'en fut ni plus confiant ni moins circonspect. C'était un excellent homme, à la fois naïf et rusé. Consuelo connut vite son caractère, en voyant avec quel mélange de bonhomie et d'adresse il prévenait toutes les questions qu'elle eût pu lui faire, pour n'en être pas embarrassé, et arranger les réponses à son gré. Ainsi elle apprit de lui tout ce qu'elle ne lui demandait pas, sans rien apprendre toutefois : « Ses maîtres étaient des personnages fort riches, fort puissants, très-généreux, mais très-sévères, particulièrement sur l'article de la discrétion. Le pavillon faisait partie d'une belle résidence, tantôt habitée par les maîtres, tantôt confiée à la garde de serviteurs très-fidèles, très-bien payés et très-discrets. Le pays était riche, fertile et bien gouverné. Les habitants n'avaient pas l'habitude de se plaindre de leurs seigneurs : d'ailleurs ils n'eussent pas eu beau jeu avec maître Matteus, qui vivait dans le respect des lois et des personnes, et qui ne pouvait souffrir les paroles indiscrètes. » Consuelo fut si ennuyée de ses savantes insinuations et de ses renseignements officieux, qu'elle lui dit en souriant, aussitôt après le souper :

« Je craindrais d'être indiscrète moi-même, monsieur Matteus, en jouissant plus longtemps de l'agrément de votre conversation ; je n'ai plus besoin de rien pour aujourd'hui, et je vous souhaite le bonsoir.

— Madame me fera l'honneur de me sonner quand elle voudra quoi que ce soit, reprit-il. Je demeure derrière la maison, sous le rocher, dans un joli ermitage où je cultive des melons d'eau magnifiques. Je serais bien flatté que Madame pût leur accorder un coup d'œil d'encouragement ; mais il m'est particulièrement interdit d'ouvrir jamais cette porte à Madame.

— J'entends, maître Matteus, je ne dois jamais sortir que dans le jardin, et je ne dois pas m'en prendre à votre caprice, mais à la volonté de mes hôtes. Je m'y conformerai.

— D'autant plus que Madame aurait bien de la peine à ouvrir cette porte. Elle est si lourde...; et puis il y a un secret à la serrure qui pourrait blesser grièvement les mains de Madame, si elle n'était pas prévenue.

— Ma parole est plus solide encore que tous vos verrous, monsieur Matteus. Dormez en paix, comme je suis disposée à le faire de mon côté. »

Plusieurs jours s'écoulèrent sans que Consuelo reçût signe de vie de la part de ses hôtes, et sans qu'elle eût d'autre visage sous les yeux que le masque noir de Matteus, plus agréable peut-être que sa véritable figure. Ce digne serviteur la servait avec un zèle et une ponctualité dont elle ne pouvait assez le remercier; mais il l'ennuyait prodigieusement par sa conversation, qu'elle était obligée de subir; car il refusa constamment avec stoïcisme les dons qu'elle voulut lui faire, et elle n'eut pas d'autre manière de lui marquer sa reconnaissance qu'en le laissant babiller. Il aimait passionnément l'usage de la parole, et cela était d'autant plus remarquable que, voué par état à une réserve bizarre, il ne s'en départait jamais, et possédait l'art de toucher à beaucoup de sujets sans jamais effleurer les cas réservés confiés à sa discrétion. Consuelo apprit de lui combien le potager du château produisait au juste chaque année de carottes et d'asperges; combien il naissait de faons dans le parc, l'histoire de tous les cygnes de la pièce d'eau, de tous les poussins de la faisanderie, et de tous les ananas de la serre. Mais elle ne put soupçonner un instant dans quel pays elle se trouvait; si le maître ou les maîtres du château étaient absents ou présents, si elle devait communiquer un jour avec eux, ou rester indéfiniment seule dans le pavillon.

En un mot, rien de ce qui l'intéressait réellement ne s'échappa des lèvres prudentes et pourtant actives de Matteus. Elle eût craint de manquer à toute délicatesse en approchant seulement à la portée de la voix du jardinier ou de la servante, qui, du reste, étaient fort matineux et disparaissaient presque aussitôt qu'elle était levée. Elle se borna à jeter de temps en temps un regard dans le parc, sans y voir passer personne, si ce n'est de trop loin pour l'observer, et à contempler le faîte du château qui s'illuminait le soir de rares lumières toujours éteintes de bonne heure.

Elle ne tarda pas à tomber dans une profonde mélancolie, et l'ennui, qu'elle avait victorieusement combattu à Spandaw, vint l'assaillir et la dominer dans cette riche demeure, au milieu de toutes les aises de la vie. Est-il des biens sur la terre dont on puisse jouir absolument seul? La solitude prolongée assombrit et désenchante les plus beaux objets; elle répand l'effroi dans l'âme la plus forte. Consuelo trouva bientôt l'hospitalité des Invisibles encore plus cruelle que bizarre, et un dégoût mortel s'empara de toutes ses facultés. Son magnifique clavecin lui sembla répandre des sons trop éclatants dans ces chambres vides et sonores, et les accents de sa propre voix lui firent peur. Lorsqu'elle se hasardait à chanter, si les premières ombres de la nuit la surprenaient dans cette occupation, elle s'imaginait entendre les échos lui répondre d'un ton courroucé, et croyait voir courir, contre les murs tendus de soie et sur les tapis silencieux, des ombres inquiètes et furtives, qui, lorsqu'elle essayait de les regarder, s'effaçaient et allaient se tapir derrière les meubles pour chuchoter, la railler et la contrefaire. Ce n'étaient pourtant que les brises du soir courant parmi le feuillage qui encadrait ses croisées, ou les vibrations de son propre chant qui frémissaient autour d'elle. Mais son imagination, lasse d'interroger tous ces muets témoins de son ennui, les statues, les tableaux, les vases du Japon remplis de fleurs, les grandes glaces claires et profondes, commençait à se laisser frapper d'une crainte vague, comme celle que produit l'attente d'un événement inconnu. Elle se rappelait le pouvoir étrange attribué aux Invisibles par le vulgaire, les prestiges dont elle avait été environnée par Cagliostro, l'apparition de la femme blanche dans le palais de Berlin, les promesses merveilleuses du comte de Saint-Germain relativement à la résurrection du comte Albert : elle se disait que toutes ces choses inexpliquées émanaient probablement de l'action secrète des Invisibles dans la société et dans sa destinée particulière. Elle ne croyait point à leur pouvoir surnaturel, mais elle voyait bien qu'ils s'attachaient à conquérir les esprits par tous les moyens, en s'adressant soit au cœur, soit à l'imagination, par des menaces ou des promesses, par des terreurs ou des séductions. Elle était donc sous le coup de quelque révélation formidable ou de quelque mystification cruelle, et, comme les enfants poltrons, elle eût pu dire qu'elle avait *peur d'avoir peur.*

A Spandaw, elle avait roidi sa volonté contre des périls extrêmes, contre des souffrances réelles ; elle avait triomphé de tout avec vaillance ; et puis la résignation lui semblait naturelle à Spandaw. L'aspect sinistre d'une forteresse est en harmonie avec les tristes méditations de la solitude ; au lieu que dans sa nouvelle prison tout semblait disposé pour une vie d'épanchement poétique ou de paisible intimité ; et ce silence éternel, cette absence de toute sympathie humaine en détruisaient l'harmonie comme un monstrueux contre-sens. On eût dit de la délicieuse retraite de deux amants heureux ou d'une élégante famille, riant foyer tout à coup haï et délaissé à cause de quelque rupture douloureuse ou de quelque soudaine catastrophe. Les nombreuses inscriptions qui la décoraient, et qui se trouvaient placées dans tous les ornements, ne la faisaient plus sourire comme d'emphatiques puérilités. C'étaient des encouragements joints à des menaces, des éloges conditionnels corrigés par d'humiliantes accusations. Elle ne pouvait plus lever les yeux autour d'elle sans découvrir quelque nouvelle sentence qu'elle n'avait pas encore remarquée, et qui semblait lui défendre de respirer à l'aise dans ce sanctuaire d'une justice soupçonneuse et vigilante. Son âme s'était affaissée sur elle-même après la crise de son évasion et celle de son amour improvisé pour l'*inconnu*. L'état léthargique qu'on avait provoqué, sans doute à dessein, chez elle, pour lui cacher la situation de son asile, lui avait laissé une secrète langueur, jointe à l'irritabilité nerveuse qui en est la conséquence. Elle se sentit donc en peu de temps devenir à la fois inquiète et nonchalante, tour à tour effrayée d'un rien et indifférente à tout.

Un soir, elle crut entendre les sons, à peine saisissables, d'un orchestre dans le lointain. Elle monta sur la terrasse, et vit le château resplendissant de lumières à travers le feuillage. Une musique de symphonie, fière et vibrante, parvint distinctement jusqu'à elle. Ce contraste d'une fête et de son isolement l'émut plus qu'elle ne voulait se l'avouer. Il y avait si longtemps qu'elle n'avait échangé une parole avec des êtres intelligents ou raisonnables! Pour la première fois de sa vie, elle se fit une idée merveilleuse d'une nuit de concert ou de bal, et, comme Cendrillon, elle souhaita que quelque bonne fée l'enlevât dans les airs et la fît entrer dans le palais enchanté par une fenêtre, fût-ce pour y rester invisible, et y jouir de la vue d'une réunion d'êtres humains animés par le plaisir.

La lune n'était pas encore levée. Malgré la pureté du ciel, l'ombre était si épaisse sous les arbres, que Consuelo pouvait bien s'y glisser sans être aperçue, fût-elle entourée d'invisibles surveillants. Une violente tentation vint s'emparer d'elle, et toutes les raisons spécieuses que la curiosité nous suggère quand elle veut livrer un assaut à notre conscience, se présentèrent en foule à son esprit. L'avait-on traitée avec confiance, en l'amenant endormie et à demi morte dans cette prison dorée, mais implacable? Avait-on le droit d'exiger d'elle une aveugle soumission, lorsqu'on ne daignait même pas la lui demander? D'ailleurs, ne voulait-on pas la tenter et l'attirer par le simulacre d'une fête? Qui sait? tout était bizarre dans la conduite des Invisibles. Peut-être, en essayant de sortir de l'enclos, allait-elle trouver précisément une porte ouverte, une gondole sur le ruisseau qui entrait du parc dans son jardin par une arcade pratiquée dans la muraille. Elle s'arrêta à cette dernière supposition, la plus gratuite de toutes, et descendit au jardin, résolue de tenter l'aventure. Mais elle n'eut pas fait cinquante pas qu'elle entendit dans les airs un bruit assez semblable à celui que produirait un oiseau gigantesque en s'élevant vers les nues avec une rapidité fantastique. En même temps elle vit autour d'elle une grande lueur d'un bleu livide, qui s'éteignit au bout de quelques secondes, pour se reproduire presque aussitôt avec une détonation assez forte. Consuelo comprit alors que ce n'était ni la foudre ni un météore, mais le feu d'artifice qui commençait au château. Ce divertissement de ses hôtes lui promettait un beau spectacle du haut de la terrasse, et, comme un enfant qui cherche à secouer l'ennui d'une longue pénitence, elle retourna à la hâte vers le pavillon.

Mais, à la clarté de ces longs éclairs factices, tantôt rouges et tantôt bleus, qui embrasaient le jardin, elle vit par deux fois un grand homme noir, debout et immobile à côté d'elle. Elle n'avait pas eu le temps de le regarder, que la bombe lumineuse, retombant en pluie de feu, s'éteignait rapidement, et laissait tous les objets plongés dans une obscurité plus profonde pour les yeux un instant éblouis. Alors Consuelo, effrayée, courait dans un sens opposé à celui où le spectre lui était apparu; mais, au retour de la lueur sinistre, elle se retrouvait à deux pas de lui. A la troisième fois, elle avait gagné le perron du pavillon; il était devant elle, lui barrant le passage. Saisie d'une terreur insurmontable, elle fit un cri perçant et chancela. Elle fût tombée à la renverse sur les degrés, si le mystérieux visiteur ne l'eût saisie dans ses bras. Mais à peine eut-il effleuré son front de ses lèvres, qu'elle sentit et reconnut le chevalier, l'*inconnu*, celui qu'elle aimait, et dont elle se savait aimée.

FIN DU TOME PREMIER.

www.ingramcontent.com/pod-product-compliance
Lightning Source LLC
Chambersburg PA
CBHW050755170426
43202CB00013B/2435